人物叢書
新装版

藤原彰子《ふじわらのしょうし》

服藤早苗

日本歴史学会編集

吉川弘文館

金銅経箱（延暦寺所蔵）

彰子が長元４年（1031）に比叡山横川の如法堂に奉納し後に埋納された経箱．大正12年（1923）に発見された（本文160ページ参照）．

『紫式部日記絵詞』（個人蔵）

紫式部から『白氏文集』「新楽譜」の進講を受ける彰子（本文250ページ参照）.

はしがき

摂関政治は、摂政《せっしょう》・関白《かんぱく》が天皇の権限を代行・輔佐する政治体制だが、その背景には、子供の養育・後見をその母方の親族が行うという当時の貴族社会の慣行があったため、摂関としてじゅうぶんに権力をふるうためには、天皇の外戚《がいせき》の立場にあることが重要な条件だった。

手元の高校教科書『日本史B』の本文である。脚注には、「天皇の生母の地位も重要で……天皇家内部で大きな発言権をもっていた」と、天皇の生母、いわゆる国母《こくぼ》の発言権を記している。以前からみれば女性の地位の重要性を指摘するなどだいぶ進展したと思われるものの、「天皇家内部で大きな発言権」では、国母の政治的後見力を推し量ることは難しいように思われる。清少納言の『枕草子《まくらのそうし》』や紫式部の『源氏物語《げんじものがたり》』などの世界に誇る女性の創造力が発揮された平安中期にもかかわらず、政治の場での女性の発言権や政治力を検討する研究はまだまだ少ない。高校教科書に記述されない要因でもあろう。史料がないから？　いや、そんなことはない。貴族男性の日記にも、注意深く読み進めていけば、女性たちの姿は散見される。

たしかに、本書で扱う藤原彰子も、男性貴族のような日記はなく、また、紫式部や清少納言のような作品もなく、唯一、三十余首の和歌が遺されているだけである。しかも、彰子と同じく一条《いちじょう》天皇の皇后だった藤原定子は、清少納言の『枕草子』からある程度気質や性格をうかがうことができ、二十五歳で亡くなっていることもあって生涯を描くことはそれほど難しくない。いっぽう、紫式部の日記である『紫式部日記』には、二十一歳から二十三歳までの若い頃の彰子しか登場しないので、八十七歳まで生きた彰子の生涯を解明するのはなかなか困難である。

しかし、その前半生は、父道長の日記『御堂関白記《みどうかんぱくき》』をはじめとして、『小右記《しょうゆうき》』『権記《ごんき》』『左経記《さけいき》』『春記《しゅんき》』などの貴族男性の日記が遺っており、こうした史料から彰子の行動を追うことができる。本書は、主として男性貴族の記した日記を手がかりに彰子の行動をできるだけ詳細に追いかけてみた。ただし、四十五歳になる頃から史料も少なくなり、その姿を探すのはなかなか難しくなる。従って、後半生になるほど詳細に記述することが叶わず、また、創作された部分も多い『栄花物語《えいがものがたり》』『大鏡《おおかがみ》』などにも頼ることになった。さらに、彰子の側近として仕えた女房や男性宮司《みやづかさ》たちに着目して、主である彰子の意向を推察する手法もとってみた。

こうした困難もともなうが、天皇の母として政務を後見し、天皇家の家長と摂関家の尊長としても発言力を持っていたことを明らかにした。さらに、近年、摂関政治から院政への連続面が唱えられているが、じつは彰子こそ、この政治形態をつなぐ結節点にいたことや摂関家の確立に重要な役割を果たしたことも明らかになった。

平安時代の女性史・ジェンダー研究は、後宮女官や女房も含めて緒についたばかりである。ゆえにこそ、煩雑ではあってもなるべく多くの事象を丁寧にたどることを心がけた。彰子の生涯を描くことで、この時代の宮廷社会、ジェンダー構造も見えてくるはずである。

なお、彰子は成長とともに、中宮《ちゆうぐう》・皇太后《こうたいごう》・太皇太后《たいこうたいごう》・上東門院《じようとうもんいん》と身位が変わるが、煩雑なので必要な場合以外は彰子で統一した。また、頻繁に出てくる土御門第《つちみかどだい》・上東門院・土御門殿・京極《きようごく》殿・京極院はすべて同じ第宅なので、詫間直樹編『皇居行幸年表』

（続群書類従完成会、一九九七年）を参照し、主として後一条《ごいちじょう》天皇即位以前は土御門第（殿）、以後は京極殿（院）と記すこととした。さらに、ほぼ同内容の史料に関しては、主要な史料を提示した。主として史料は、『大日本史料』第一編・第二編・第三編、大日本古記録本『御堂関白記』『小右記』、史料大成本『左経記』『春記』『中右記《ちゅうゆうき》』、史料纂集本『権記』『台記《たいき》』を使用した。女性名の訓みは不明な場合が多いので、わかっている場合以外は付さなかった。

目次

口絵

挿図

第一　誕生から入内まで

一　出生と生育

出生は永延二年

彰子の出生年は、一条《いちじょう》天皇の蔵人頭《くろうどのとう》だった藤原行成《ゆきなり》の日記からわかる。長保《ちょうほ》元年（九九九）十一月七日条に「女御《にょうご》は十二歳。左大臣の長女である。母は、故前左大臣従一位源朝臣雅信《まさのぶ》の第一女、従三位倫子である」（『権記《ごんき》』）とある。この日は六日前に一条天皇に入内した彰子が女御になった日で、当時は数え年だから、逆算すると、永延《えいえん》二年（九八八）の誕生となる。誕生時、父藤原道長は二十三歳、母源倫子は二十五歳だった。

一族の昇進

寛和《かんな》二年（九八六）六月、道長の兄道兼《みちかね》たちは共謀して花山《かざん》天皇を出家させ、姉詮子と円《えん》融《ゆう》上皇との間に生まれた春宮懐仁《やすひと》親王が七歳で一条天皇となった。道長の父兼家《かねいえ》は待望の摂政、詮子は国母である。摂政兼家は、矢継ぎ早に息子たちを昇進させた。その結果、道長は、二十三歳という若さで、参議を経ず権中納言に昇進している（『公卿《くぎょう》補任《ぶにん》』）。なお、「彰子」という名前は、のちの藤原全子の例（『中右記《ちゅうゆうき》』天永《てんえい》三年〈一一一二〉十二月十日条）から判断すると、長保元年二月の裳着《もぎ》と同時に従三位に叙されるにあたって名付けを行い、朝廷に提出されたものと推察されるが、本書では彰子で統一した。

道長と倫子の出自

彰子の誕生日は不明だが、道長と倫子の結婚は、永延元年十二月十六日と日にちまでわかる（『台記《たいき》』久安《きゅうあん》四年〈一一四八〉七月三日条）。道長が倫子宅に渡る「婿取婚」、すなわち結婚当初は妻方で居住する婚姻形態だった。倫子の祖父は敦実《あつみ》親王、祖母は左大臣藤原時《とき》平女《ひらのむすめ》で、曾祖父は宇多《うだ》天皇、曾祖母は醍醐《だいご》天皇生母藤原胤子であり、母は中納言藤原朝忠《あさただ》女穆子とまさに貴種の家系で、「后がね（后の候補者）」として育てられた。いっぽう、道長の祖父は右大臣師輔《もろすけ》、祖母は出羽守藤原経邦《つねくに》女盛子、曾祖父は関白忠平《ただひら》である。鎌《かま》足《たり》からはじまる藤原氏北家《ほっけ》で家筋を太くした家系ではあるが、道長母は摂津守藤原中正《なかまさ》女時姫、異母兄道綱《みちつな》を生む『蜻蛉日記《かげろうにっき》』作者と同じく、貴族層では下流の受領《ずりょう》層である。道長は、結婚時には左京大夫で、従三位に叙されたばかりだった。『栄花物語《えいがものがたり》』巻三では、倫子の父雅信は道長を婿取ることに反対していたが、賢い母穆子が積極的にすすめたとされている。前年には兼家が摂政となっており、従三位に昇叙したので、雅信も承諾したのであろう。天皇の曾孫かつ左大臣の長女だった倫子はまさに貴種の出自で、家格では道長よりも格上《かくうえ》だった。

着袴儀

正暦《しょうりゃく》元年（九九〇）十二月、彰子には三歳で、はじめて袴をつける儀式、着袴儀《ちゃっこ》が行われた。七五三の源流である。翌日、欠席した藤原実資《さねすけ》は、雅信と道長が不快感を持っていたと仄聞《そくぶん》し驚いている（『小右記《しょうゆうき》』）。着袴日が正確に伝わっていなかったらしい。前年に参議になったばかりの三十四歳の実資の困惑と狼狽《ろうばい》ぶりが目に浮かぶようである。三歳児の着袴儀といっても、その政治性は極めて高く、母方両親の経済力と人脈をフルに活用した、貴族社会へのお披露目だった（服藤早苗『平安王朝の子どもたち』）。当然、左大臣雅信を外祖父にもつ彰子の貴族社会へのデビューも華やかであった。

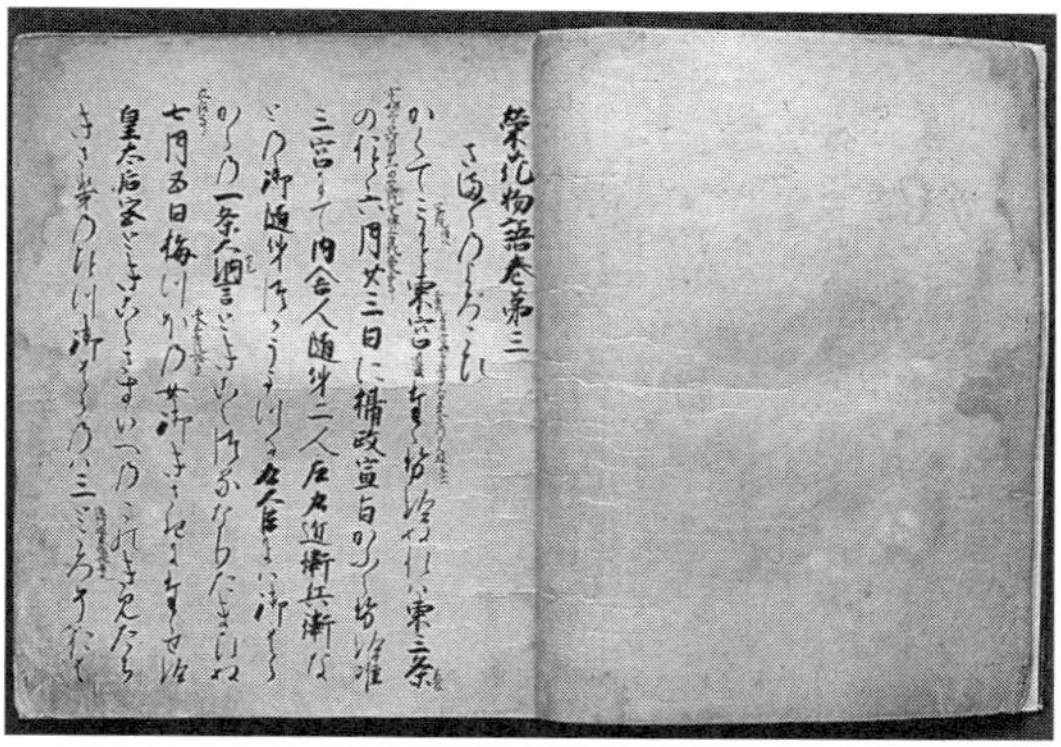

『栄花物語』巻三（九州国立博物館所蔵，藤森武氏撮影）

幼少期の遊び

その後、十二歳で裳着を行い入内するまで、直接彰子を語る史料は少ないが、倫子の女房だった赤染衛門《あかぞめえもん》は次のように詠んでいる。

女院のひめぎみときこえさせしころ、いしなどりのいし召すをまゐらせしとて（女院〈彰子〉がまだ姫宮と申しあげていた頃、いしなどりの石をお求めになるときにさしあげたときに）

すべらぎのしりへの庭のいしぞこはひろふ心ありあゆがさでとれ（天皇の后妃方が住まわれる後宮の庭の石ですよ。拾って欲しい気持ちです。動かさないでお取りください）

（『赤染衛門集』百四十一番）

「石などり」とはお手玉のような遊びで、赤染衛門がそれに使う小石を後宮から取ってきて彰子に渡しており、周囲も后がねと期待して育てていたことがうかがえる。

一条の元服

彰子の幼少期、時代は大きな変容をとげていた。彰子が着袴した年の正暦元年、一条天皇は十一歳で元服し、道長の同母兄道隆《みちたか》の娘定子十五歳が入内し、女御となった。その後、関白となった兼家が病により出家すると、代わって道隆が三十八歳で関白、のち摂政となる。まだ数えで十一歳の一条天皇が政務を総覧することは不可能だった。なお、兼家は七月に六十二歳で没する（『日本紀略《にほんきりやく》』。以下『紀略』と略す）。

皇后と中宮の分別

摂政道隆は、円融上皇の中宮遵子を皇后に、娘定子を中宮とする（『紀略』）。実資は、「驚き怪しむこと少なからず」「皇后四人の例は、今まで聞いたことがない」（『小右記』九月二十七日・三十日条）、と驚愕《きようがく》している。本来中宮とは、皇后宮・皇太后宮・太皇太后宮などの居所や役所を総称したが、十世紀後期には、皇后に中宮職、皇太后に皇太后職、太皇太后に太皇太后職が置かれるようになり、中宮は皇后のみの居所や役所の称となっていた。つまり中宮＝皇后だったのである。しかも、皇后（中宮）に遵子、皇太后に詮子、太皇太后に昌子内親王がおり、三后の座に空きがなかった。いっぽう、女御はいわば「侍妾」であり、令制では皇権保持者、皇位継承予備軍ともされた三后とは雲泥の差だった。そこで道隆は、皇后と中宮を分けるという奇策をやってのけたのである。実資の驚愕もうなずけよう。これは後に彰子にとって重要な意味を持つことになる。なお、円融上皇は翌年の二月、三十三歳で没する。

詮子への院号奉呈

正暦二年（九九一）九月、皇太后詮子は病気のため三十歳で出家し、東三条院《ひがしさんじょういん》になった（『紀略』等）。歴史上初めての女院号は、国母詮子の政治権力を高めるために、摂政道隆が貴族層の反対を押し切り強引に行った、との説がある。しかし、当初の経済的待遇などは不安定であり、権力を強化したことを示す史料はなく、むしろ批判の多かった四后を解消するために、詮子が皇太后を返上して院号が奉呈されたのであった（高松百香「女院の成立」）。

倫子の気配り

一条天皇が東三条院詮子の御所に行幸したさいに、道長は大納言、従二位に叙されている。女院が居住していた土御門《つちみかど》第の実際の所有者は道長の妻倫子であり、道長が姉である国母詮子と密接な姉弟関係を継続し後見を得られたのは、出自が格上で、気配りの妻のおかげであった（服藤早苗『平安王朝社会のジェンダー』）。

関白の死と後継者

正暦五年（九九四）から翌長徳《ちょうとく》元年（九九五）にかけて、疫病《しっぺい》の赤斑瘡《あかもがさ》（はしか）が九州から都まで大流行し、中納言以上の病没者八人を含め多くの死者がでた。しかも、一条天皇に寵愛されている中宮定子の父関白道隆が、四月、四十三歳で没する。もっとも、道隆は過度の飲酒による糖尿病が原因だった。二十七日、三十五歳の弟右大臣道兼に関白の詔《みことのり》が出されたが、五月八日には、左大臣源重信《しげのぶ》、中納言源保光《やすみつ》とともに没する。残された道隆の嫡男伊周《これちか》と道長との後継者争いは、寵愛する定子を守りたい一条天皇と道長を推す国母詮子との熾烈《しれつ》な抗争の後、ついに道長が内覧と右大臣の地位を得る。

長徳の変

さらに、長徳二年（九九六）正月十六日夜、花山上皇と伊周・隆家《たかいえ》（伊周の弟）が、故太政大臣藤原為光《ためみつ》の家で遭遇して乱闘におよび、花山上皇の袖を射ぬく事件が起こった。伊周が花山上皇も自分と同じ為光女のもとに通っていると誤解したためとされる。また、国母詮子を呪詛《じゅそ》したこと、天皇しか行えない太元帥法《たいげんのほう》を修したことなどの発覚により、ついに伊周と隆家は配流となる（長徳の変）。伊周兄弟の軽挙で道長は労せずして「漁夫の利」を得たのである。その騒動の途中で、兄弟を救うためか、定子は自身で髪の毛を少し切って出家し、一条天皇の寛大な措置を訴えたものの叶わなかった（『小右記』五月二日条）。

相次ぐ入内

事件の余波で定子が参内できなくなると、まず、七月には大納言公季《きんすえ》女義子（弘徽殿《こきでん》）が、十一月には、父に右大臣藤原顕光《あきみつ》、母に盛子内親王をもつ元子（承香殿《じょうきょうでん》）が入内する。二年後には、贈太政大臣道兼女の尊子が入内している。「出家後」と非難されつつも、定子は長徳二年十二月に、一条天皇の第一子脩子内親王を出産し、五十日儀は祖母の女院詮子が行っている。

道長を支える妻倫子

長徳三年（九九七）三月頃から病を患う女院のために、四月、伊周と隆家は赦免《しゃめん》され、帰京の途につく。翌年十月二十九日、詮子は、道長妻倫子を土御門第と一条第を提供したことにより従三位に叙すよう一条天皇に奏上した。この日、詮子への饗饌《きょうせん》（もてなし）があり、念珠《ねんじゅ》の筥《はこ》、装束の筥二合、銀製の手洗・瑠璃《るり》の水瓶《すいびょう》、錦や染絹の入った大破子《わりご》二懸などが贈られている（『権記』）。倫子の配慮によるものであろう。道長は倫子の気配りに支えられる。詮子は、十二月に参内し、十七日に脩子内親王の着袴儀を行う。一条天皇は、道長に袴の腰結《こしゆい》役を命じ、引出物や饗饌・禄なども手配している。この着袴儀には大臣以下が参加し、歌酒の饗宴が行われた。国母詮子には、後見人を失った定子と孫脩子内親王を庇護《ひご》する天皇家尊長の姿がうかがえる。

二　裳着と入内

「出家後」との非難をよそに一条天皇は中宮定子を寵愛し、長保元年（九九九）正月、定子を内裏に参入させ、定子は再び懐妊する（『枕草子《まくらのそうし》』「職の御曹司におはしますころ」）。二月、十二歳になっていた彰子は、初めて裳をつける裳着《もぎ》を行う。成女式である。詮子からは装束二具、太皇太后昌子内親王からは髪の装飾具、中宮定子からは香壺《こうご》の筥一双、春宮居貞《いやさだ》親王からは馬一疋が賜られる。中刻（午後四時）頃、右大臣藤原顕光・内大臣藤原公季以下、ほとんどの公卿層が左大臣道長邸に参上し、盃酒《はいしゅ》は数巡におよび、管弦の遊びはつきることがなく、公卿たちは和歌を詠んだ。両大臣には馬各一疋と女装束に袿《うちき》を加えるなど参加者に過分な禄が贈られた（『御堂関白記《みどうかんぱくき》』。以後『御堂』と略す。『玉蘂《ぎょくずい》』建暦《けんりゃく》元年〈一二一一〉三月四日所引『小右記』等）。裳着は貴族社会へ結婚できる年齢に達したことのお披露目であり、一条天皇への入内のためでもある（服藤早苗『平安王朝の子どもたち』）。この頃の生育儀礼は三日間宴会が続くのが普通で、最後の日に彰子は従三位に叙される（『御堂』）。もちろん、十二歳の役職もない女性が従三位に直叙されるのは、史上初である。

新制発布

六月二十五日、二十歳の一条天皇は新制十一箇条を発布する（『政事要略《せいじようりやく》』巻六十七）。正しきに革める意の「新」と、「みことのり」の意の「制」である新制は、美服・調度品・饗宴などの過差《かさ》の禁止や官人の賄賂《わいろ》の禁止などの画期的な十一箇条で、青年一条天皇の政治に対する意欲を示している（水戸部正男『平安時代の公家新制』）。

身重の定子は、八月九日に前但馬守平生昌《なりまさ》邸に移る。「人々は、皇后の乗る御輿が板門屋に出入りするのを聞いたことがない」（『小右記』八月十日条）といわれるような、皇后にはふさわしくない門構えの邸宅だった。当日、道長は多くの公卿たちを従えて宇治別業に出かけ妨害している。しかし、清少納言はけっして悲劇は書かず、定子賛美と生昌への親愛の情を記す（『枕草子』「大進生昌が家に」）。女房たちの主への思いがうかがえる貴重な記録である。一条天皇は、御産の雑具を調達し送らせる（『権記』八月二十三日条）。

「大吉」とされた入内定

さて、いよいよ、九月、彰子の正式な入内準備が開始される（『御堂』）。この入内定《さだめ》（入内の詳細を決める会議のこと）は、のちの院政期には「天下大吉例」として踏襲されることになる。では、何が大吉なのか。天永二年（一一一一）、白河院《しらかわいん》は摂政藤原忠実《ただざね》の嫡男忠通《ただみち》を養女璋子の婿に取ることを申し出、忠実も承諾し結婚式の日取りまで決まる。ところが、天下穢《え》になったので、白河院は藤原宗忠《むねただ》に、「吉事を決める間に、天下穢がある例」を調べさせる。忠実から「御堂殿（道長）の日記を見ると、長保元年九月八日、皇居一条院宿所の下に犬に噛まれた子どもの死体があったため、三十日穢となっています。しかし、同二十五日には初入内定を行っております」「上東門院（彰子）は一家にも、天下にも大吉例です。この入内は穢中《えちゅう》に定がありました」との伝言を白河院に奏上している。白河院は歓喜し、結婚の準備を続けた（『中右記』天永二年六月十七日条）。たしかに、長保元年九月八日、三十日穢が決定されている（『紀略』）。ただし、摂関期はさほど穢に敏感ではなかったからだと思われるのだが、穢中での入内定が「天下の大吉例」になっているのは院政期に彰子が重要視された証である（高松百香「院政期摂関家と上東門院故実」）。

機嫌取りの和歌屏風

彰子の入内で人々を驚かせたのは、入内に持参した和歌屏風だった。道長邸で和歌が選定され、花山法皇・藤原公任《きんとう》・藤原高遠《たかとお》・藤原斉信《なりのぶ》・源俊賢《としかた》などが献上した。実資は、「上達部《かんだちめ》の娘が入内に持参する屏風に和歌を献じるなど往古聞いたことがない。甘心しない。ましてや、小野宮《おののみや》一家の公任が献上するとは。最近の人々は、権勢者へのおべっかばかりだ。一家の風はこんな気風ではない。ああ痛ましい」、と痛憤《つうふん》している。もちろん実資にも依頼が来ていたが、道長の機嫌をそこなうことを心配しながらも、再三の要請にもかかわらず、言を左右にして詠進しなかった。他に道綱の詠歌も加わり、花山法皇の和歌は「詠み人知らず」とされる。色紙形は、三蹟《さんせき》の一人行成が書いた（『小右記』）。なお、公任が自慢げに演出した詠進は、『今昔物語集《こんじゃくものがたりしゅう》』（巻二十四第三十三話、公任大納言屛風和歌を読む語）や『古本説話集《こほんせつわしゅう》』（上・第二）に説話化されている。

彰子の入内

彰子は方違《かたたが》えのため、いったん、十月に秦連理《はたのつらまさ》宅に移ったのち、十一月一日に入内した。まず、戌刻（午後八時）に、一条天皇の御使として五位蔵人源道方《みちかた》が御書《ごしょ》を持参する。御書使《ごしょつかい》である（服藤早苗「書使と後朝使の成立と展開」）。大納言道綱ら、大勢の公卿層がやってきて入内に付き従い、亥刻（午後十時）に一条院内裏に入る。右大臣顕光・内大臣公季・中納言実資を除く全公卿が参列している。実資の、「道義が衰えた公卿は、凡人と同じだ」との嘆息もうなずけよう。さらに、参入のさいには輦車《れんしゃ》に乗り内裏へ出入りすることが許される輦車宣旨《せんじ》が出される（『御堂』、『小右記』、『権記』等）。選別された女房四十人、童女六人、下仕六人が付き従った（『栄花物語』巻六）。この夜、彰子は一条院内裏の東北対の曹司《ぞうし》に入った（『権記』十一月七日条）。その後、女房の使者が天皇の寝所へ促し、彰子は夜大殿《よるのおとど》に昇り、初夜を迎えたと推察される（服藤早苗「平安時代の天皇・貴族の婚姻儀

輦車(松平定信考証による復原図.『故実叢書　輿車図考』より)

礼」)。早朝には、曹司に帰った。

後朝使

翌日には、蔵人頭藤原正光《まさみつ》が、新郎一条天皇の消息《しょうそく》(手紙)を持参した。後朝使《きぬぎぬのつかい》である。蔵人頭の後朝使は、最高位の使者で、多くの上達部が使者に盃を進め、宴がはられた(『御堂』十一月二日条)。この夜も、彰子は夜大殿に昇り、翌朝曹司にもどり、第三日目には、三日夜餅《みかよのもちい》が供せられたと思われる(服藤早苗「三日夜餅儀の成立と変容」)。

入内のさいの倫子

なお、同日夜半、母倫子の内裏退出にさいし、道長の意向により輦車宣旨が出された(『権記』)。三十六歳の倫子は妊娠中で、十二月に威子を出産している(『権記』)。倫子は、臨月に近い身重で彰子入内に付き添っていたのだった。

敦康の誕生

十一月七日は長い一日だった。まず、寅刻から卯刻(午前四時~六時頃)頃に、中宮定子が第一皇子、敦康《あつやす》親王を出産する(『紀略』、『小右記』)。天皇から認知を象徴する御剣がすぐに贈られており、しかも、それは国母詮子が用意したものだった。早旦、知らせを受け、内裏に駆けつけた蔵人頭行成は、「天皇は大喜びだった」と記しており、すぐ、第七夜の産養《うぶやしない》の調度類や物資調達を命じられている。行成は、てきぱきと多方面に指示し、準備をはじめる（『権記』）。皇后出産の第七夜は、父である天皇が産養の主宰者になる決まりだった。『枕草子』に記事がないのがなんとしても残念だが、感極まったであろう。詮子も皇子誕生を喜んでいる。しかし、道長の日記にはまったく記されていない。後世には、敦康親王誕生は不吉な例とされる（『中右記』元永《げんえい》二年〈一一一九〉五月二十八日条）。

女御となる

その後、一条天皇は彰子を女御にするよう命じた。行成はすぐさま道長に伝え、藤原氏の公卿には、慶賀を表するように伝令をだしている。伝令を受け取った実資は午刻（正午）に参内しているので、天皇は、午前中に女御宣旨を出したことになる。申刻（午後四時）には、道長を筆頭に、左右大臣以外のほとんどの藤原氏公卿たちが参内し、紫《し》宸殿《しんでん》で一条天皇に慶賀を奏する。その後、一条天皇は公卿たちを従え、女御彰子の曹司に渡り、酒宴がはじまる。唱歌、朗詠、賀茂祭調楽まで演奏され、なんとも賑やかだった（『小右記』）。

翌朝、定子から一条天皇のもとに、御湯殿《おゆどの》儀を行う人の依頼などの要請状が届いてい

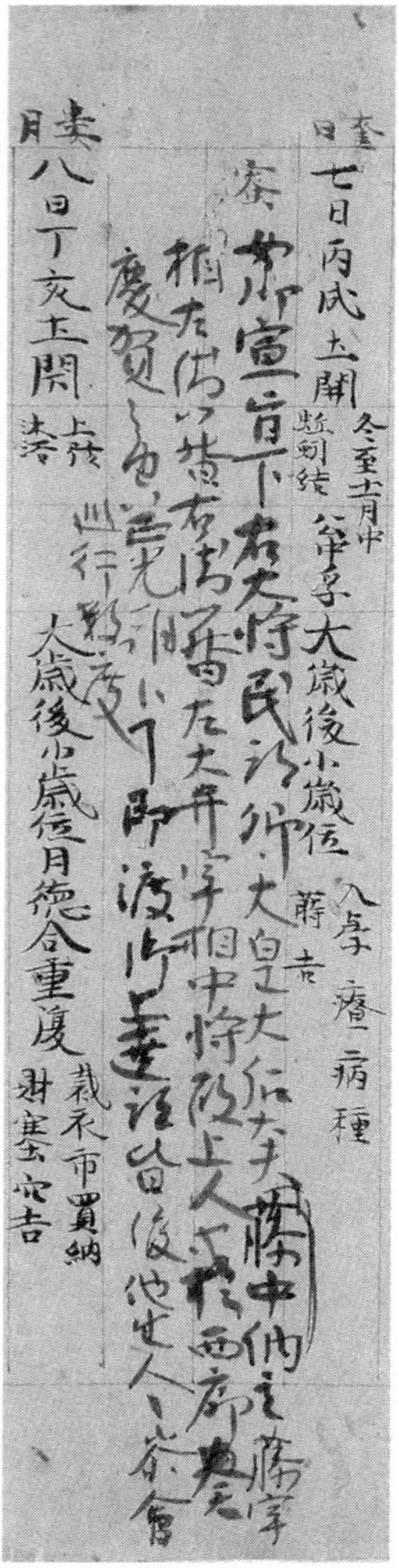

『御堂関白記』長保元年十一月七日条（陽明文庫所蔵）
彰子に女御宣旨が下ったことを記す。しかし、同日の敦康親王誕生は書かれなかった。

る。本来、第一皇子の誕生では、七日間行われる御湯殿儀や、第三夜から奇数日に行われる産養には全公卿が参列し、賑やかに行われる慣例だった。しかし、道長も実資もまったく日記に記していないのである。実資は「世に横川《よかわ》の皮聖《かわひじり》と云う」（『小右記』十一月七日条）と記している。「出家らしからぬ出家」という意味の陰口らしい（黒板伸夫『藤原行成』）。これが貴族層の認識だったのだろう。ただし、十一月十三日の天皇主催の第七夜には、蔵人頭行成が指示して、饗宴の食料や費用を送り、殿上人《てんじょうびと》に参加を促す勅命を伝えている（『権記』）。

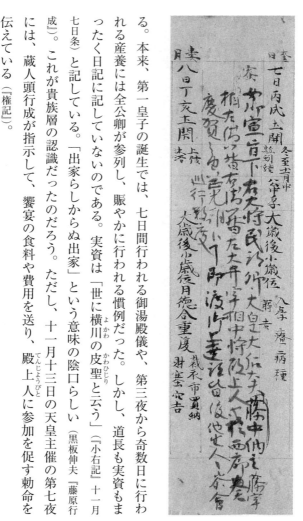

十一月二十三日、女御になった彰子は、初めて「上の御座」に上った。清涼殿《せいりょうでん》の夜大殿の隣である。この夜、五節の舞姫が天皇の前で予行演習をする御前 試《ごぜんのこころみ》が行われており、彰子も一緒に見たのであろう。彰子の朝廷での生活が、こうしてスタートした。

第二　立后と敦康親王養育

一　立　后

目指すは彰子の立后

長保《ちょうほ》元年（九九九）十二月、朱雀《すざく》天皇皇女《こうじょ》で冷泉《れいぜい》天皇后《きさき》だった太皇太后昌子内親王が五十歳で没した。質素な葬式にすることなどを遺言して、西方浄土を目指して旅立った（『小右記《しょうゆうき》』）。これ以降、彰子立后が、国母詮子と一条《いちじょう》天皇、道長の三者間で秘密裏に進められる。しかし、一条天皇にはすでに中宮定子がいる。一帝二后のためには、相当な秘策、裏技《うらわざ》が必要である。彰子立后についてはすでに詳細な分析がなされているので（倉本一宏『摂関政治と王朝貴族』『一条天皇』。三橋正「摂関期の立后関係記事」）、これらの成果を参照しつつ、『権記《ごんき》』の記述から時系列に追ってみる。賢人四納言《しなごん》の一人蔵人頭行成《くろうどのとうゆきなり》が、一条天皇から相談を受け最も重要な役回りをするからである。

行成による斡旋

まず、行成は道長の要請で、詮子の手紙を天皇に見せた。このとき、合わせて道長の意向も奏上した。内容はもちろん彰子の立后を促すものである。天皇から、「どうしたらいいだろうか」と聞かれた行成は、「左大臣（道長）の申し出は懇切でその趣旨は当然です。先日、天皇も私に許容の趣旨を話されております。左大臣が参入した日に、直接仰るべきでしょう」と答えた。これを承諾した天皇は、詮子への返事を書き、行成がこれを詮子に届けた。その後、道長邸に行き、詮子の手紙を渡し、天皇の意向も伝えた。道長は、「期日は未定だが、立后が決定したことを承った。汝のおかげである。恩に報いるために子どもたちにも兄弟と思うようにと伝えよう」と、小躍りしている。さらに行成は道長に立后の先例文も持参している。

一条天皇の逡巡

参内していた詮子のもとに行成が行くと、「立后のことについて、天皇は承諾する意向があった」と伝え、詮子は内裏《だいり》から退出した。目を患っていた一条天皇への見舞いもあるが、立后のダメ押しの参内だったのであろう。ところが、天皇は後日行成に、「立后について女院（詮子）には申したが、しばらくは披露しないように」と伝えた。一条天皇は、国母の直談判《じかだんぱん》の要請で承諾はしたものの、まだ逡巡《しゅんじゅん》していた。

消えた文字

ところで、世界の記憶に登録された道長の自筆本『御堂関白記』を実際に調査した倉本一宏氏は、長保二年（一〇〇〇）正月十日条について興味深い指摘をしている。一条天皇の許しが出たと思い込んだ道長は、陰陽師安倍晴明《あべのせいめい》に立后のことを勘申《かんしん》させ、その日時を一条天皇か詮子に伝えた。しかし、まだ最終決定されたわけではないとわかり、日記の文字を慌てて抹消した。このことが墨の濃淡等からわかるそうである（倉本一宏『摂関政治と王朝貴族』）。

立后の命、下る

長保二年正月二十八日になり、ようやく正式に彰子立后の命令が下った。この日、行成は、天皇に具申した彰子立后の論理を日記に記している（黒板伸夫『藤原行成』、倉本一宏『一条天皇』）。要は、后への国家支給物は神国である我が国では神事用の公費も含まれているのに、東三条院《ひがしさんじょういん》詮子・皇后遵子・中宮定子ともに出家しているため神事が行えない。藤原氏の祭祀を勤めるためにも彰子を立后すべきである、との主張である。当時、藤原氏社の祭祀は国家祭祀とされていた。「職号を停止することなく封戸《ふこ》を得ているのはよくない」とも迫って、定子の廃后も匂わせている。詮子はまた参内し、逡巡している一条天皇に直談判で強要したようである。二十歳の一条天皇は、寵愛する中宮定子を守るために、行成の理屈や国母の直談判に屈せざるを得なかった。

二月十日、女御《にょうご》彰子は、立后のために内裏から道長の住む二条邸に退出した。大納言源時中《ときなか》以下の公卿や、内（天皇付き）女房の典侍《ないしのすけ》や命婦《みょうぶ》七人も同行している。その翌日一条天皇は、彰子に消息《しょうそく》を送っている。その後、天皇の命で、中宮定子と敦康《あつやす》親王は内裏に入った。そのさい、『栄花物語《えいがものがたり》』巻六では道長が定子に唐車《からぐるま》を貸したとあるが、実際は「春日祭の神事の日に、出家者が参入するとは」（『御堂』）と批判を記しており、車を貸した史料はない。定子と敦康親王の参内は、一条天皇の強い希望だった。十八日には、天皇が中宮定子の曹司に渡御《とぎょ》して、一宮《いちのみや》敦康親王の百日《ももか》儀が行われた。詮子は三月八日に参内し、十四日に土御門殿に帰っているので（『御堂』）、その間、定子や敦康親王・脩子内親王たちに会ったと思われる。

女御から中宮となる

そしてついに立后の日である。二月二十五日、女御彰子は、寅刻（午前四時）に土御門殿に移った。酉刻（午後六時）、天皇は紫宸殿《ししんでん》に出御し、立后宣命宣読儀《せんみょうせんどく》が行われる。皇后遵子を皇太后に、中宮定子を皇后に、女御彰子を中宮にする宣旨《せんじ》が出される。群臣は拝礼し、蔵人橘則隆《のりたか》が中宮彰子のもとに、大床子《だいしょうじ》二脚と獅子形《ししかた》二頭、挿鞋《そうかい》を奉る。これは、中宮・皇后の象徴、いわばレガリアである。清涼殿《せいりょうでん》に還った天皇の前で新后の宮司除目《みやづかさのじもく》が行われ、中宮大夫源時中、中宮権大夫藤原斉信《なりのぶ》、中宮亮藤原正光《まさみつ》、中宮権亮源則忠《のりただ》、中宮大進大江清通《おおえのきよみち》、中宮権大進源高雅《たかまさ》、中宮少進橘忠範《ただのり》と藤原陳泰《のぶやす》らが任命された。もちろん、道長から提出されていた名簿によったのである。

拝礼とにぎやかな宴

后宮啓陣《けいじん》（中宮の警固）の命が下されると、まず新任の宮司たちはすぐに土御門殿に行き、新后に啓慶と拝礼を行い、本宮儀の奉仕をする。一条天皇の乳母の典侍藤原繁子が、中宮彰子の理髪《りはつ》を行った。大臣、公卿、殿上人《てんじようびと》たちが土御門殿の庭に列立して、寝殿の御簾《みす》の中で正装し、大床子に座る中宮彰子に拝礼を行う。群臣が中宮の臣下として従属したことを宣言する儀式である。父である道長だけは、儒教的父子秩序に従い、拝礼に立たない。その後、序列に従って座した上達部《かんだちめ》たちにご馳走が振る舞われた。共同飲食による主従関係の確認である。管弦がはじまると盃が飛び交い、美しい音色は夜明けまで続いた（『権記』。東海林亜矢子『平安時代の后と王権』）。十三歳の彰子は、御簾の中で朝方まで見ていたのだろう。

新たなる儀礼

二十七日には、藤原氏の氏人の教育施設である勧学院《かんがくいん》の学生や職員が訪れ、庭に列立し、彰子に拝礼をする。藤原氏の氏人の臣従儀礼である。酒肴が出され、朗詠が行われたが、このとき勧学院の職員と学生とが喧嘩をはじめてしまう。なんとも騒々しかったが、これもいつものことである（『権記』）。

その後も、土御門殿で、大江匡衡《まさひら》・源道方《みちかた》・源成信《なりのぶ》（父致平《むねひら》親王、母源雅信女、道長猶子）・行成等を招いての作文会《さくもんえ》や立后による諸社奉幣《ほうべい》が行われる（『御堂』）。この諸社奉幣は彰子からはじまり、以後継承されるが、いっぽう、従来行われた立后告陵使《こくりょうし》、すなわち天皇祖先陵への報告は行われなかった。五ヶ月も後に、一条天皇は早く発遣するよう道長に命じているが、どうも実施されなかったようである。こうして天皇による立后告陵から后主催の八社奉幣へと転換する（並木和子「立后告陵使の成立と変遷」）。道長は定子立后時に行われた儀礼を継承せず、新たな儀礼を作りあげていく。

いっぽう、皇后定子は、三月二十七日、皇后宮大進平生昌第に退出する（『紀略』）。『栄花物語』巻六では、懐妊したことがわかった定子が、二十五歳の厄年《やくどし》なので謹慎すべき年なのにと嘆き、天皇も心配している。一ヶ月半ばかりの一条天皇と定子と子どもたちのほほえましくも明るい団欒については、『枕草子《まくらのそうし》』等から明らかにされている（倉本一宏『一条天皇』）。

華麗なる参内

四月になり、中宮彰子は立后後初めて参内する。昼間は暴雨大雷で、豊楽院《ぶらくいん》に雷が落ちたにもかかわらず、亥刻（午後十時）には晴れ、上弦の月が照らす中、華麗に正装した彰子は、輿に乗り、華やかに着かざった女房たちの牛車とともに、一条院内裏の藤壺《ふじつぼ》（東北対）に入った。その後付き添った公卿や殿上人たちには酒肴がだされる。中宮初入内の先例により、中宮の母源倫子に従二位、乳母の源信子・源芳子に従五位下が叙された。これは恒例で問題なかったが、彰子の伯父道綱《みちつな》従二位と母方従兄弟の源成信従四位上は、先例がないので何度も交渉し、最後に一条天皇が仕方なく了承したものだった。道綱が強引に要求したためである。どうも、母に溺愛された道綱は上昇志向が強い。ただし、二十二歳の成信は、翌年出家してしまう。立后後の彰子御在所には大床子が立てられ、御帳《みちよう》の鎮子《ちんし》には獅子が鎮座し、女御のときにはなかった火焚屋《ひたきや》のかがり火は明るい。

道長の病気

四月の賀茂祭に、天皇は彰子の御在所に渡って祭使たちの飾馬《かざりうま》等を見物している。ところが、二十七日頃から道長が病気になり、一条天皇は度々見舞いの使者を出すものの、五月九日に道長は上表（辞表の提出）する。また、道長への厭魅《えんみ》・呪詛《じゆそ》・邪気《じやき》が奏上される。さらに詮子も重病になってしまった。一条天皇は、御修法《みしほ》を命じ、度者《どしや》（出家を許可された者）を賜い、大赦《たいしや》などを矢継ぎ早に行う。二十五日に、道長は、「前帥（伊周《これちか》）を本官・本位に復してほしい。そうすれば病気が癒える」と奏上させる。病気中なので許容できない、との天皇の詞が伝えられると、道長は、目を見開き、口を張り、憤怒の態度をとる。ときに天皇・春宮の親舅、中宮の親父、国母の弟、まさに栄花絶頂の道長が邪霊《じやれい》に取り憑《つ》かれている姿をみた行成は、世の無常を感じている。彰子は五月、土御門殿に退出する。病気見舞いであろう。道長が平癒したのは六月二十七日とある（『権記』)。

なお、『御堂』は五月三日を最後に、寛弘《かんこう》元年(一〇〇四)正月元旦まで途絶え、『小右記』も短い逸文のみとなる。彰子の姿は主として行成の『権記』に頼らざるを得ず、情報量は少なくなる。

八月、皇后定子親子が内裏に入る(『権記』)。この時期、妊娠五ヶ月ほどの身重の定子を一条天皇は気遣ったことだろう。二十日には、右大臣顕光《あきみつ》の切望で正五位下女御元子を従三位に、釣り合いのためか女御義子も従三位に、故道兼《みちかね》女で御匣殿別当《みくしげどののべっとう》尊子に女御の勅が出されている。定子参内の批判をかわすためのようにも思える。

奉幣と神輿の調進

定子が参内したのと同じ日、彰子は、立后後諸社奉幣として鹿島神宮使を発遣し(『中右記《ちゅうゆうき》』大治《だいじ》五年〈一一三〇〉八月五日条)、十三日には、初めて石清水社の神輿を調進している(『宮寺旧記』)。この神輿調進は、その後代々の后宮に継承されることになる(『本朝世紀《ほんちょうせいき》』久安《きゅうあん》六年〈一一五〇〉八月二十四日条)。石清水八幡は、惟仁《これひと》親王(清和《せいわ》天皇)の外戚《がいせき》藤原良房《よしふさ》が、親王を皇位につけることを祈願して創祀した天皇守護の神社であり、円融《えんゆう》朝から天皇行幸が恒例化している(八馬朱代「円融天皇と石清水八幡宮」)。道長は彰子入内・立后時から子孫の皇位継承を射程に入れていたのである。

石清水八幡宮拝殿

和歌会の開催

八月には、彰子第で和歌会が開催される。この夜、皇后定子親子は内裏から退出した。彰子第での和歌会は初めてのことであり、道長による定子内裏退出への妨害のようでもある。

九月、中宮彰子が参内する。一条天皇が彰子殿舎に渡り、そこで右中弁が御読経《みどきょう》の定文《さだめぶみ》を奏上することもあり、彰子は天皇の職務を実地に学んでいた。十月六日、天皇は皇后定子の御修法料や御産の準備を奉仕するよう行成に命じている（『権記』）。

道長の直廬

十月、新造された内裏に、一条天皇と中宮彰子が参入した。彰子の飛香舎《ひぎょうしゃ》（藤壺）の東廂が道長の直廬《じきろ》となる。摂関や大臣などの直廬、すなわち執務室は、十世紀頃から姉妹や娘の后妃殿舎に置かれており、女性に便乗して直廬や政務への権威付けを得ていた（岡村幸子「職御曹司について」）。幼帝の場合、除目や叙位などの人事や政務が摂政直廬、すなわち国母の殿舎で行われたのである。一条天皇は彰子の飛香舎に渡ることが多い（『権記』）。この時期の『権記』には、一条天皇が多難な政務に多忙な日々を送るいっぽう、政務決裁をめぐり道長と対立する姿も記されている。

五節舞姫

十六日己丑、豊明節会《とよのあかりせちえ》に舞を奉仕する五節舞姫《ごせちのまいひめ》が内裏に参入するが、この年は中宮彰子が献上者だった。定子が献上したさいの創意工夫をこらした華やかな舞姫の様子は清少納言が『枕草子』（「宮の五節出ださせたまふに」）で活写しているが、誠に残念ながら、この年の彰子が献上した舞姫の様子は『栄花物語』にも記されていない。舞姫に従う童女は二人が普通だが四人出しており、女性献上者としては最後なので、豪華絢爛な衣裳を纏《まと》わせたに違いない。行成は、十六日、銀の柳筥に入れた檜扇《ひおうぎ》三十枚を彰子に贈っている。十八日辛卯、十九日壬辰、飛香舎に殿上人たちがやって来て、酒肴が振る舞われている。さぞかし、華やかだっただろう（『権記』、服藤早苗『平安王朝の五節舞姫・童女』）。

二　敦康親王の養母となる

定子の死

十二月十五日巳刻（午前十時）頃、后の象徴である月を挟む二筋の不祥雲が出現したと噂された。ちょうどその頃、定子は媄子を産むが、後産《あとざん》が下りず、十六日寅刻、二十五歳の生涯を閉じた。「甚だ悲しい」と一条天皇は行成に語っている。勅使が送られるが、皇后宮には、兄弟の伊周や隆家《たかいえ》、外戚の高階《たかしな》氏もおらず、葬送さえ思うに任せない。天皇が費用を送り、六波羅蜜寺《ろくはらみつじ》に移され、雪の降るなか葬送された。珍しく土葬だった(『権記』、『栄花物語』)。本来なら、皇后宮の長官、皇后大夫参議藤原公任《きんとう》が取り仕切るべきである。彰子入内の屏風にはお追従に和歌を献じ、小野宮一家の面汚しだと実資《さねすけ》の顰《ひん》蹙《しゅく》を買っていたが、まさに、処生術に長《た》けた公卿の代表である。ただし、二十一日には、前皇后宮権大進藤原惟通《これみち》が、故定子の遺命を伝えたとある(『権記』)。紫式部兄弟の惟通だろうか、同名の他人だろうか。

定子と一条の贈答歌

定子の辞世の句、「煙とも雲ともならぬ身なりとも草葉の露をそれと眺めよ(土葬なので煙や雲にならず見えないけれど、草葉の陰の露で私をお偲びください)」に、一条天皇は、「野辺までに心ばかりは通へどもわが行幸《みゆき》とも知らずやあるらん(野辺送りまで心だけは行き通うのだが、亡き君は私の行幸とは気がつかないのだろうか)」と詠む(『栄花物語』、『後拾遺和歌集《ごしゅういわかしゅう》』)。飛香舎にいた十三歳の中宮彰子は、何を思っただろうか。

諒闇の正月

長保三年(一〇〇一)正月は、皇后定子の諒闇《りょうあん》で諸行事は中止された。飛香舎でも昨年のような正月酒宴はない。十日には、彰子の外祖母藤原穆子の七十算賀《さんが》法事に彰子は度者《どしゃ》を奏上する。いっぽう、同じ日、定子三七日《さんしちにち》の法事が三十七の寺で行われている。なんとも対照的な法事である。七日ごとの定子の法事でも諷誦《ふじゅ》料が用意できず、一条天皇が費用拠出を命じることが多かった（『権記』）。

行成の家司別当就任

その後、一条天皇たっての要請で蔵人頭行成が敦康親王の家司《けいし》別当に任命され、翌日、弘徽殿《こきでん》にお礼に行っている（『権記』）。いっぽう、新生児の媄子内親王は詮子が引き取ったと思われる（『権記』、『栄花物語』）。こうして敦康親王と脩子内親王は、内裏の弘徽殿で育てられることになった。一条天皇が敦康親王を手放さなかったことと、道長にとっても伊周や隆家たちに皇子たちを取り込まれぬためでもあったろう。

敦康の育ての親となる

八月、敦康親王は、中宮彰子が養母として育てることになった。飛香舎の東廂で盃酒《はいしゅ》の宴が張られ、彰子は親王の乳母四人・宣旨《せんじ》（上臈女房の役名）に各絹十疋を賜与している。行成が日頃から、漢の明帝が子どものいない馬皇后に粛宗《しゅくそう》を愛養させた故事を一条天皇に上奏していたのが実ったという（『権記』）。一条天皇は彰子に敦康親王を愛養させ、粛宗と同じく帝位に就かせる所存だったろう。飲水病、すなわち糖尿病を患い、常日頃から病がちな道長にとって（服部敏良『王朝貴族の病状診断』）、十四歳の彰子に皇子誕生はすぐには望めないこの時期に、敦康親王は大切な唯一の皇位継承者だった。さらに、馬皇后の故事には、「華美を求めず質素倹約し、修養に努めて政事に当たり、私家のことを朝廷に求めない賢后としての生き方」が示されていた（倉田実『王朝摂関期の養女たち』）。彰子は、行成から馬皇后の故事を学んだに違いない。敦康親王を慈しみ養育するのみならず、賢后として修養につとめる。それゆえ、後に皇位継承について道長の思惑と対立することとなる。敦康親王の別当・侍者などの家司を決め、中宮彰子の上の直廬で真菜《まな》始《はじめ》儀（初めて魚鳥などの動物性食料を食べさせる儀式）を行った（『権記』）。本格的な「養母はじめ」といえよう。

行成が参議となる

いっぽうその頃、行成は参議に昇格し、蔵人頭を去る。議政官としてのスタートである。秘書官長の辞任であるから、『権記』には一条天皇の行動や政務内容の情報が以前より少なくなる。行成に全幅の信頼を寄せていた一条天皇は、「顧問の職」を外れても聞き得たことは奏上するようにと語り、侍従《じじゅう》を兼任させている。また、道長からは、祝いに車と牛、笏《しゃく》を贈られている（『権記』）。

詮子の四十算賀

九月九日、彰子は土御門《つちみかど》第に退出する。十月九日、前日詮子が移っていた土御門第に一条天皇が行幸し、詮子の四十算賀が行われた。彰子や公卿たちの列席のもと、道長の二人の童、十歳の鶴君（頼通《よりみち》）が左舞《さまい》龍王（陵王《りようおう》・蘭陵王《らんりようおう》）を、ついで九歳の巌君（頼宗《よりむね》）が右舞《うまい》納蘇利《なそり》を舞った。頼宗の舞は極めて優妙で、参列者は感歎し、天皇は頼宗の舞師多吉茂《おおのよしもち》に栄爵《えいしやく》を給わった。ところが、機嫌を損ねた道長は座を立って寝所に入ってしまう。満座は凍りついたであろう。天皇の再三の仰せにより戻ったものの、天皇が一泊する予定を切り上げさせ、亥刻に還御《かんぎよ》させている。

実資は、「龍王を舞った頼通は兄で、愛着が深く、中宮の弟、倫子腹の長男である。納蘇利を舞った頼宗は外腹で愛着は浅い。今、納蘇利の舞師が賞せられたので、憤慨したのだろう」（『小右記』）と記している。彰子と頼通の母は同居の正妻倫子で、いっぽう頼宗の母は、醍醐《だいご》天皇の皇子源高明《たかあきら》女明子で、道長の次妻である。明子は、父高明が安和《あんな》の変で失脚すると兄に養育され、その後は詮子に養育されており、身分的には同格だが、ちょうどこの頃から同居の妻が正妻として扱われるようになっていた（増田繁夫『源氏物語と貴族社会』）。七歳から童殿上を許された公卿層の子どもたちは、天皇列席の儀式で舞を披露して認められることで、早くから天皇との距離を縮めていた。そのため、男童にとって舞の教習は必修科目だった（服藤早苗『平安王朝の子どもたち』）。正妻倫子が東対で見ていたから（『栄花物語』巻七）、倫子の手前、道長は怒ったのだろう。彰子は、童からの異母兄弟同士の確執を目の当たりにしたのである。なお、詮子は二ヶ月ほど後の閏十二月十日に高熱を発し、二十二日の夕方、ついに四十歳の生涯を閉じている。

作文会

十月二十三日、眠ってはいけない庚申待《こうしんまち》の夜、清涼殿では、道長以下七、八人の侍臣《じしん》が召され、作文会《さくもんえ》があり、管弦が演奏された。列席した行成は、「皇后定子は国母である。未だ一周忌の喪が明けていないのに、管弦が行われたので人々は途方にくれた」(『権記』)と記している。敦康親王は皇位継承者、定子はその母ゆえ国母、と行成だけでなく列席者全員が認識していたことがうかがえる。しかし、十二月四日に行われた故皇后定子の一周忌法要では、元皇后大夫公任《きんとう》は、またしても「衰日」と称して出席していない。行成は、「なんとも珍しいことだ」と記している(『権記』)。

競馬は権威の象徴

十月二十四日には、彰子の土御門殿で競馬《くらべうま》が行われている。当時の競馬は、二頭一組で馬を走らせ、馬芸を競う競技で、軍事的意味や、除災や豊穣祈願などの宗教的・呪術的意味があり、朝廷で行われるものであった。中宮彰子を口実に行われたのであろう(中込律子「摂関家と馬」)。

敦康の着袴

十一月には彰子の飛香舎で敦康親王の着袴《ちゃっこ》儀が行われ、一条天皇と敦康親王が「渡御」したとあるので、この時点でも敦康親王は彰子と同殿していない。しかし、わざわざ、中宮御在所で着袴することにより、彰子が養母であることを公卿たちに誇示することこそ重要だった。行成は、敦康親王家司として献身的に奉仕している。なお、同じ月、内裏が焼亡し、一条天皇・彰子・敦康親王ともに一条院内裏に移る。五節も新嘗祭《にいなめさい》も中止された（『権記』）。

戴餅儀

長保四年（一〇〇二）正月元日から三日間、敦康親王と媄子内親王の戴餅《いただきもち》儀が、一条天皇の仰せで行われた。戴餅は、正月初旬の三日間、幼児の頭に餅を戴かせ長寿を願う生育儀礼で、女子は二歳から五歳まで、男子の嫡子は七歳まで、庶子は三歳まで行われた（服藤早苗「戴餅」）。十五歳の彰子の姿はないので、この時期も、一条院内裏でも敦康親王とは同殿していない。

道隆の娘たちの相次ぐ死

二月、故女院詮子の後事で忙しい行成が、久しぶりに参内し、敦康親王のことを一条天皇に報告している（『権記』）。寵愛した定子の忘れ形見の敦康親王が一条天皇にとっては気がかりでよく渡っており、行成は敦康親王に奉仕するよう頼まれている。この頃、道隆《みちたか》の娘たちが次々と亡くなっている。まず、六月三日には、定子が敦康親王の「母代」として託した妹の御匣殿（道隆四女）が、一条天皇の子を宿したまま亡くなる（『権記』）。十七、八歳だった。敦康親王は御匣殿が養育していたのである。この頃の彰子はまだ十五歳で、一条天皇にとっては「成女」ではなかったろう。八月三日には、定子の妹で、春宮居貞《いやさだ》親王妃の原子が二十二、三歳で亡くなっている（『紀略』）。道隆の娘たちはなんとも薄幸だった。

中宮大饗

長保五年（一〇〇三）正月三日、彰子は中宮大饗を行い、拝礼や盃酒・饗宴が行われている。史料的には初見だが、昨年から行われたはずであり、諒闇以外ではあるが恒例行事である。

道長より権威行使の作法を学ぶ

この頃、彰子は病気になるが軽かった。四月に彰子の殿舎で弓の負態《まけわざ》が行われ、道長の家司藤原有国《ありくに》が勝ち組を饗応している（『権記』）。前日、弓を射る遊びがあったのであろう。道長は側近を集めて彰子の殿舎で度々宴を行う。権威行使の作法を学ばせたのだと思われるが、これが将来に役立つことになる。

敦康の病気

八月下旬、敦康親王が病気になり、安倍晴明が邪気だと占っており、行成が駆けつけ、邪霊の御祓《おはらい》、加持《かじ》、御修法などを行わせている。九月下旬、行成が敦康親王のもとに行くと彰子から呼び出しがあった。敦康親王の病のことであろうか。

新造内裏への還御と敦康親王の居所

十月、一条天皇・春宮・彰子は新造内裏に還御するが、敦康親王は道長邸に移り、後に隆家第に移っている。ようやく外戚邸で養育されることになったが、十二月には枇杷殿に移っている。

五節舞姫の料物

十一月、五節舞姫を献上する行成に彰子は薫物《たきもの》を贈っている。親族や側近などが五節舞姫を献上したとき、彰子が料物を賜与することは大変多い。

道雅の叙爵

寛弘元年（一〇〇四）、この年から再び道長の日記がのこっており、彰子の日常が詳細にうかがえる。正月六日、彰子の御給《ごきゅう》で伊周嫡男松君（道雅《みちまさ》）が叙爵した。翌年正月四日には元服するから、当時はまだ少ない元服前の叙爵である。道雅は故定子の甥で、のち荒三位とよばれ、道長への反抗を生涯貫くが、彰子は一条天皇の意を受けてかばい続けることになる。

敦康との同居

正月十七日、六歳の敦康親王が参内し、飛香舎の東面を御在所にした。ここには道長の直盧もあった。これから彰子と敦康親王は同じ殿舎で生活する。実質的な養母子同居で親子関係は深まっていく。二十七日、脩子内親王と一条天皇との七歳対面儀が行われたが、道長は犬の死穢《しえ》を理由に参内しなかった。二月五日には、頼通が春日祭使として出立する。彰子はもちろん、皇太后遵子や女御義子、公卿全員から袴等が送られ、道長は恐縮したとある（『御堂』）。

三　皇子の誕生を祈願する

三月、仁和寺《にんなじ》で大般若経《だいはんにゃきょう》供養を行った倫子に彰子が名香《みょうごう》を贈り、倫子が歌を返している。

春霞よそにのみ立つ山辺にはたぐふ煙に心をぞやる（はるか遠くから法要に思いを馳《は》せています。使いにもたせる名香の煙が霞に寄り添って立ちのぼると思って心を慰めています）

倫子の返歌

春がすみ今日のけぶりに添へばこそ山の西にも外《と》には見えけれ（今日あなたにいただいた名香の煙に添うから、この御堂の地の西の外山に春霞がたって、西方浄土の名香の中にいるように見えるのでした）

これらの歌を収めた『御堂関白集《みどうかんぱくしゅう》』は、冷泉家時雨亭《れいぜいけしぐれてい》文庫の影印本刊行により（『資経本私家集三』冷泉家時雨亭叢書第六十七巻）新たな歌も加わり、貴重な研究成果が出されている（『御堂関白集全釈』）。従来、道長の歌集とされていたが、土御門邸に仕える女房が、寛弘元年春から二年秋までと、寛弘七年と八年の間の道長一家や女房たちの詠歌を年代順に編んだもの、という。研究者によって多少の相違があるものの、道長・倫子・外祖母穆子・妹妍子・斎院《さいいん》選子内親王・女房らとの十数首の贈答歌が彰子の歌とされており、とりわけ仏事関係が多く、また妹妍子との応酬も二人の性格がうかがえ興味深い。さらに女房たちの歌も多く、この時期の彰子サロンの闊達《かったつ》さや彰子の心遣いが読み取れる。

賀茂祭

畿内近国の老若男女が楽しみにしていた賀茂祭では、斎院の選子内親王に扇を送っている（『御堂』、『権記』）。彰子と選子内親王とは歌や花などのやりとりも多く（『御堂関白集全釈』）、翌年の五月には薬玉《くすだま》を贈り、寛弘六年（一〇〇九）七月には斎院から彰子に腹中に扇等が入った琵琶・琴等が奉られている（『御堂』）。

モノを介したネットワーク

そして、四月の中宮御読経結願後の宴会では、飲酒があり、酩酊《めいてい》した上達部たちが道長邸に行き、和歌を詠みつつ飲んでいる。なお、閏九月には、道長不在でも殿上人が中宮彰子殿舎に集まり宴が開かれ、彰子は被物《かずけもの》を与えている。十月には、新造した持ち運びできる地火炉《じかろ》を据えて料理を前に宴会を開く羹次《あつものついで》が清涼殿で行われた。翌月の羹次では、酩酊した一条天皇が殿上人とともに彰子の殿舎に渡り、笛を数曲奏で、道長には天皇の御衣を、公卿たちには中宮の御衣等が贈られ、彰子からは一条天皇に『集注《しゅうちゅう》文選《もんぜん》』を献上する（『御堂』）。大江匡衡《まさひら》が編纂したとされているこの『集注文選』は、十月三日に源乗方《のりまさ》が道長邸に持参し道長を歓喜させたもので、漢籍好みの一条天皇に彰子から献上させたものという（陳翀「『集注文選』の成立過程について」）。彰子も目を通したのではなかろうか。若い彰子は贈るモノの選択と場を父道長から学んでいく。

仏教への深い信仰

八月頃、彰子は病を患っているが、四日後には平癒しており、八月二十五日から五日間に渡って彰子主催の仏事が行われた。最終日には、道長や穆子との歌の交流がみえる。穆子が「昔より契りしこともうらになく法《のり》を広むる君とこそ思へ（昔から約束してやってきたことではありますが、あなたは仏法を広めるすばらしい方です）」と詠むと、彰子は「契りけんむかしうれしきあま舟のたよりにかかる法とこそ聞け（昔から約束された仏法への帰依のうれしいお導きのおかげで今日のような不断の御読経を主催できたのです）」と返し、さらに穆子からの返歌もある。外祖母から孫へ、一家挙げての仏法への帰依が、一生涯に渡る彰子の深い信仰の根底にあった。

皇子誕生を祈願

十二月、道長は、石山寺《いしやまでら》の観音宝前で、前大僧正観修《だいそうじようかんしゆう》に三七ヶ日増益法《ぞうやくほう》を行わせている。願文《がんもん》には「昼夜を問わず観音に祈願するように。けっして他人に漏らすな」と厳命しているが、皇子の誕生祈願が目的だったことは、敦成《あつひら》親王誕生後の寛弘五年（一〇〇八）十二月に、石山寺から御願成就の報賽《かえりもうし》を要請されていることから判明する（『石山寺座主《ざす》伝記《でんき》』）。ただし、同じ頃、妹妍子が尚侍《ないしのかみ》に任じられ、従三位に叙されており、道長は彰

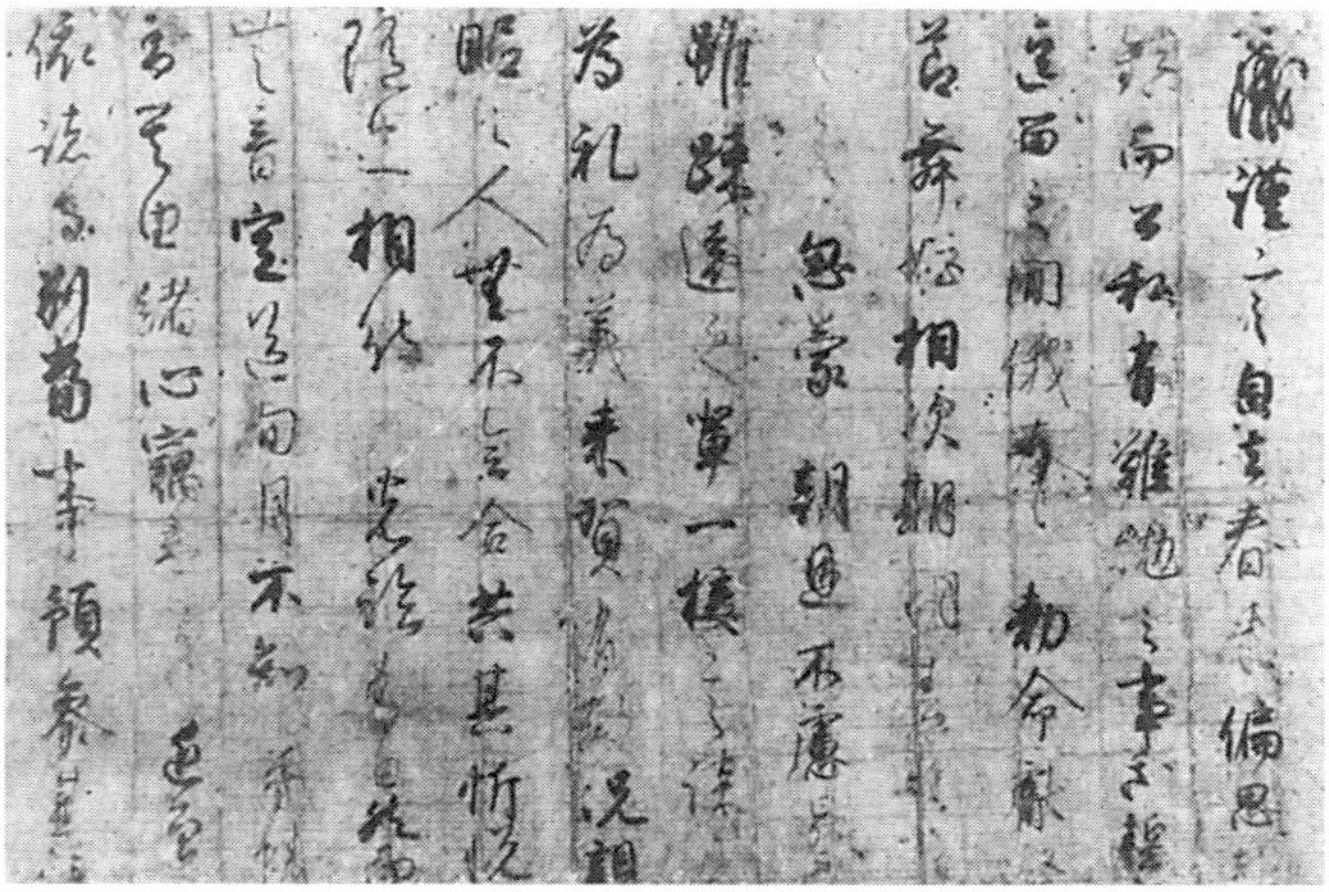

藤原行成書状（東京国立博物館所蔵）

子の皇子誕生を神仏に祈願しつつ、東宮《とうぐう》への妍子入内も目論んでいた。

行成流の書を学ぶ

寛弘二年（一〇〇五）、彰子は十八歳になる。正月三日に道長から継紙《つぎがみ》を渡された行成は、八日には手跡を届けている（『権記』、『御堂』）。彰子は行成流の書を学ぶ。

華麗なる大原野社行啓

二月に彰子は延期されていた大原野《おおはらの》神社への行啓準備のために、土御門殿に退出する。土御門殿では、大原野神社への御願のための大唐《だいとう》・高麗《こま》・東遊《あずまあそび》等の調《ちょう》楽《がく》が行われるが、予行演習である試楽《しがく》に参入するよう要請された実資は、「試楽とは、何の試楽だろう。とても尊大だ」（『小右記』）と批判している。三月八日、中宮彰子の初めての大原野社行啓が行われた。彰子の御輿の後ろには騎馬女十四人、尚侍妍子の糸毛車《いとげのくるま》、母倫子や威子の金造《こがねづくり》車二両、女房や下仕、童女たちが檳榔毛車《びろうげ》三十両、蔀車《しとみ》十両、網代車《あじろ》二両に身分順に乗り従う。女房たちは牛車から競って華やかな衣を出す。後ろに右大臣、内大臣をはじめ公卿たちの車、中宮宮司らが続き、土御門殿から大原野神社まで大行列が厳かに進む。京中の老若男女が見物したことは間違いない。道長は京中を劇場に後宮女性たちを巻き込んだ華やかなイベントを企て、貴族から庶民までに権威を誇示する。まさに『源氏物語』を彩る行幸啓やイベントの時代を創りあげ、その中心には彰子がいた。

道長は、赤白の橡《つるばみ》の表衣《うわぎ》に打ちの桜の下襲《したがさね》を着て、摂関や親王しか乗れない最高ランクの唐車に乗っており、車の後ろには乗馬を引かせ、奉納の神馬《じんめ》・走馬《はしりうま》等を従わせる。道長の赤白の橡の表衣は、赤色袍《あかいろのほう》とも称し、この時代には天皇・東宮と摂関しか着ることができなかった。服飾は、政治的・社会的秩序や権威を目に見える形で表明する身分標識だった（小川彰「赤色袍について」、末松剛『平安宮廷の儀礼文化』）。到着後まず、社頭儀があり、神宝や神馬十疋が奉納される。次いで参列者が座すとご馳走が出され、大唐・高麗・東遊などの舞が奉納される。一番の左舞（唐楽《とうがく》）は十四歳の右少将頼通、右舞（高麗楽）は二十四歳の右中将藤原公信《きみのぶ》、他にも五位六人、六位二人が舞う（『小右記』三月六日条、

『大鏡《おおかがみ》』）。勅使が来て神殿の預《あずかり》・禰宜《ねぎ》・祝《はふり》等への叙位、舞人や参列者に禄が賜与され、彰子が内裏に帰ったのは、夜遅かった。

実資の批判

実資は、「彰子の大原野神社行啓はまるで天皇の行幸の如くだ」、と批判的である。先に見た試楽や社頭の作法・舞楽《ぶがく》・叙位などが天皇の行幸と同じであり、さらに、舞人の装束は、「善を尽くし美を尽くす。金銀・螺鈿《らでん》・金繡《きんしゅう》等で装飾している。あるいは五重の綾《あや》の重袴《かさねのはかま》等もある。華美なことはとても言い尽くせない」とも記している。供奉の蔵人が着用した款冬《やまぶき》色の織物下襲も問題にされている（『政事要略《せいじようりゃく》』巻六十七）。過差禁制も何のその、道長は中宮彰子を天皇と同等の位置に押し上げ、ひいては自身の権勢を醸成していく。のちの建久《けんきゅう》五年（一一九四）三月十六日、娘任子の大原野行啓に関白藤原兼実《かねざね》は「寛弘の佳例」として赤色袍を着用しており（『玉葉《ぎょくよう》』）、摂関家子孫に吉例として継承されていった。

道長の実資懐柔策

もっとも、実資は日記に記すのみで直接道長に言うわけではない。なぜなら、道長から実資に馬が贈られ、帰洛のさいには道長の車に招待され、実資の供奉に対する感謝と感激を何度も聞かされるとともに、翌日には、家司を遣わして供奉の礼が伝えられ、感謝が本物だと実感したからである。道長は、莫大な財を有効に使い、人心掌握術を遺憾なく発揮し、博識でうるさ型の九歳年上の実資さえ手なずける。まさに「人たらし」である（以上『小右記』、『御堂』）。

初の輿での行啓

大原野神社は藤原氏社で、祭には藤原氏出身の皇后（中宮）たちが奉幣するのが慣例だったが、后の行啓は、貞観《じようがん》三年（八六一）の藤原順子に次ぎ二度目である（『大鏡裏書《うらがき》』）。しかし、順子は牛車であり、輿での行啓は初めてであった。

七歳対面儀

三月二十七日、彰子が養う敦康親王の七歳対面儀と九歳の脩子内親王の裳着《もぎ》が行われた。諸卿が、「男一親王の直盧〈藤壺、すなわち中宮の御在所〉」に参入し、申刻（午後四時）に父天皇との対面儀が行われた。七歳対面儀は、父天皇と皇子女が初めて公的に対面する儀である（服藤早苗『平安王朝の子どもたち』）。その後、天皇も藤壺に渡御し、饗宴が開かれ、管弦・禄などがあった。なお、十一月十三日には、敦康親王の読書始め、いわば学びはじめの儀も藤壺で行われ、天皇も「密々」渡っている。

脩子の裳着

脩子内親王の裳着は、亥刻（午後十時）から清涼殿で行われた。一条天皇の女御尊子が本結、乳母の橘徳子が理髪、道長が腰結《こしゆい》を務めている。前日昇殿《しようでん》を許可された故定子兄弟伊周と隆家が参列しており、本来なら道長ではなく伊周が腰結を行ったであろう。以後、伊周は道長への諂《へつら》いの日々を送ることになる。翌日、脩子内親王は三品に叙された（『小右記』、『権記』、『御堂』）。

道長の仏教信仰

三月二十五〜二十八日、六月十七日、八月二十五日から二十九日まで、さらに十月八日から十一日まで、中宮彰子御読経が修される。結願日には、顕光・公季《きんすえ》他公卿らが八〜九人参加し、女宮の御読経で大臣が参るのはとても珍しいと道長は記している。十月十九日、基経《もとつね》の子孫一門の木幡《こはた》墓地に道長が建立した浄妙寺《じょうみょうじ》三昧堂《さんまいどう》供養では、彰子は諷誦料のみならず名香を奉納している（『御堂』）。道長は仏教を深く信仰し、新たな宗教儀礼や行動を行った（三橋正『平安時代の信仰と宗教儀礼』）が、彰子も継承していく。

妍子との歌のやりとり

十月には、道長夫妻、妹妍子たちが敦康親王の石山詣に同行すると、一条天皇や彰子から連日使者が送られ、彰子は参籠中の妍子に歌を贈る。「人をのみ思ひやるまにこのごろは関に心の越えぬ日ぞなき（あなたのことばかり思っているうちに、心が逢坂の関を越えていかない日はないのです）」。十二歳の妍子からは、「あなたも石山寺まで来れば良いのに」、と気楽な歌が返されている（『御堂関白集全釈』）。

内裏焼亡

十一月十五日、皆既月蝕が終わった子刻（午前零時）頃、内裏温明殿《うんめいでん》から出火し、瞬く間に延焼する。飛香舎（藤壺）に彰子といた一条天皇は、二人の供人に御物《ぎょぶつ》を出すよう指示し、徒歩で彰子とまず中和院《ちゅうかいん》へ、さらに職御曹司《しきのみぞうし》に待避したが、あまりに荒れ果てていたので、太政官朝所に避難する。これにより温明殿の神鏡や大刀契《だいとけい》・節刀《せっとう》等々の宝物が焼損する。とりわけ、天徳《てんとく》の内裏焼亡以来、奇跡的に救い出された神鏡の焼損は、天皇や道長、公卿たちを落胆させ、神鏡改鋳をめぐって議論が続くことになる。一条天皇即位後、三度目の内裏焼亡である。十一月二十七日には、道長の東三条第に天皇・中宮・敦康親王、南院《なんいん》に東宮が遷っている。十二月、法性寺《ほっしょうじ》や延暦寺等の寺が道長四十算賀の巻数《かんず》を献上している。四十歳からが老人だった当時、道長も老人の仲間入りである。

女御元子

寛弘三年（一〇〇六）、彰子は十九歳。二月、女御元子が内裏に入り夜退出するが、一条天皇は輦車《れんしゃ》に乗ることを許可している（『御堂』）。元子は長徳《ちょうとく》四年（九九八）二月に懐妊により輦車宣旨をもらって内裏を出たが、水を産んだ逸話がある。想像妊娠だろうとされている。彰子入内後の参内史料はこれのみであり、この頃、一条天皇後宮は彰子が独占していた。

内裏での花宴

三月四日、道長は東三条院内裏で花宴を盛大に行った。作文では、大江匡衡が、東三条邸は一条天皇生誕の地、后彰子の生育の場であり、兼家《かねいえ》と道長二代にわたって同じ天皇の行幸の栄誉を得た大臣と褒め称える漢詩を詠む（『江吏部集《ごうりほうしゅう》』）。また、道長も二度の天皇来臨を言祝《ことほ》ぐ漢詩を詠む（『本朝麗藻《ほんちょうれいそう》』上）。亥刻（午後十時）、一条天皇と彰子は一条院内裏に、東宮は枇杷殿に遷った。翌日には、彰子御所（東北対）に天皇や公卿たちが参入し、酒宴が開かれ和歌が詠まれている（『御堂』）。

彰子御所での童相撲

八月には、彰子御所で童相撲《わらわずまい》を行い、敦康親王のみならず、女一宮脩子・二宮媄子内親王も一緒に見物している。一条院内裏でも彰子と敦康親王は同居していた。九月、道長の土御門第で競馬を行うことになり、彰子は敦康親王とともに一足早くに行啓する。二十二日には雨模様の中、一条天皇と東宮が土御門第に入り、競馬や船楽《ふながく》、舞楽が行われ、戌刻（午後八時）には寝殿で饗宴となり、天皇には馬十匹と箏琴《そうきん》・琵琶・和琴《わごん》など、東宮以下の参列者には過分な禄が賜与される。競馬は、前述のように臣下が自邸で行えなかったが、道長はそれを非公式に行っており、ついには天皇の要請で行幸下で初めて行う。以後、行幸下での摂関邸競馬は、天皇の年中行事と同様に位置づけられ、頼通にも継承される（中込律子「摂関家と馬」）。道長は彰子を媒介に王権に密着し王権行事さえ挙行し、他の貴族層から抜きんでた家柄を貪欲に創りあげ、頼通に手渡す。

教通と能信の元服

十二月には、教通《のりみち》と能信《よしのぶ》の元服が行われる。倫子所生の十一歳の教通は加冠《かかん》右大臣顕光で正五位下、次妻明子所生の十二歳の能信は、加冠大納言道綱で従五位上と、早くから母の立場で差別化される（服藤早苗『平安王朝の子どもたち』）。のちに能信は、異母兄弟の頼通・教通と激しく対立することになる。

倫子の出産

寛弘四年（一〇〇七）正月には母倫子が四十四歳で末妹嬉子を出産しており、十一日の第七夜産養《うぶやしない》は彰子が主催し、衣筥二合に入った白い織物衣と綾の襁褓《むつき》（産着《うぶぎ》のこと）を贈っている。「中宮よりこのような贈物があるのは、めったにないことだ。かえって面目が施された。未だ家から立たれた皇后が、母のためにこのようなことをなさったことはない。百年来、聞いたことがない。以前の人は、親の老後に立后されたのである」（『御堂』）、と道長は自画自賛である。もっとも、内心では「妻より娘の出産を！」と思っていたに違いない。四十歳から老人の当時、倫子はなんとも健康で九十歳まで生き、まさに幸運な生涯を送る。道長の権勢維持は、健康で、思慮深く、貴種の妻倫子によるところ大であった。

彰子の詠歌要請

ところで、「正月十日の頃に、『春の歌たてまつれ』と言われたので、まだ出仕もせず身をひそめている隠れ家で」（『紫式部集《むらさきしきぶしゅう》』）と、出仕後すぐに里居していた紫式部に彰子が歌を詠むように命じた年はいつか。『紫式部日記』から初出仕日は十二月二十九日と判明する。これを従来の通説では寛弘二年のこととするが、寛弘二年は小の月で、大晦日には様々な行事があり元旦準備で忙しいことなどから、寛弘三年説が有力になり、蓋然性も高い。同じ頃に初出仕した伊勢大輔《いせたいふ》が、奈良から僧都《そうず》が送った八重桜を見て中宮彰子から歌を詠むように命じられ、「いにしへの奈良の都の八重桜けふ九重ににほひぬるかな」（『伊勢大輔集《いせのたいふしゅう》』、増田繁夫『評伝　紫式部』）と詠んだのもこの年だった。

金峯山湧出岩・埋経地（倉本一宏著『藤原道長の日常生活』講談社より）

道長の金峯山参詣

道長は、中宮亮源高雅宅で金峯山《きんぶせん》詣長斎《ちょうさい》をはじめる。中納言源俊賢《としかた》、頼通他十七〜八人がともにはじめ、以後も笠置寺《かさぎでら》、祇園感神院《ぎおんかんしんいん》、賀茂社等に寺社詣をする。八月二日、道長一行はいよいよ金峯山参詣に出発する。大安寺《だいあんじ》や井外《いど》堂などを経て、十日には金峯山に到着し、翌朝に蔵王権現《ざおうごんげん》、子守三所権現（今の水分《みくまり》神社）に参詣する。金銀・五色の絹や幣、米などを奉納する。さらに三十八ヶ所を巡詣し、最後に埋経《まいきょう》を行う。公卿層が急峻な金峯山に参詣すること

懐妊の予兆

弥勒上生経残闕（個人蔵）

や埋経をすることはこの道長の例が嚆矢だとされている（三橋正『平安時代の信仰と宗教儀礼』）。なお、このとき埋納された経が江戸時代の元禄《げんろく》四年（一六九一）に発掘されている。もっとも『枕草子』には、紫式部の夫藤原宣孝《のぶたか》が、紫の指貫《さしぬき》、白い狩《かり》襖《おう》、山吹《やまぶき》の衣など派手な衣裳で御嶽《みたけ》詣をしたこと（「あはれなるもの」段）が描かれていることからすると、貴族層の参詣はすでに多かったと思われる。道長の参詣は子守三所への莫大な奉納からみて、当然ながら彰子の皇子出産、そして子孫繁栄の祈願だった。同じ頃、数ヶ日にわたり行われていた中宮彰子の不断経が結願する（『権記』）。彰子も同様な祈願を行っていた。

十一月、春日祭使教通の出立に公季が来臨する。喜悦した道長は泥酔しつつ、公季に馬三匹、それも天皇から賜った馬や第一の鹿毛《かげ》を引出物にしている。賀茂臨時祭では、わが子四人（頼宗・顕信《あきのぶ》・能信・教通）に舞わせ、天皇が一の舞を教通に命じたのは中宮彰子のゆえかとある（『御堂』）。十一月の道長はなんとも機嫌が良い。彰子懐妊の兆候を感じ取っていたのであろうか。いよいよ翌年、彰子が待望の皇子を出産することになる。

第三　二人の親王の誕生

一　敦成親王

彰子の懐妊

正月になっても同じようなご気分で、じつに眠たくなったりなさるので、天皇がいらっしゃって、「『去年の十二月に月の障りもなかった。この正月も二十日ほどになって、身体の具合がいつもとちがうようだ』とおっしゃるらしい。私にはわからないが、普通のことではないのであろう。父大臣や母君などに申上げよう」とおっしゃると……（『栄花物語《えいがものがたり》』巻八）

寛弘《かんこう》五年（一〇〇八）正月、一条天皇が彰子の懐妊に気づいたときの描写である。その後、一条天皇から彰子懐妊を聞いた道長が側近女房の大輔命婦に問いただすと、月事は十一月が最後で、すでに悪阻《つわり》がはじまっていたが、彰子から両親に伝えないように言われていたという（服藤早苗「懐妊の身体と王権」）。では、道長は彰子懐妊をいつ知ったのだろうか。

道長は正月二日の中宮彰子大饗《だいきょう》に参入しており、十六日には、天皇が道長に諮った上で伊周《これちか》に准大臣の封戸《ふこ》を与えることを命じている。また、十二日には倫子が彰子のもとから退出している（『御堂』）。大輔命婦は、倫子が結婚する前から雅信《まさのぶ》家の女房だったから、当然倫子に話していたはずで、出産経験豊かな倫子が悪阻の兆候を見逃すはずはない。伊周への処遇改善を道長が承諾したのも、彰子の懐妊がわかったからだろう。

秘匿された懐妊

しかし、道長は彰子の懐妊を秘した。「中宮（彰子）が去年より懐妊されているということだ。ただし懐妊が確定したわけではないので、秘密にしているということだ」（『御《ご》産部類記《さんぶるいき》』不知記）とあり、三月の段階でも公にしていない。道長が呪詛を恐れたためだとされている。十二日には、彰子の内裏退出にかかわる雑事を決めている（『御堂』）が、公的には、四月六日に平野祭《ひらののまつり》への中宮彰子奉幣《ほうべい》を「御懐孕」により停止するのが初見である（『紀略』）。もちろん、公表していないだけで、この間に中宮御修善《みしゅぜん》をはじめ、中宮御読経《みどきょう》・御修法《みしほ》などを行っており（『御堂』）、皇子安産祈願を着々と怠りなく行っている。以後も出産まで神仏への祈願は続く。道長の歓喜は察するにあまりある。行成《ゆきなり》は「諸僧・宿徳《しゅくとく》等が多く参入して、中宮の御懐妊の慶びを申している。男女を問うと、『男だ』と答えた」（『権記《ごんき》』三月十九日条）との夢を記しているから、すでに懐妊を知っていた。

行成は、その前に彰子御所に参って宰相の君と会っているので、聞いていたのであろう。宰相の君は、藤原道綱女《みちつなのむすめ》で紫式部の親友女房の豊子である。

土御門第に退出

結局、彰子が一条院内裏から土御門《つちみかど》第に退出したのは四月だった（『紀略』）。このとき付き添った女房たちへの道長からの禄は豪華だが、ただし敦康《あつやす》親王は同行していない。土御門第で行われた法華三十講《ほっけさんじっこう》の最中、紫式部が、「妙《たえ》なりや今日は五月《さつき》の五日とていつつの巻にあへる御法《みのり》も（すばらしく尊いことだ。今日は五月五日ということで、丁度第五巻が講じられることになった法華経の教えも、今日の行事も）」と詠んでいる（『紫式部集《むらさきしきぶしゅう》』百十五番）。いっぽう、五月には、故定子の忘れ形見である一品媄子内親王が九歳で亡くなった。一条天皇の心情は複雑だったろう。

土御門第での生活

懐妊七ヶ月の彰子は、六月に内裏に入り、一ヶ月ほどで土御門第に退出している（『御堂』）。翌日の一条天皇からの勅使は紫式部の兄弟である蔵人《くろうど》藤原惟規《のぶのり》で、お相伴の公卿たちに勧められて「酔うこと泥の如し」であった。豪華な禄を手にとって二度も拝してしまう。紫式部は遠くから見ていて歯がみしていたのではなかろうか。なお、彰子は返事を書いている（『御堂』、『御産部類記』不知記）。

「秋のけはひ入り立つままに、土御門殿のありさま、いはむかたなくをかし（秋の気配がはじまるにしたがって、土御門殿の様子は、言葉では言い表されぬほど趣がある）」とは、大変著名な『紫式部日記《むらさきしきぶにっき》』の書き出しである。大きなお腹を抱えて大儀なはずだが、何気ない風を装う彰子と近くに仕える女房たち、大勢の僧侶たちの御読経、女郎花《おみなえし》の一枝を紫式部に差し出す道長や息子たちなど、千年経ても我々読者をときめかせる。紫式部の眼差しに誘われつつ、『御堂関白記』・『権記』・『御産部類記』等を参照し、彰子の出産前後を見ていくことにしよう。

日をまたぐ難産

八月には内裏から御産の雑具が運び込まれ、道長側近の公卿たちや殿上人《てんじょうびと》たちが宿直し、管弦の遊びをする。彰子から香合した薫物《たきもの》が女房たちに下賜され、重陽《ちょうよう》の節句の九月九日には、倫子が紫式部に長寿を願う菊綿《きくわた》を贈っている。

そしていよいよ出産である。紫式部が少し局《つぼね》で寝ていた間、夜中から産気づき大騒ぎになっていた。九月九日丑刻（午前二時。ただし辰刻・寅刻とも。なお一日は寅刻からはじまるので、丑刻は九日）頃、普通の御帳《みちょう》等を撤去し、蔵人所《くろうどどころ》が用意した白一色の御帳・几帳《きちょう》・屛風等を立て産室としている。大勢の僧侶たちの読経の声、彰子に憑いている物怪《もののけ》を憑坐《よりまし》に移し、調伏《ちょうぶく》する修験僧たち、四十人以上集まった女房たち、公卿・殿上人たち、なんとも喧噪《けんそう》の中での出産である。しかし、一昼夜たっても赤子は出てこない。十日亥刻

『紫式部日記絵詞』(東京国立博物館所蔵, 国立博物館所蔵品統合検索システム)
敦成親王を抱く倫子.

(午後十時)頃には重体になり、翌日の戊辰の暁には、日遊神《にちゆうしん》が「屋舎内」にいる日なので、母屋《もや》で産んではいけない(『陰陽雑書《おんみようざつしよ》』)とされていたから北廂に移った(増田繁夫『評伝　紫式部』)。しかし、それでも彰子の重体は変わらない。仏の加護を頼み、形式的な剃髪の「御《み》髪《ぐし》下《お》ろし」をする。出産間近になると、物怪が悔しがって妬《ねた》みののしる声が一段と大きくなる。ようやく十一日午刻(正午)に出産し、

産湯

後産も無事下りた。しかも、皇子である。乳付《ちつけ》は一条天皇乳母の橘徳子、臍切は彰子の母倫子が行う。道長の「御喜悦の心」は、喩えることができないほどだった。三十時間以上の難産だったが、彰子がかなりの気力と体力の持ち主だったことは間違いない。いつの間にか殿方と一緒に座り、泣きはらし、化粧もはがれた紫式部は、互いに顔を見合わせ茫然とした様子を生涯忘れることはできなかった。道長も倫子も、僧侶や陰陽師、医師たちに過分な褒美を与えた。

　赤子の泣き声を聞くと、早速、御湯殿《おゆどの》具を造りはじめる。その後、蔵人頭源頼定《よりさだ》が勅使となり御剣を持参した。一条天皇の我が皇子としての認知行為である（服藤早苗『平安王朝の子どもたち』）。戌刻（午後八時）、新生児に産湯を浴びさせる御湯殿儀がはじまる。御湯殿儀は、朝夕二回、七日間行われる。漢籍を読み上げる読書《とくしょ》では博士が孝経《こうきょう》を読み、五位と六位の二十人が弦を強く引き鳴らし、その音で邪気を祓う鳴弦《めいげん》をする。頼通《よりみち》・教《のり》通《みち》・源雅通《まさみち》などは大声を上げながら散米《うちまき》する。そこに道長が新生児を抱き、邪気を祓うために御剣や虎頭《とらがしら》を持つ女房たちが御湯の側に立つと、豊子が御湯に入れ、源簾子が迎え湯を奉仕する。なお七日間は、女房・下級雑用係も含め全員白装束である。その後、御膳が供された。

邪気祓いの宴

奇数日には、新生児に対する饗応と、悪鬼を祓い無病息災を祈念する祝宴、産養《うぶやしない》が行われる（平間充子「平安時代の出産儀礼に関する一考察」）。第三夜には中宮庁が奉仕し、戌刻（午後八時）、右大臣顕光《あきみつ》・内大臣公季《きんすえ》以外の公卿全員が参加し饗宴が行われた。中宮大夫藤原斉信の用意した中宮御膳は、沈香木《じんこうぼく》の懸盤《かけばん》で、器はすべて銀という。呪力ある粥によって邪気を祓い、新生児の夜泣きを止める行事である廻粥《めぐりがゆ》の問口《といくち》は、豊子の夫大江清通《きよみち》が奉仕した。

道長主催の宴

第五夜の十五日は、外祖父道長の主催である。まさに十五夜で、雲一つない空に煌々と満月が照っている。池の汀《みぎわ》には篝火《かがりび》を灯して、亥刻（午後十時）から寅刻（午前四時）まで、和歌・擲采《ちょうさい》（賽の目によって競う遊戯）・朗詠等が繰り広げられた。庭で松明《たいまつ》を持つ殿守《とのもり》から参列者の上達部《かんだちめ》の随身《ずいじん》、あるいは髪上げして御膳を運ぶ女房の衣裳、三十人余りもぎっしり座っている女房たち、戸口近くに座る采女《うねめ》・水司《もいとり》・女蔵人・殿司《とのもり》・掃司《かにもり》・闈司《みかどのつかさ》らの下級女官まで、紫式部は晴れやかで悦ばしい様子を活写している。紫式部は、和歌の出番が廻ってきたら詠もうと、「めづらしき光さしそふさかづきはもちながらこそ千代もめぐらめ（満月に加え、皇子さまという新しい光まで加わった盃ですので望月さながらに欠けることなくもち続け、千代も廻り続けることでしょう）」と慶賀の歌を用意する。内大臣公季までも参列し、莫大な禄が道長から賜与された。

翌日の夜には、月光が冴え渡り、源経房《つねふさ》や教通に誘い出された若い女房たちが、白装束で舟遊びをする様子は清潔で美しい。そこに、突然、典侍《ないしのすけ》藤原繁子などの天皇付き女房たちが牛車に乗り大勢でお祝いに来訪したので、舟遊びの女房たちは慌てて家の中に入る。

天皇主催の宴

皇后や中宮が出産した場合、第七夜は新生児の父天皇が主催する。勅使の蔵人少将道雅《みちまさ》が天皇からの御膳や数々の下賜品を持参し、彰子はその目録に目を通した。藤原氏の勧学院《かんがくいん》学生たちもやって来る。御簾《みす》の中で横になっている彰子は、若く美しげで、ふさふさした髪を元結いで結んでいるのが一層見事に見える。五夜と同じ御遊があり、和歌が詠まれ、攤《だ》（サイコロを遣った遊戯の一種）が打たれる。博覧で容貌も美しい采女の高嶋が、酔った公卿たちから酔談を強いられる（『小右記《しょうゆうき》』）。道長が脱衣して与えたが受け取らず、さらに戯れ言を交わし受け取る。無礼講になると女房や采女たちも冗談を言い合いながら丁々発止、上層貴族たちと交流した様子がうかがえる。主宰者の天皇からの禄に加え、彰子からの禄も下賜される。「子剋ばかりに終わった。今夜の月が最も朗明だった」（『小右記』）とあり、十七日の立待月《たちまちづき》は、少しはかけていても煌々と照っていたに違いない。

そういえば、実資《さねすけ》や道長は、彰子の入内前後や女御宣下を詳細に記すいっぽう、故中宮定子が第一皇子敦康親王を出産したさいの産養はまったく記していなかった。蔵人頭行成だけが一条天皇の命で準備などに関わったので記していたが、参列した公卿についての記事はなかった。同じ一条天皇の皇子誕生にもかかわらずあまりに大きな差である。当時、後見者の力がいかに重要だったか改めて思い知らされる。

装束

八日目には白装束を脱し、彰子も女房も全員平常の色装束に着替えた。新生児には、生まれた日の干支に対応した色の産着を着せる著《き》（着）衣始《そはじめ》が行われる（野秋多華子「著衣始の色」）。戊辰の誕生だから赤色の産着だったと思われる。

頼通主催の宴

第九夜は、頼通が主催した。「いとさまことにいまめかし」と紫式部は褒めたたえている。若い頼通は斬新な演出をしたのであろう。乳母の懐から赤子を抱きあげ、尿をひっかけられてもご満悦な道長の様子なども描かれている。

二　一条天皇の行幸と母子参内

天皇の行幸と皇子命名

十月になり、一条天皇が土御門殿へ行幸する。彰子母子の内裏参入が十一月十七日だと聞いて、一条天皇は「待ちきれないから自分が訪れる」と行幸を命じ、着々と準備をしたのだった。己二点（午前九時半）に一条院内裏を出発し、午一点（午前十一時）に土御門殿に到着した。道長に続き、一条天皇も赤子を抱く。盃酌、御膳が供された後、親王宣旨《せんじ》が出され、正式に敦成《あつひら》親王と命名された。敦成親王家の勅別当《ちょくべっとう》は、中宮大夫でもある斉信《なりのぶ》と決まる。さらに、中宮宮司たちへの叙位《じょい》が命じられる。新調した竜頭鷁首《りょうとうげきしゅ》の船で楽が奏される中、天皇はじめ参列者に酒肴が出される。宴も酣《たけなわ》、道長は慶賀の意をあらわす長慶子《ちょうげいし》の曲に合わせて舞い、参列者には禄が贈られた。彰子は、天皇へ笙《しょう》・横笛《よこぶえ》・高麗笛《こまぶえ》を贈る。中宮大夫斉信ら関係者が昇叙され、倫子は従一位に叙された。「頼通が十六歳で従二位とはいかがなものか」、と実資の批判も見える。倫子への従一位も破格である。子三点（午前零時）に一条天皇は還幸した。紫式部は、親王に御剣を持って従う豊子や、天皇の御剣や御璽《ぎょじ》を持つ女房らの端正な容貌や衣裳の華やかさを天女の姿にたとえている。他にも髪上げした陪膳《はいぜん》（食事の給仕役）役の女房や、御簾の中で見物する彰子女房たちの衣裳や化粧・容貌など、女性たちの記録は詳細である。

敦成親王家の別当

翌日には、敦成親王家の役職者を決める職事定《しきじさだめ》があった。煩雑ではあるが後によく登場する人物が多いので挙げておこう。敦成家別当は、藤原斉信（道長従兄弟）・大江清

通（妻豊子）・源頼定（一条天皇従兄弟）・藤原頼親《よりちか》（道隆男）・源高雅《たかまさ》（妻敦成親王乳母）・高階業《たかしなのなり》遠《とお》（道長の無双の者）・藤原公信《きみのぶ》（道長従兄弟）・藤原能通《よしみち》・源雅通（倫子甥）・藤原惟風《これかぜ》（妻妍子乳母）・藤原経通《つねみち》・藤原惟憲《これのり》（妻敦成親王乳母）・藤原済家《なりいえ》（妻道長の宣旨）・藤原挙直《たかなお》・藤原高《たか》扶《すけ》・藤原知光《ともみつ》・藤原泰通《やすみち》（妻嬉子乳母・敦良《あつなが》親王乳母）・大江挙周《たかちか》・橘則隆《のりたか》・藤原資業《すけなり》（母一条天皇乳母徳子）の二十人、蔵人所別当に源道方《みちかた》・教通・兼綱《かねつな》（道長甥）三人らが任命された。

　十一月には敦成親王の五十日《いか》の祝が行われ、道長が敦成親王にすりつぶした餅を含ませる。饗宴では銀製品等の豪華な器に料理が盛られ、その後、管弦や詠歌などの遊びが続く。無礼講の時間になると、右大臣顕光は御几帳の垂絹《たれぎぬ》を引きちぎり、女房の扇を取りあげ戯れ言を言う。右大将実資は女房の衣の褄・袖口の枚数をかぞえる。公任《きんとう》は「このあたりに、若紫はいませんか」とうかがう。鎌倉時代に作成された絵巻『紫式部日記絵詞《えことば》』に描写された場面である。実資の小野宮《おののみや》一家と彰子との伝達役だった紫式部は実資とだけは親しく会話していた。酔った道長は、「中宮の父で私は相応《ふさわ》しく、私の娘として宮も恥ずかしくない。母もまた幸福だと思って笑っている。きっと良い夫を持ったと思っているのだろうな」とふざけると、倫子はぷいっと座を立って奥に入ってしまった。道長は、「お送りしないと母上が恨みなさるといけない」とまた冗談を言いながら追っていく。これも著名な箇所である（『紫式部日記』）。そもそも出自が高い倫子は、夫道長こそ「良い妻を持ったと思うべきなのに」と考えていたに違いない。

『源氏物語』の端緒

紫式部は、中宮彰子の前で物語の冊子作りに奔走する。里から取り寄せた物語原本は道長が探して妍子に与えたので、気がかりな評判を取るかもしれないと紫式部は書くが、もちろん謙遜であろう。また、道長が持参した上等の薄紙や筆・墨・硯などを彰子は紫式部に下賜した。当然ながら同僚の女房たちから妬みやそしりを受ける。この物語こそ『源氏物語』である。道隆と定子が清少納言に高級紙を与え作成された『枕草子』への対抗である。

母子の参内

その後、彰子と敦成親王は一条院内裏に入る。御輿には彰子と宮の宣旨源陟子、糸毛《いとげの》車《くるま》に倫子と敦成親王を抱いた乳母大江康子が乗り込む。他の女房たちも髪上をして、地位の高い順に次々と車に乗り込む。大納言源簾子と宰相豊子が黄金造《こがねづくり》車に、次の車に宮内侍《ないし》と小少将、次の車は紫式部だが仲の悪い馬の中将と同車し不満げである。女房たちは一条内裏の門から月明かりの中歩いて入る。なんとも決まりが悪い。紫式部が仲良しの小少将と火取《ひとり》で冷え切った身体を温めていると、実成《さねなり》・経房・公信などが寄ってきて声をかけるが、そそくさと家路に急ぐ。そんなに急いで帰ってもたいした女が待っているわけではないのに、と夫を亡くし今は独り身の紫式部は心の中で悪たれをつく。貴族層では正妻との生涯にわたる同居が秩序化されはじめるこの時期、正式な夫を持たず女房生活する女性たちの心の叫びであろう。

内裏の若宮の御在所は彰子と同じで、一条天皇の命で道長は敦成親王を見せに行き、彰子も夜大殿《よるのおとど》に上がり一夜を過ごした。道長から彰子に贈った二つの手筥のうち、片方には櫛などの化粧品が、他方には行成と延幹《えんかん》に書かせた『古今和歌集《こきんわかしゅう》』・『後撰《ごせん》和歌集』・『拾遺《しゅうい》和歌集』をそれぞれ五冊書写した特別製豪華本が入っていた（『紫式部日記』）。道長は、彰子に和歌の教養を向上させようとしていたことがわかる。

この頃、「左京の君事件」と呼ばれる有名な出来事があった。「五節は二十日に参る」ではじまる『紫式部日記』の五節舞姫《ごせちのまいひめ》で起きた事件である。詳細は拙著をぜひ読んで欲しいが（服藤早苗『平安王朝の五節舞姫・童女』）、五節舞姫参上、御前試《ごぜんのこころみ》、童女御覧などを見て、紫式部は人前にさらされる舞姫や童女に同情しつつ内省する。ところが、実成が献上した舞姫の付き添いの中に実成の妹で弘徽殿《こきでん》女御義子の女房だった「左京の君」を見つけると、紫式部をはじめ女房や殿方、さらに彰子までもが一緒になって、「女盛りを過ぎた」左京の老いを揶揄するために不老不死の仙人の住む蓬萊《ほうらい》の絵の扇や日陰の蔓《かずら》、不格好に細工した飾り櫛、伊勢大輔に書かせた「あなたの日陰の蔓は目立ちます」と嘲弄《ちょうろう》する和歌、体裁悪く結び入れた手紙などを硯筥のふたに入れ、匿名で贈り届ける悪戯《いたずら》をする。彰子入内後はほとんど参内できない女御義子の女房で、五節舞姫の付き添いとして久方ぶりに参内した女性に対するなんともひどい悪戯である。女房生活で意地悪な陰口や嫉妬に嫌気を覚えつつも、他者へは同じ行為をする紫式部たち女房社会の陰湿な側面があらわである。ところが、これを見た義子の父公季は、彰子からの贈物と勘違いし、筥のふたに銀製の冊子箱を置き、箱の中には舶来品の沈香製の櫛や白銀製の笄《こうがい》などを入れた豪華な返礼や、『蜻蛉日記《かげろうにっき》』作者の兄弟で有名な歌人の藤原長能《ながとう》作の返歌を入れ、賀茂臨時祭使だった教通に贈ってしまう。

このエピソードについてはすでに多くの研究があり、多様な解釈がなされている。中宮彰子は「扇なども沢山差し上げなさい」と言葉をかけているので、一緒に悪戯をしたのかと驚いたが、紫式部は「これはほんの私事です」と答えており、彰子は事情を知らなかったようである。後述するように、敦康親王や一条天皇亡き後の定子兄弟を庇護する彰子の姿からして、本当に悪戯を知らなかったのではないかと推察したい。

その後、十二月には彰子御在所で、天皇渡御《とぎょ》のもと敦成親王の百日儀《ももか》が行われた。道長が敦成親王を抱き、天皇が餅を含ませる。饗宴では、伊周が敦康親王の存在を示すために参入し、行成から取りあげて和歌序を書き、参加者を驚かせている。

晦日の騒動

十二月三十日の晦日、追儺《ついな》も終わり、明日の元旦の準備などをしている紫式部の耳に女性の叫び声が聞こえる。なんと、中宮御在所に引き剝《は》ぎが入り、下級女官二人の衣裳を剝ぎ取ったのである。紫式部は女官たちを起こし、「殿上の間に兵部の丞《じょう》という蔵人がいます。早くその人を呼んで」と恥も忘れて思わず叫んだ。兵部丞蔵人は兄弟の惟規で、手柄を立てさせようとしたのだった。しかしこの惟規、なんとも間が悪い。すでに退出して内裏におらず、代わりに式部丞資業《すけなり》がやってきて、てきぱきと明かりを付け処理していく。素っ裸の二人には中宮彰子の納殿《おさめどの》から衣裳が下賜された。元旦の衣裳は取られなかったので紫式部はほっとしている（『紫式部日記』）。当時の内裏は結構物騒で、さほど堅固に守られていなかったことが明らかになる。

呪詛

寛弘六年（一〇〇九）正月には、中宮大饗や敦成親王の戴餅《いただきもち》が行われたが、三十日、中宮彰子と敦成親王・道長を呪詛する厭物《いやもの》が見つかる。翌日には、高階明順《あきのぶ》と源方理《のりまさ》に謹慎が命じられ、後に法師円能《ほっしえんのう》が捕らえられた。円能の弁明によれば、昨年十二月中旬に佐《さ》伯公行《えきのきみゆき》と妻高階光子、源方理に、彰子・敦成親王・道長の三人を呪詛するよう頼まれたという（『政事要略《せいじようりゃく》』巻七十）。高階明順は定子の母高階貴子の兄弟で、光子は姉妹、つまり定子の叔母にあたり、源方理は伊周の妻の兄弟である。みな除名・禁獄などされ、伊周も朝参と帯剣が止められた。これを受けて道長は呪詛払いの仁王講《にんのうこう》を盛大に行っている（『紀略』、『権記』、『政事要略』等）。

天皇の思惑の頓挫

二月下旬、一条天皇の病気が重くなり、御手水《おちょうず》に座り込んでしまったのも、寵愛する故定子関係者の呪詛事件への心労だろう（『権記』）。その後も一条天皇の病気に関する記事は増えていく。その後、まもなく高階明順が亡くなり、敦康親王の叔父伊周も翌年正月、失意の内に三十七歳の若さで亡くなる。父道隆と同じ飲水病（糖尿病）だった。敦康親王を擁立したい一条天皇の思惑はここに大きく頓挫することになる。数年後、故伊周室町邸に三十人余の盗人が入り、一物も残すことなく取られてしまった（『御堂』）。没落貴族の家族たちの悲哀といえよう。

なお、同年十二月には源方理が従四位民部大輔に復し、僧円能も禁獄から解放されている（『紀略』、『権記』）。敦康親王が皇位につく可能性がなくなったからであろう。

三　敦良親王

二度目の懐妊

四月の賀茂祭には、内裏内に穢が発生したとの理由で中宮彰子の祭使が立っていない（『権記』、『御堂』）。これは、「御懐妊によるか」（『御産部類記』所引『外記《げき》日記』）とあるとおり、彰子が懐妊したためであり、前回と同じく最初は極秘にされていた。五月に宇佐使《うさし》を発遣すべきかどうかが問題になったときには、「皇后は去る二月より懐妊されたということだ」（『御産部類記』所引『小右記』）とあるから、四月には判明していたはずである。六月には、敦成親王と彰子が一条院内裏から土御門殿に移っている。同じ日、伊周の朝参の許可がおりている（『御堂』、『権記』）。道長にとって敦康親王や伊周はもはや脅威ではなくっていた。敦成親王の面貌には「王骨」があると行成は記している（『権記』五月二十八日条）。

内裏焼亡

その後、出産するまで、中宮彰子が一条内裏に入った史料はない。その間、一条天皇は、六月に敦康親王を一条院内裏の七間屋（西対西廂）に移し、饗餞の宣旨を出している（『権記』）。八月には敦成親王が一日だけ参内し、駒曳馬《こまびきうま》の小馬を賜与されており、その後も時々参内している。十月には一条院内裏が焼亡し、一条天皇は脩子内親王や敦康親王とともに枇杷殿内裏に遷っている（『御堂』、『権記』）。

敦成誕生の奉賽

彰子は、まず十月に、昨年の皇子誕生のお礼に、土御門第で仏像と経供養を行う。釈《しゃ》迦《か》・文殊《もんじゅ》・普賢《ふげん》・七仏薬師《やくし》・六観音は金色で、五大尊・六天は彩色の等身仏である。大勢の僧侶を招き寄せ、見聞きする道俗は随喜したという（『御堂』）。なお、このときの仏像は長和《ちょうわ》二年（一〇一三）の火事で焼失している。そして、十一月、御前試（五節舞姫の天皇御前での予行演習）の後、殿上や皇后殿舎などで淵酔《えんずい》（歌舞等をともなった酒宴）が行われる慣例だったが、この日は、殿上人や上達部が内裏から土御門第の中宮彰子のもとにやってきて淵酔を行っている。「上東門院彰子は立后以後、毎年禁中に御座している。しかし寛弘六年、懐妊のため里第に御座されていたときにも、公卿たちは参入して淵酔があったことが行成記に見える」（『玉葉《ぎょくよう》』建久《けんきゅう》二年〈一一九一〉十一月二十一日条）とあるように、院政期以降も吉例として継承されていく。出産十日前の中宮彰子の御簾前で、淵酔・無礼講・乱酔、貴公子たちの乱舞が行われていたのであった。

安産

そしていよいよ彰子は産気づいた。十一月二十五日のことである。寅刻（午前四時）白御帳の産所に入り、辰三刻（午前八時）に皇子を出産した。二度目はなんともあっけないほどの安産だった。天皇からの御剣、臍切と乳付、御湯殿儀、読書や鳴弦など、ほぼ前年の敦成親王と同じ儀式が行われた(『御堂』)。第三夜の産養は中宮彰子が主宰者で、中宮権大夫俊賢《としかた》が用意した御膳は悉く銀で四百余両もあり、新生児の御衣を筥二合に据えて玉で飾り、中宮大夫斉信が用意した州浜には銀の二尺ばかりの鶴一双を立てている。道長は上機嫌で、実資にも盃をすすめている(『御堂』)。

道長主催の宴

第五夜は道長が主催する。道長の次妻明子所生の能信《よしのぶ》と藤原伊成《これなり》が諍いを起こすと、蔵人定輔《さだすけ》が縁より伊成を突き落とし、さらに能信は従者たちに命じて殴る蹴るの狼藉を働いた。伊成は翌日に出家してしまう(『権記』、『古事談《こじだん》』等)。伊成は義懐《よしちか》の息子で行成の従兄弟である。能信は、異母兄弟の頼通・教通との処遇の格差に憤りつつ、下位の貴族にその鬱憤を晴らすことが多い。異母兄弟の確執はますます強まっていく。

天皇主催の宴

第七夜は天皇が主催者で全公卿が参加し前年と同じように華やかに行われた。参会者には、天皇からの禄のみならず、倫子や道長からの禄もあり、大臣には女装束と大褂《おおうちき》、大納言には織物の褂と袴など、諸大夫や主殿寮《とのもりょう》の立明《たちあかし》、女房や采女、さらに参加者の前駆《さきがけ》や随身にまで絹を賜与しており、全部で五百疋ばかり支出したと道長は記している(『御堂』、『御産部類記』所引『外記日記』)。米五十石を絹四疋に充てたという記事(『権記』寛弘六年三月四日条)や当時の容積などから換算すると、絹一疋三十万円ほどになる。この日道長が支給した絹だけで現在の一億五千万円、もちろん当時はもっと価値が高かったから、いかに膨大な費用だったか推察されよう。貨幣がほとんど流通していなかったこの時期、絹は貨幣代わりである。敦康親王誕生との違いはあまりにも大きい。

健康体の彰子

その後、道長は御産祈願の報賽《かえりもうし》として等身大の仏像を造りはじめる。中宮御修善も結願を迎えた。彰子は二人の皇子とともに金造車に乗り枇杷内裏に入った。天皇はすぐに彰子の御座所に渡り、公卿たちと饗宴を開いている。終わると今度は中宮が二人の宮と一緒に天皇の夜大殿に昇る。敦成親王出産後、充分な休養を取ることなく第二子を出産し、一ヶ月後には参内しており、彰子は驚異的とも思える健康体だった。

五十日儀

寛弘七年（一〇一〇）正月、一条天皇が両親王に餅を頭に戴く。道長が倫子に「弟宮をだっこしたら？」と言うと、敦成親王が「ああ（いやーん）」とただをこねる様子など、ほほえましい（『紫式部日記』）。敦良親王の五十日儀には一条天皇が渡御し、紫式部は、天皇・彰子・女房たちの華麗な装束を詳細に記録している。餅や天皇の膳は道長が用意し、天皇が敦良親王にすった餅を含ませる。天皇の御膳には白い羅《うすもの》の織物を敷き、桐立の鳳凰《ほうおう》一双に箸を置き、松立の鶴に窪器《くぼき》の物を盛っている。竹の台に鸚鵡《おうむ》の酒盃を置き、瑠璃《るり》の壺に唐草《からくさ》の葉の匙《さじ》を立てるなど、唐物《からもの》をふんだんに使用し、意匠をこらし、権勢を誇示する。折から雨もあがり月色晴明の中、管弦が演奏され、中宮大夫斉信が「新豊の酒の色」を吟じると衆人が声を合わせて朗詠した。参加者への禄はなんとも豪華である。天皇には笛・笙《しょう》の琴《きん》・和琴《わごん》等が贈られている。天皇が入御した後、顕光は、天皇の御膳を見ようとして手を出し毀してしまう。なんともはや、倫子は「奇し（あきれた！）」と思わず声に出す（『御堂』）。紫式部は「見る人の身さへひえはべりしか（見ている方までひやっとしました）」と記している（『紫式部日記』）。

二月、尚侍《ないしのかみ》妍子が東宮居貞《いやさだ》親王に入内した。妍子は亥刻、東宮御所一条邸に入るが、彰子の女房八人も同行している。

百日儀

閏二月の敦良親王の百日儀でも、天皇が渡り餅を含ませ、饗宴、管弦、禄など、五十日儀と同じである。天皇の乳母に女装束と織物の袿、乳母典侍に女装束と綾の袿など、掌侍《ないしのじょう》・命婦・女蔵人・得選《とくせん》・采女、さらには雑用係の長女《おさめ》や刀自《とじ》まで、道長は天皇付きの女房女官への禄も怠らない（『御堂』、『権記』）。もちろん、参加した彰子や両親王の女房たちにも禄が下賜されたはずで、女房女官たちにとってはありがたい収入だった。それぞれの主への忠誠心や絆がより強く確かになる。

なお、「若宮が内裏から退出された。これ御乳母が細乳で乳の出が悪いからである」、

「今夜、若宮は内裏に参入された」(『御堂』)とある。十一日には「中宮・若宮・犬宮」(『御堂』)とあり、道長は若宮と犬宮を区別していた。若宮は敦成親王で満一歳半だから、当時、離乳は遅かったようである。他にも、「若宮が退出された」などの記事が多い(『御堂』)が、同様な理由だろうか。

敦康の元服

またこの頃、昨年から延期されていた敦康親王元服《げんぷく》儀が清涼殿《せいりょうでん》で行われた。一条天皇は早くから敦康親王家別当の行成をよび、準備に余念がなかった。加冠《かかん》は左大臣道長、理髪《りはつ》は蔵人頭道方がつとめ、管弦なども賑やかに行われた。冠を付け、成人服に着替えた敦康親王が中宮彰子のもとを訪れると、彰子は野剣一柄・横笛一管を贈っている(『御堂』、『御遊抄《ぎょゆうしょう》』)。この時期、一条天皇は敦康親王を皇位継承者にすべく行成に何度も相談していた。伊周が生きていた頃はまだ可能性があったが、伊周没後、後見者がいないので如何ともし難いことを理解していても、何か良い方策はないかと行成にすがっていたのであろう(『権記』寛弘八年〈一〇一一〉五月二十七日条)。

真菜始

十月には、敦成親王の真菜始《まなはじめ》が行われた。真魚始とも記され、小児に初めて魚鳥等の動物性食品を与える儀式で、誕生後二十ヶ月前後に行われる通過儀礼だった。後には、着袴《ちゃっこ》儀も行われている。ともに彰子御在所に天皇も渡り、真菜を含ませ、袴の腰紐を結ぶ。饗宴や禄は道長と彰子が用意し、女房女官たちにもいつものように賜禄がある。着袴儀の翌朝には、「中宮の御在所で失火があった。すぐに女房たちが撲滅した」（『権記』）、とぼやが出る。この頃、「土御門第の西廊の北廂の上に、火が置かれていた。人が見付け撲滅した」（『御堂』）と紙や布で包んだ火種を置く放火も多かったが、中宮御在所の場合は饗宴後の失火であろう。

定子親族への配慮

また、故定子の弟の隆家女の着袴に、中宮彰子は児《ちご》の装束を贈っている（『御堂』）。彰子は一条天皇の気持ちを忖度し、故定子親族への配慮を生涯続けていく。かつて定子出産のときに邸宅を提供した保昌《やすまさ》に一階が叙されたのも、敦成親王の着袴にさいし彰子が天皇に申し入れたことによるという（『御堂』）。

穏やかな三年間

入内から十年近くも懐妊の兆しがなく、陰に陽に無言の圧力がかかっていた彰子にとって、皇子を二人も儲けることができたこの三年間は、一番心穏やかに誇らしげに過ごせた時期だった。一条天皇も安堵したに違いない。しかし、前年十月に一条院内裏が焼亡し、大切な醍醐《だいご》天皇・村上《むらかみ》天皇の日記を焼失していたが、十一月に彰子や皇子たちとともに新造一条院内裏に遷御した一条天皇は、ここで生涯を閉じることになる。彰子の安穏な日々は長くは続かなかった。

第四　皇太后として

一　一条院の崩御

道長の圧力

寛弘《かんこう》八年（一〇一一）正月二日は中宮大饗《だいきょう》、三日は中宮和歌会で参加者の卿相《けいそう》が皆酩酊するなど、落ち着いた晴れやかな正月を迎えている。道長は正月八日から金峯山《きんぶせん》詣の長精進をはじめたが、犬の産穢《さんえ》や死穢《しえ》があり、代参もできず結局三月十二日に中止している（『御堂』、『小右記《しょうゆうき》』）。二月、道長の命で頼通《よりみち》の春日《かすが》社参詣に殿上人《てんじょうびと》が皆従ったため、一《いち》条《じょう》天皇は、「食事の給仕を奉仕する者がいない」と嘆いている（『小右記』）。昨年からの天皇の病気もあり、道長は一日も早く敦成《あつひら》親王を東宮《とうぐう》にするために譲位するよう無言の圧力をかけていく。ただし、この頃、天皇に関する病気の記事はなく、体調がひどく悪かったわけではないようだ。

不吉な兆し

ところが、五月七日に敦康《あつやす》親王御所の天井の上で、たくさんの瓦礫《がれき》を投げる音がしたので翌日に占わせると、陰陽師の賀茂光栄《かものみつよし》が、「怪異の日から三十日以内、および六月・十月は天皇は慎むべき」との占文を提出したという。じつは、この占いのとおり、一条天皇は六月に亡くなることになる。行成《ゆきなり》は「天皇は二十三日から病気になり、遂に崩御した。光栄の占いはすごい、神というべきだ」と後日の日記に加筆している（『権《ごん》記《き》』）。

譲位の決定

五月二十一日、紫宸殿《ししんでん》で天皇主催の一切経《いっさいきょう》供養があり、中宮彰子も参列した。翌日、一条天皇は彰子殿舎を訪れた（『権記』）が、この夜から発病している（『紀略』）。彰子と元気な一条天皇との最後の語らいになった。天皇が病んでからの道長の行動はなんとも素早い。道長自身は日記に何も記さないので『権記』の記事から追ってみよう。

二十五日、病を押して参内した行成は、蔵人頭道方《くろうどのとうみちかた》から「御病気は頗るよくなっています」と天皇回復の報告を受けている。ところが、道長は大江匡衡《まさひら》を内裏に呼び出し、易占《えきうら》をさせており、翌日、行成が参内すると、重病でもないのに譲位が決まったと女房たちが泣き悲しんでいる。天皇は昼御座《ひのおまし》に出て、「今朝、道長が東宮に行って譲位のことを話した」という。昼御座に出ているのだから、けっして重病ではない。ではなぜ譲位することになったのか。

道長の謀略

二十五日の匡衡の易占では、「豊の明夷《めいい》、豊卦は不快である」と出た。延喜《えんぎ》（醍醐《だいご》天皇）・天暦《てんりやく》（村上《むらかみ》天皇）が崩御したときに出たもので、その上「今年は、殊に慎しむべきことを春にお伝えしたところです」という。さらに、こともあろうに病気の天皇の隣で、道長が権僧正《ごんのそうじよう》とこの占文を読んで泣きながら、「御病気が重く、崩御するだろう」と話したのである。几帳《きちよう》のほころびから漏れ聞いた天皇はショックを受け、ますます病気が重くなってしまう。そして、翌々日、道長から天皇に譲位の話をもちかけ、東宮に伝えに行ったということらしい。易占が信じられていた当時、道長は天皇の耳に入るように権僧正と話し、わざと大声で泣き悲しんだのではないだろうか。道長は日記に、「天皇は私を遣わして、東宮と御対面されることをお伝えになった。これは御譲位のことだろうか。東宮が来られるさいの設営を、すぐに承った」としらばっくれて記しており、易占の内容や一条天皇の病の心配などは一行も書いていない（『御堂』）。

行成の考え

行成は天皇に呼ばれ、「譲位すべきことが決まった。敦康親王のことはどうすればよいか」と相談されている。一条天皇の一抹の期待に反して、行成の答えは厳しかった。ここでは先学に学びつつ、敦康親王を立太子すべきでないとする行成の論理を箇条書きに記してみる（黒板伸夫『藤原行成』、倉本一宏『一条天皇』など参照）。第一に、かつて文徳《もんとく》天皇が正嫡で愛姫所生の第一皇子惟喬《これたか》親王ではなく、良房《よしふさ》外孫の清和《せいわ》天皇を立太子したことにならえば、正嫡の寵妃定子所生の敦康親王ではなく、道長の外孫敦成親王を立太子にすべきで、そうしないと変事が起こるかもしれず、正嫡が最上の論理ではないこと。第二に、皇位は宗廟社稷《そうびょうしゃしょく》の神の思し召しで人力のおよぶものではないこと。第三に、定子の外戚高階氏《がいせきたかしな》は、斎宮《さいぐう》でけしからぬこと（在原業平《ありはらのなりひら》と斎宮恬子とが密通し、生まれた子どもを高階氏が引き取ったとのいい伝え）があった子孫なので大神宮に祈謝しなければならないこと。この第三は、伏見宮《ふしみのみや》本ではこの部分だけが行間補書になっており、問題があるところだそうである。結論として、敦康親王を愛する気持ちがあるなら、年官年爵《ねんかんねんしゃく》や年給《ねんきゅう》等の経済的処遇を整え、一、二人の宮臣に恪勤《かくごん》の勤めをさせれば良い、と返答する。初めての一帝二后で、二后が共に皇子を出産している場合、確固とした後見人の存在が必要不可欠だから、一条天皇は仕方なく応じることになった。

彰子が道長を恨んだ理由

行成は、「彰子は、道長を怨んだ」と記している。なぜなら、道長が天皇の譲位を東宮に伝えるために彰子の御在所の前を通ったにもかかわらず、彰子には事実を隠すために素通りしていたのだ。行成は、大事なことなので隔心なく告げるべきだった、と記している。なぜ彰子は道長を恨んだのだろうか。彰子は、養母として育てた敦康親王をまず皇位につけ、その後、実子の敦成親王に継がせれば良い、と考えていた（服藤早苗「『栄花物語』と上東門院彰子」）。そもそも、馬皇后の故事をもとに敦康親王の養母となった彰子は、敦康親王立太子と後見こそが自身のとるべき道として教育されていたのだ（倉田実『王朝摂関期の養女たち』）。

進む立太子の準備

その後、天皇の病気による大赦《たいしゃ》が行われるが、翌日、行成は、今朝は天皇は回復している、と記している。しかし、道長は行成に立太子雑事を書出させるなど、着々と天皇譲位・敦成親王立太子の準備を進める。六月二日には東宮居貞《いやさだ》親王が参内し、一条天皇と対面し譲位のことを受け、退出した。一条天皇は、道長に「東宮から敦康親王の処遇を言い出してくれると期待していたが、東宮がすぐに帰ったので言い出せなかった。敦康親王への別封《べつぷう》・年官年爵のことは、東宮が申してくれれば承諾したい」という。なんともまどろっこしいが、本心だろう。道長は東宮に伝え、東宮は「御気分が悪いと承ったので早く帰りましたが、敦康親王のことはご命令がなくても奉仕する所存でした」と答え、一条天皇はほっとしている。

一条の譲位と死

そして陰陽師の勘申により、十三日に譲位が行われた。東宮居貞親王が一条院内裏に参内し、皇位の受け渡しの儀が行われたが、一条天皇は病気のため参加できなかった。

敦成親王は東宮になり、践祚《せんそ》した三条《さんじょう》天皇は東三条院《ひがしさんじょういん》内裏に行幸《ぎょうこう》した。翌日には一条院は危篤になり、十九日に出家した。髪を剃って、「鬚《ひげ》を遺した人相は、外道（邪教）の様子に似ていた」（『権記』）、という。敦康親王を東宮に立てられず、むりやり譲位させられたことに対する最後の憤怒だったのだろうか。二十一日には、一条院は最後の力を振り絞り起き上がって、「露の身の風の宿りに君を置きて塵を出でぬる事ぞ悲しき（露の身のような私が、風の宿に君を置いて、塵の世を出るのが悲しい）」という辞世の句を詠むが、「その御意志は、皇后（定子）に寄せたもののようだ。ただし、はっきりとその意味を知ることは難しい」（『権記』）と行成は記す。行成の書きぶりからして「皇后」は亡き定子であろう。しかし、道長は、「中宮が御几帳のもとにおられたので、『露の身の草の宿りに君を置きて塵を出でぬることをこそおもへ（露の身のような私が、草の宿に君を置いて、塵の世を出ることを思う）』と仰せになって臥された後、不覚になられた」（『御堂』）と記している。中宮彰子が几帳のもとにいて一条院が詠んだ辞世の句、と記しているので、道長は「君」は中宮彰子と考えている。彰子は最後まで一条院の側に居た。そして二十二日午刻、一条院はついに三十二歳の生涯を閉じた。

入棺には、彰子が調達した装束が献上されている。その後、太上天皇宣下以前にもかかわらず荼毘に付され、遺骨は円成寺《えんじようじ》に仮安置された。ところが、後になって道長は、「一条院が生前、土葬にして父円融《えんゆう》法皇御陵の側に置くように遺言していたが忘れていて今朝思い出した」と行成に話している（『権記』七月二十日条）。実資《さねすけ》も伝聞している（『小右記』）が、道長は本当に失念していたのだろうか。一条院は、寵愛した故定子皇后と同じような葬られ方を希望し、土葬を遺言した可能性もあり、道長はわざと忘れた振りをして火葬にしたのかもしれない。

一条天皇火葬塚現況（倉本一宏『一条天皇』吉川弘文館より）

悲しみに暮れる彰子

二十四歳で夫を亡くした彰子の嘆きは深かった。親の死がまだわからない幼子の敦成親王が撫子《なでしこ》の花を取ったのを見て、彰子が詠んだ歌がある。

見るままに露ぞこぼるるおくれにし心も知らぬ撫子の花（見るにつけても涙の露がこぼれる。後にのこされたこともわからず撫子の花を手にした愛しい子よ）

（『後拾遺和歌集《ごしゆういわかしゆう》』巻十哀傷、五百六十九番）

幼い二人の皇子を抱えて、涙を流していたのであろう。まもなく、彰子は板敷きを取り除いて土間とした土殿《つちどの》に移り、素服《そふく》（喪服）を着用し喪に服した。八月二日には一条院で七七日《なななぬか》法事が行われ、中宮彰子も参列している。

新時代の幕明け

いっぽう三条天皇は、東三条殿から新造内裏に入った。脩子内親王は母方叔父の隆家《たかいえ》邸に遷るが、敦康親王は道長の意向で遷らなかった。道長は、敦康親王に二条第を献上し、行成に年官年爵、封戸《ふこ》等のことをきちんと行うよう厳命している。実資は、隆家から「二条第を敦康親王に献上したのは、一条第を東宮敦成親王の邸宅にしたかったからだ」と聞いている（『小右記』）。道長の巧妙な策略である。二十三日には妍子と娍子に共に女御宣旨《にょうごせんじ》がおりている。こうして、新しい時代が着々と進んでいく。

二　故一条院を偲ぶ

三条の即位

十月十六日、大極殿《だいごくでん》で即位式が行われ、後に東宮敦成親王は内裏の凝華舎《ぎようかしや》へ、彰子は枇杷殿へ移った。母彰子と東宮敦成親王は同居していない。十二月には枇杷殿で敦良親王の着袴《ちやつこ》があり、道長が袴の腰を結んだ。

妍子立后

長和《ちようわ》元年（一〇一二）になると、正月三日、妍子の立后宣旨の日が決まった。また十五日には、異母弟の十九歳の顕信《あきのぶ》が道長に相談もなく出家してしまう。道長は、慶命《けいみょう》から「どうしましょうか」と問われると、「本心で出家したのであろう。今さら言っても仕方がない。早く比叡山に登って、然るべきことを差配して、置いておかれるように」(『御堂』)とそっけなく答えている。鎌倉時代の説話集『撰集抄《せんじゅうしょう》』には、道長が家司《けいし》の但馬守源高雅《たかまさ》の娘と結婚させようとしたのが原因とある。道長の側近家司の源高雅は醍醐天皇の曾孫だが、受領《ずりょう》層でしかない(後述)。源倫子所生の異母兄頼通の妻は村上天皇孫、具平《ともひら》親王女であり、たしかに格差は大きい。あり得る話ではある。

娍子立后と妍子参内

二月、皇太后遵子《じゅんし》は太皇太后に、中宮彰子は皇太后に、女御妍子は中宮になった。四月、皇子女六人を産んでいる女御娍子が皇后に立った。その日、中宮妍子が内裏の飛《ひ》香舎《ぎょうしゃ》に参入する。父済時《なりとき》はすでに亡く、有力な後見人がいない娍子の立后儀に公卿たちは参入しない。三条天皇から参内を命じられても嘲弄《ちょうろう》し、使者に石を投げつける者さえいる(『小右記』)。道長は、娍子立后宣命《せんみょう》から「しりへの政」「天下政」などの皇后の後宮支配や政務などに関わる文言を削り、皇后を象徴する大床子や獅子形等を娍子第に運ばせないなど、中宮妍子との差別化を図った(『小右記』、『御堂』)。大臣の娘の立后が慣例となっていた当時、故大納言済時を贈右大臣にしてまで娍子立后を承諾するなど、道長は三条天皇にある程度妥協していた。同日の娍子立后・妍子参内は、早急に娍子立后を進めた三条天皇の責任であり、道長による積極的妨害工作やいやがらせではなかったことが明らかにされている（服部一隆「娍子立后に対する藤原道長の論理」）。いずれにしても、強力な後見人の必要性がここでもうかがえる。

彰子の歯痛

この頃、彰子の頬が腫《は》れ（『小右記』）、道長は頼通の車ですぐさま駆けつけた。「日頃から、歯のことで悩まれていて、今回かなり腫れている。阿闍梨《あじゃり》の心誉《しんよ》を呼び、加持《かじ》すると忽ち治った」とあることから、歯痛であったようだ。当時、歯痛の治療は加持が主だった（高島麻衣「歯の病と処置」）。彰子は健康体で病気の記事は少ないから、これは珍しい。

法華八講

五月には五日間にわたり、彰子は、新仏の釈迦如来《しゃかにょらい》・普賢《ふげん》・文殊《もんじゅ》を枇杷殿の仏殿に安置し、金銀の美をつくして故一条院のために法華八講《ほっけはっこう》を行った（『百練抄《ひゃくれんしょう》』）。一部八巻の法華経を朝夕一巻ずつ四日間講じる法華八講にもかかわらず、五日間丁寧に行うのは、夫への深い思いと自身の法華信仰の強さを示している（栗林史子「法華八講に関する二、三の問題」）。法華会には、道長夫妻やほとんどの公卿が参加している。第五巻が講じられる日には、金百両と丁字《ちょうじ》（生薬）を各々瑠璃の壺に入れて奉っている。故一条院の遺物を処分したものという。たしかに、道長は、昨年九月からはじめた故一条院の遺産分配を、四月に終え、分配された遺産で買った丁子と蘇芳《すおう》が大宰府《だざいふ》から彰子のもとに届いている。唐物《からもの》、舶来品である。女御元子・義子や皇子たち、上達部《かんだちめ》や女房たちも含め、唐物をはじめ豪華な品々が捧げられた（『御堂』）。結願日には、三条天皇や東宮はじめ、所々から諷誦《ふじゅ》が献上され、捧物《ささげもの》は銀二千八百両にもおよんだ。「お追従をしない実資が、八講に日々来訪してくれて、大変悦びに思う」との彰子の伝言を聞いた実資は感激している（『小右記』）。

一条の周忌法会

同じ五月には、故一条院の周忌法会も御願寺である円教寺《えんきょうじ》で行われた。故一条院の宸筆大般若経《しんぴつだいはんにゃきょう》を供養し、三条天皇や彰子をはじめ多くの諷誦が捧げられた。翌日、彰子御所に参入して渡殿《わたどの》にひかえていた実資に、寝殿《しんでん》の御簾《みす》の中から円座《えんざ》が差し出され、頻りに近くに寄るような仕草をするので円座に座った。実資が、女房を介して八講参入へのお礼の言葉への謝意を伝えると、彰子から、「故院の一周忌がおわり、部屋の室礼《しつらい》が喪中から日常に変わったことがしっくりせずものさびしいことだ」などの言葉が伝えられる。実資は女房たちが見るのも憚らず涙を流してしまう（『小右記』）。彰子が実資を信頼していたエピソードである。一条院亡き後、彰子は公卿たちの行動を冷静に見つめ、権力者に追従する人物か、あるいは信頼に足る人物か、しっかりと見極めている。実資が賢后と絶賛する政治力を身につけた彰子像である。なお、この彰子からの伝言を伝えた女房は紫式部と推察される（後述）。

道長の病気

六月には、道長が重病になり、公卿たちが駆けつけると、頼通が御簾の中で涕泣している。「いよいよか」、と皆が思ったようだが、七日ほどで快方に向かった。彰子も土御門殿に行啓し見舞っている。道長は実資を御簾前に招き、彰子・妍子・敦康親王のこと、とりわけ彰子が気がかりだと話している。翌日、道長は法性寺《ほっしょうじ》に参詣するが、また発病してしまう。鵄《とび》が死鼠を道長の二、三歩前に落としたり、蛇が堂から落るなどの怪異も多い。さらに、道長を呪詛する落書《らくしょ》や道長の病を喜ぶ五人の風説さえ出回っている（『小右記』）。彰子は七月に枇杷殿に還っているので、順調に回復したようであるが、その後も、実資は道長第で邪気を調伏《ちょうぶく》する声を聞き、霊物が去っていないようだ、と記しており（『小右記』）、回復には結構時間がかかったようだ。

回復後の道長

回復した道長は、威子を尚侍《ないしのかみ》にし、大嘗会《だいじょうえ》御禊《ごけい》の女御代を勤めさせる。道長は天皇の輿の後ろに従う。威子の車には前後合わせて百人以上が、さらに第二車には彰子宣旨の源陟子に前後五十人余りが付き従い、第三車には東宮宣旨の源扶義《すけよし》女など、二十両以上の車が連なっている。女房たちの乗る車からは唐錦や綾織物の女房装束が出ている

（出衣《いだしぎぬ》）。なんとも華やかな大行列絵巻が繰り広げられた（『御堂』、『栄花物語』）。神聖なる神事に、後宮社会を巻き込む大文化イベントを加えた道長の文化史的意義が指摘されている（大津透『道長と宮廷社会』）。

大嘗会

十一月の一代一度の大嘗会では五節舞姫《ごせちのまいひめ》が華やかに舞う。宮中行事を終えた殿上人たちは、小忌衣《おみごろも》のまま、彰子の枇杷殿を訪れる。

はやくみし山ゐの水の上氷《うわごおり》うちとけざまは変はらざりけり（『伊勢大輔集《いせのたいふしゅう》』十三番）

（以前汲んだ山井の水の上氷がとけるように、うちとけてくつろいだ皆さんのご様子は、かつて見た山藍染めの小忌衣姿と少しも変わらないことでした）

彰子も一条天皇在世中の華やかな五節行事を懐かしく思い出したことであろう。

三　東宮の後見

敦成との再会

長和二年（一〇一三）正月二日、彰子御所の枇杷殿で大饗《だいきょう》があり、内裏では中宮妍子と東宮敦成親王の二宮《にぐうの》大饗が行われ、十日には、東宮敦成親王六歳が、内裏凝華舎から母彰子枇杷殿に朝覲行啓《ちょうきんぎょうけい》を行った。彰子と敦成親王は一年二ヶ月ぶりの対面である。大きくなった我が子の成長ぶりに彰子は目を細めたことであろう。目を煩う隆家以外の全公卿が従い（『御堂』）、実資は「近代のことは行幸の如し」（『小右記』）と糾弾している。本来、東宮行啓には、宮司《みやづかさ》や近習《きんじゅう》公卿以外は行列に加わらない。ゆえに道長が、華やかな行列を楽しむ見物人に孫東宮をしっかりと認識させ、目に見える形で権威づけようとしたことがうかがえる（野田有紀子「平安貴族社会の行列」）。二十六日には、彰子第に来た道長と一緒に、東宮に仕える蔵人《くろうど》や昇殿《しょうでん》を許す殿上人などを決定し、東宮人事を行っている。母彰子が後見力を発揮する姿である。

妍子の懐妊

中宮妍子が懐妊により東三条第に遷った。ところが東三条第が火事になり、猛火の中、妍子は藤原斉信《なりのぶ》の郁芳門《いくほうもん》第に遷った。懐妊中、さぞかし驚愕したであろう。後日、広業《ひろなり》が飲食や菓子（果物のこと）を献上し、多くの上達部が参加して火事見舞いの饗宴を行っている。二月にも近隣の大蔵卿正光《まさみつ》が食物を持参し上達部たちの饗宴が開かれ、中宮妍子御前で蹴鞠《けまり》をしたり、また道綱《みちつな》が食物を持参し終日管弦を行ったりと、懐妊中の妍子第で饗宴が頻繁に開かれている。

権威付けの唐物

二月には、道長のもとに宋商人進上の唐物《からもの》や銀の解文《げぶみ》が届く。その後、唐物御覧《ごらん》が行

父を諭す娘

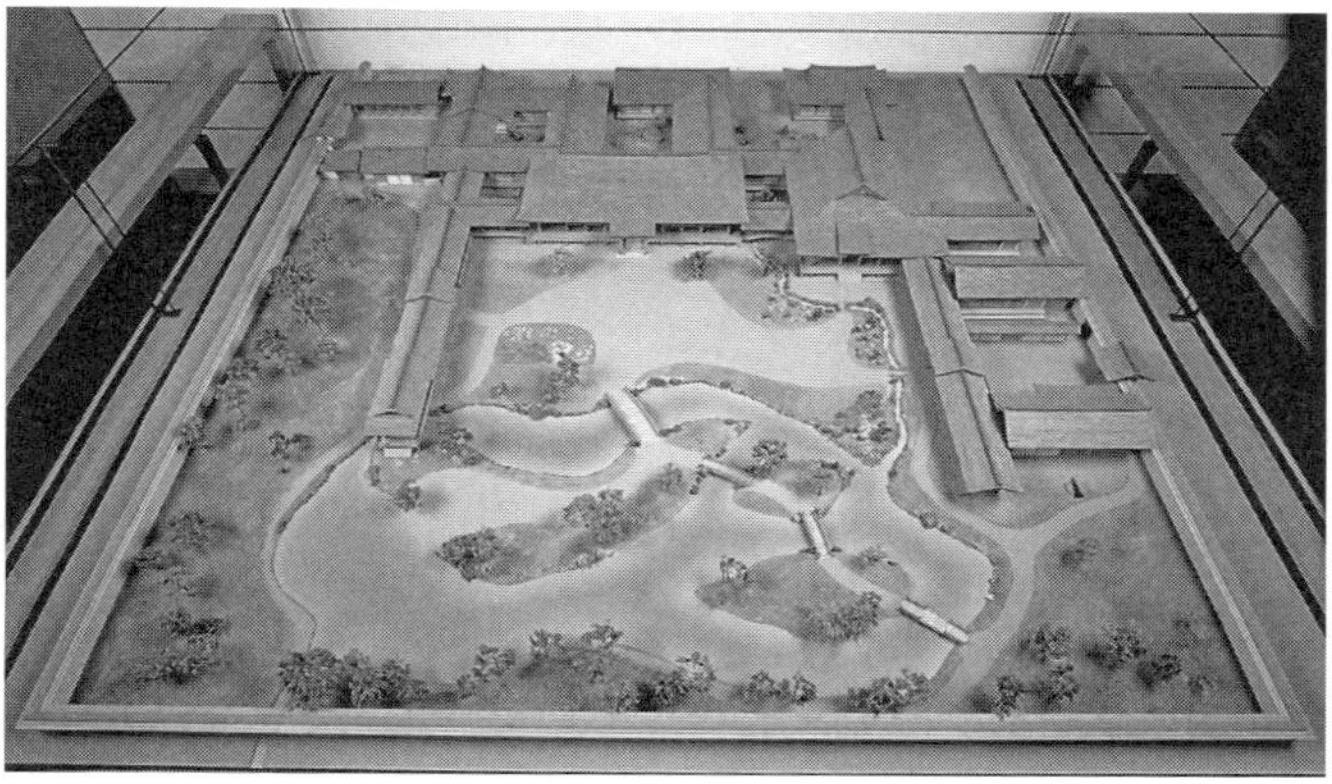

東三条第の復元模型（国立歴史民俗博物館所蔵）

われ、天皇から皇太后彰子、中宮妍子、皇后娍子、東宮敦成親王等々に唐物が頒布されている。道長には、錦《にしき》、綾《あや》、丁子、麝香《じやこう》（香料や生薬）、紺青《こんじょう》、甘松《かんしょう》（香木《こうぼく》）などが配られている（『御堂』）。実資にも雄黄《うおう》（薬石）・甘松・唐物薬などが届けられている（『小右記』）。残念ながら彰子への頒布品は不明だが、高価な織物や香料・生薬等の唐物は威信財であり、彰子御所を荘厳化し、権威を誇示する（河添房江『源氏物語と東アジア世界』）。

彰子像が浮かびあがる宴会の話がある。道長は、上達部や殿上人に、「明日、彰子御所で、一種物《いつしゆもの》を持参して遊戯をしよう」（『小右記』）、と誘う。一種物とは、参加者が一種類の食料を持ち寄り宴会をする、いわば「持ち寄りコンパ」である。翌日、道長は、自分の病気で中止になったと日記に記している（『御堂』）。しかし、頼通が父道長と姉彰子の間を三回も往復したあげく、結局、彰子が許可しなかったことが、実資の日記から判明する。彰子が「最近、中宮妍子御所で連日宴会が開かれているが、参加の卿相《けいしょう》（公卿）に負担を強いている。今は、権力を握っている父道長が居るので、皆へつらい従っているが、死んだ後には皆非難するに違いない、中止すべきである」と道長を諭し中止した、とある（『小右記』）。彰子は、父道隆《みちたか》没後の定子や兄弟たちへの貴族社会の手のひらを返した冷徹な対応を目の当たりにし、しっかり学んでいたのである。

彰子の言葉を伝えた女房は同じく紫式部であろう。実資は、「賢后と申すべきである。感心した、感心した」と褒め称えている（服藤早苗「宴と彰子」、『小右記』）。

彰子にとっての宴

では、彰子は宴が嫌いか、といえばそうではない。三月には彰子御所の枇杷殿に上達部十人ほどが来て射儀《しゃぎ》の遊戯・饗宴の他、負態《まけわざ》の射儀や饗宴も行われ、彰子は金、道長は馬一匹を賭物《かけもの》として出している（『御堂』、『小右記』）。内裏で石清水臨時祭の行事が行われたさいには、道長は顕光《あきみつ》・公季《きんすえ》・実資と同車し、彰子御所にやって来た。「突然のことだが酒食が出され、数巡の飲酒を行い、夜になって人々は退出した。饗宴は大変すばらしかった」（『御堂』）。朗詠もあり（『小右記』）、堪能して帰っている。このように彰子の御所での饗宴は散見されるから、彰子は饗宴の効用を熟知し、賢く賓客を饗応する「おもてなし」の先達だったといえよう。

四姉妹の対面

いっぽう、『栄花物語』には妍子は派手好きだとの指摘がある。彰子はしっかり者で賢い長女、妍子は要領よく自分をしっかり出す次女、といえようか。二人の性格や対応の違いがより鮮明になるエピソードがある。四月、身重の中宮妍子が土御門《つちみかど》第に移る途中、彰子御所に立ち寄り、卿相たちとともに、管弦、朗詠などの饗宴が開かれた。倫子や妹の威子もおり、嬉子もいたと思われるから久しぶりの姉妹四人の対面である。終了後、彰子からは、公卿からお付きの従者にまで、とりわけ中宮の宮司には豪華な賜禄があった。妍子には、紀貫之《きのつらゆき》が書いた『古今集《こきんしゅう》』や文正《ぶんしょう》が書いた『後撰集《ごせんしゅう》』が螺鈿《らでん》の筥に入れて贈られた。これに対し妍子は、出発のとき、斉信から贈られた三種を御簾の中で彰子に贈った。三種とは、村上天皇の日記を絵草紙《えぞうし》にして能筆として著名な佐理《すけまさ》女と源延幹《えんかん》に詞を書かせたものや手本だったという（『栄花物語』巻十二）。贈物の横流しである。ところが翌日、彰子は妍子からの贈物を返した。自筆で「人がせっかくくださった物を」と書いてある。これに対し妍子は、「贈物を返されるのなら、私がもらった贈物も返すのが筋でしょう」と自筆書を添え返したという（『御堂』）。彰子の行為の方に理があるようにも感じられるが、どうもこの姉妹は性格が違うようである。

敦成の罹病

五月に東宮敦成親王が病に罹り、重体になってしまう。十五人の僧に仁王経《にんのうぎょう》を読経させたところ、徐々に回復しはじめている。実資は資平《すけひら》を彰子御所に遣わして、東宮への見舞いを啓させた。翌日帰宅した資平は、「女房に会いました〈越後守為時《ためとき》女である。この女に以前から雑事を啓させている〉」と伝える。この為時女こそ紫式部である。紫式部は、「東宮はまだ熱が下がらず、道長も病んでいる」と伝えている（『小右記』）。

姸子の出産

中宮姸子は、七月六日に禎子内親王を出産する。産気づいてから二時間ほどの安産だった。実資は、女児だったので道長が悦んでいない様子を記し「天の為すところであり、人の力ではどうしようもないのに」と記している（『小右記』）。産婦姸子の気持ちを察するにあまりある。恒例の産養《うぶやしない》も盛り上がらなかった。従来は皇子のときのみ賜与した剣《けん》を三条天皇は新生児に贈っている。道長の機嫌を少しでも和らげようとしたのであろう。第九夜の産養は彰子が主催している。なお、主催者は産婦の膳や饗宴の酒肴・禄を用意するだけで参加するわけではない。禎子内親王五十日《いか》儀も、道長は飲まず、「参加した公卿たちが酔わないのは冷淡だ」（『小右記』）という状況だった。皇女誕生は歓迎さ

貴族の娘を
女房にする
ねらい

れなかった。

七月、源憲定《のりさだ》が実資邸に来て、「十八歳の娘を女房として出仕させるように皇太后彰子から要請があったのだが、甘心しないので、一家長の中納言俊賢《としかた》に相談したところ出仕するように言われた。どうしたら良いだろうか」と助言を求めた。実資は、「近ごろは太政大臣や大納言の娘も父が亡くなると女房勤めをする。世も末である。参議正光の娘は親が生きているのに出仕した。憲定は村上天皇の孫で、娘は親王の孫である。出仕するると先祖の恥をさらすことになる。出仕させなくとも重罪に処せられるわけではなかろう」と心の中で思うが、憲定には左右を言わなかった、とある（『小右記』）。憲定の娘は、結局、従兄弟の隆姫に引き取られ、夫頼通の世話をさせられ、懐妊して通房《みちふさ》を産んでいる。他にも故関白道兼《みちかね》女、故伊周《これちか》女など、この時期トップクラスの貴族の娘で父の没後に女房勤めをする女性は多かった（服藤早苗『平安朝　女性のライフサイクル』）。

もっとも、妻の女房出仕をきっぱりと拒否した男性もいる。道長は敦成親王の乳母にしようと源雅通《まさみち》の妻に目をつけた。しかし、雅通は妻を乳母にしては面目がたたないと、子どもを一人残らず一条殿（雅信《まさのぶ》第）に移して離縁してしまう（『栄花物語』巻三十八）。雅通は雅信の孫にあたり、倫子の同母兄弟時通《ときみち》男だった。妻は不明だが、トップクラスの貴族男性たちには女房出仕への忌避観があったことは間違いない。ただし、雅通女は、後《ご》冷泉《れいぜい》天皇や馨子内親王の乳母として出仕している（『栄花物語』巻三十一・三十六）。もっともこの女性は正妻の娘ではなかろう。彰子は上層貴族の娘たちに女房勤めを強い、天皇のキサキを道長の子孫に限定する。女性を格差化し、摂関家を他の貴族層から抜きんでた家格に上昇させたのである。

十二月には、敦康親王と頼通妻隆姫の妹具平親王女が結婚する。『栄花物語』巻十二では、頼通が「婿取りなされた」と描写されているが、『御堂関白記』には「皇太后に参る。帥宮（敦康親王）御方、故中務卿宮（具平親王）女子参る」とある。これを「帥宮の許に、故中務宮女子が嫁してきた」（倉本一宏『藤原道長「御堂関白記」全現代語訳』）と取る説もある。しかし、敬語の使用等からして、皇太后彰子の枇杷殿に具平親王女が渡ってきて、西対北面で裳着《もぎ》をし、そこに敦康親王が道長から提供された牛車に乗り渡御《とぎょ》して、婿取り儀式が行われたと推察される（服藤早苗「敦康親王と具平親王女との婚姻儀礼」）。寛仁《かんにん》二年（一〇一八）十二月、敦康親王が二十歳で亡くなったとき、「摂政頼通は参らなかった。李部宮（敦康親王）のことによるか。二人は同家にいらっしゃる」「李部宮、本当は合聟であるが、まるで頼通の聟のようだ。年来同家し、朝夕相親しんでいる」（『小右記』十七日・

二十四日条）とある。頼通と敦康親王の妻たちは姉妹だから合聟なので同居しており、頼通が面倒を見ていたことがわかる。敦康親王は才智が明朗だと評価されており（『小右記』九月二十三日条）、頼通は母定子譲りの賢く利発な気性を気に入っていたのであろう。長和五年（一〇一六）七月に誕生した嫄子女王は、敦康親王亡き後、頼通の養女となり養育されている。

深まる道長と三条の溝

明けて長和三年（一〇一四）。この年の『御堂関白記』が残っていないので、主に実資の日記が頼りである。二月に内裏が焼亡し、数日後さらに内蔵寮《くらりょう》不動倉《ふどうそう》と掃部寮《かもんりょう》が焼け、累代宝物数万が悉く焼失してしまう。道長が「天は天皇を責められている」と三条天皇を責めるが、実資は「愚なり」と道長を批判している（『小右記』）。道長は、三条天皇が希望する有能な実資養子の資平を拒否し、不恪勤で無能な道雅《みちまさ》や兼綱《かねつな》を蔵人頭にしたり、譲位を迫ったりと妨害をする。内裏焼亡や道長との対立でストレスに晒された三条天皇は、二月下旬から片目が見えず片耳も聞こえない病状になる。さらに道長は譲位を迫り、天皇の病状は次第に重くなり、道長との対立も深まっていく（『小右記』三月条）。

天皇以下の遷御

彰子御所の枇杷殿を里内裏にするために、彰子は三月、敦良親王とともに頼通の高倉第に移る。その後、三条天皇・中宮妍子は枇杷内裏に遷り、東宮敦成親王は彰子のいる高倉第に遷る（『小右記』）。ただし、東宮は、七月に土御門殿に遷っている。

立派な息子

十一月、東宮敦成親王は、天皇との対面儀のために土御門殿から枇杷内裏に行啓している。本来は天皇と皇子女が七歳に初めて正式に対面する儀である（服藤早苗『平安朝の子どもたち』）。東宮の所作が立派で、見る者は感嘆し道長は涕泣する。東宮は、帰りに母后彰子第に立ち寄っている。「今の東宮行啓はまるで行幸のようだ」とこの度も実資は厳しく批判している（『小右記』）。東宮行啓の荘厳化、権威付けが慣例化していた。

姪禎子と対面

長和四年（一〇一五）三月、一条殿に退出していた禎子内親王が、方違えのために彰子御所に立ち寄った（『御堂』）。彰子と姪禎子内親王との初めての対面である。『栄花物語』巻十一は、曾祖母穆子が禎子内親王と対面し、感激した様子を記している。

禎子の着袴

禎子内親王三歳の着袴儀は四月に内裏で行われ、三条天皇が渡り袴の腰を結っている。誕生のさいには冷淡だった道長は豪華な饗宴や禄を用意しており、彰子も装束を贈っている（『御堂』、『小右記』）。しかし、三条天皇の病状はますます悪化し、道長との軋轢《あつれき》も日増しに強まっていく（倉本一宏『三条天皇』）。

病と怨霊の席巻

五月、道長の土御門殿での法華三十講《さんじっこう》にさいし、彰子は仏堂に渡っている。六月から疫病が京都を席巻し、京都民は花園今宮神社を建立して御霊会《ごりようえ》を修している。いっぽう、朝廷は臨時仁王会《にんのうえ》を開催し、天皇の眼病のための大般若経も修している（『小右記』）。また、三条天皇の父故冷泉上皇の御霊が女蔵人に託宣《たくせん》し、桜本御陵に三昧堂《さんまいどう》が建立されることになる。怨霊はこの時期貴族層の精神生活に深く浸透していた。

三条、新造内裏へ

九月、なかなかはかどらなかった内裏の造営もなんとか完了し、三条天皇はやっと新造内裏に遷った。東宮敦成親王は凝華舎に入るが、中宮妍子は遷御しない（『小右記』、『御堂』）。

譲位の催促

道長は八月以降、三条天皇にしきりに譲位を迫り、三条天皇は実資に、「道長が譲位を迫り、皇子たちは能力がないので敦良親王を東宮に立てることを主張し、公任《きんとう》や俊賢も道長に同調して譲位を迫っている」、と訴えている（『小右記』十月二日条）。この頃、三条天皇は、娍子皇后所生の禔子内親王と頼通の結婚と、敦明《あつあきら》親王の立太子を道長に諮る。頼通の妻隆姫には子どもがいないので、道理にかなった縁談だった。しかし、皇女と結婚すると隆姫は次妻待遇になるので、隆姫の母尼が悲泣し食べ物ものどを通らなくなったらしい。これもあってか頼通は、発熱し重体になる。道長も倫子も頼通第で看病するが、故伊周の霊があらわれる。具平親王の霊ともいう。結局、結婚が破談になると、頼通は翌日にケロッと平癒する（『小右記』、『御堂』、『栄花物語』巻十二）。なんとも優柔不断な男である。道長没後に姉彰子に頼る頼通の人物像があらわである。

十月下旬、いよいよ目が見えなくなり、除目《じもく》等が行えなくなった三条天皇は、道長を准摂政とする。

道長、准摂政となる

そうしたなか、十一月、遷って二ヶ月にも満たない内裏がまた焼亡してしまう。三条天皇は、枇杷殿へ遷御する。東宮敦成親王は母彰子の御所土御門殿に遷る。十二月には、土御門殿で敦良親王の読書始《とくしょはじめ》が行われる。この儀は天徳《てんとく》四年（九六〇）三月、師輔《もろすけ》が村上天皇の第四皇子為平《ためひら》親王のために行った読書始を準拠にしているという。漢詩が作られるが、「才能のない卿相や雲上侍臣が漢詩を作っている。奇妙というべきだ」「管弦のことも甘心しない」と実資は手厳しい。大勢の公卿が参加し、彰子も東宮も御簾内で見物していた（『御堂』、『小右記』）。

内裏焼亡

長和五年（一〇一六）は、いよいよ東宮敦成親王の即位年である。三条天皇の病はひどくなるいっぽう、正月二日には皇太后彰子の御所で臨時客があり、彰子は御簾前に人々を召し、和歌や管弦を行っている。実資は「天皇は病気で、御譲位しそうだ。ところが今日、この宮では管弦がある。良くないことだ」と咎めている（『小右記』）。そして十三日、ついに三条天皇の譲位と東宮の即位が決定される。天皇の母、国母となった彰子は、背筋を伸ばし、病弱の息子天皇を支える決意を固めたに違いない。

彰子の決意

第五　幼帝を支えて

——国母の自覚——

一　後一条天皇の即位

国母として

長和《ちょうわ》五年（一〇一六）正月、天皇譲位・東宮践祚《せんそ》の準備が本格的にはじまり、新帝御所となる京極《きょうごく》院（土御門《つちみかど》殿）の修理も開始される。道長は譲位などの勘文《かんもん》を彰子に見せている（『小右記《しょうゆうき》』）。国母としての政務後見の本格的始動である。「悦びはこの上なかった」（『御堂』）とは、道長の素直な気持ちであろう。

後一条の即位

二十九日、三条《さんじょう》天皇は譲位し、敦成《あつひら》親王は京極院で践祚し後一条《ごいちじょう》天皇となった。九歳の新天皇は、御帳《みちょう》の中で正装した母后彰子に拝舞《はいむ》する。こうして、彰子は天皇の母、国母になり、東宮には敦明《あつあきら》親王が立てられた（『御堂』、『小右記』等）。道長が摂政に、資《すけ》平《ひら》と道雅《みちまさ》が蔵人頭《くろうどのとう》に任じられた。前年十二月、彰子が故一条天皇の意志だからと述べ、道雅の蔵人頭が決まっていた（『小右記』）。一条天皇が寵愛した定子の甥、伊周《これちか》の息道雅は荒三位とよばれ、乱行や勤務成績の悪さゆえに貴族層には信用がなかったが（関口力『摂関時代文化史研究』）、彰子は一条天皇の意を受け常に擁護している。結局、即位除目《じもく》で三位に叙されたので蔵人頭を降りたが、「道雅は母后彰子の恩により中将は去らない」（『小右記』二月十六日条）とあり、中将は継続する。道長と彰子の談合の結果、十日間だけでも蔵人頭に就任させることで落ち着いたのであろう。蔵人頭人事に発言する彰子を記憶しておきたい。さらに、彰子の命で、摂政道長に随身《ずいじん》と内舎人《うどねり》を支給する勅書が出される。

即位式

即位式は二月七日に行われた。国母彰子と後一条天皇は同輿《どうよ》し、大極殿《だいごくでん》の小安殿《こあどの》に行幸する。この後一条天皇の即位式はすでに詳細に検討されている（末松剛『平安宮廷の儀礼文化』）が、小安殿では近習《きんじゅう》公卿たちが天皇の装束に伺候する。大極殿の北廂西幔《まん》内に母后彰子が着座し、天皇は礼服《らいふく》・玉冠《ぎょくかん》を着して高御座《たかみくら》に登り、御剣・璽筥《じのはこ》が左右に置かれる。母后彰子は西幔から高御座に着座し、摂政道長は東幔内に座す。国母彰子と九歳の後一条天皇が高御座に座ったのである。この母后が童天皇と一緒に高御座に座すのは、史料上では彰子が最初である。

八世紀の即位式は、天子南面・臣下北面に則り、君臣秩序のもと全官人が官位順に列立して行われた荘厳な儀式だった。ところがこの頃には、すでに践祚（譲国儀）で神璽《しんじ》などが渡され天皇となっているので、大極殿で行われる即位式はいわば儀礼的だった。数人の担当公卿のみが礼服を着て参列するが、他の公卿たちは湯漬けや薯蕷粥《いもがゆ》・菓子などの軽食を取りながら見物する。この日は礼服を着た大納言公任《きんとう》・中納言実成《さねなり》・参議兼隆《かねたか》が大極殿の庭に列立し、拝礼《はいれい》、宣制《せんせい》などが行われた。この間見物するのは公卿だけではない。三条天皇の即位式では、宣命《せんみょう》が読み上げられている間、「左花楼《さかろう》の南庭にある竜尾の欄干《らんかん》に見物人が集い、各々押し合ったため欄干が落ち、人々も落ちて負傷した者もおり、群庶の叫び声を聞いた」（『権記《ごんき》』寛弘《かんこう》八年〈一〇一一〉十月十六日条）とあり、本来は天皇の空間であった龍尾壇近くで群庶が見物しており、すでに厳かな即位式ではなかったのである（藤森健太郎『古代天皇の即位儀礼』）。

彰子御所での政務

京極院内裏では、後一条天皇は西対、彰子は寝殿《しんでん》北廂におり、道長の直廬《じきろ》は池の南にある小南第だったが、彰子御所で政務が行われることも多い。例えば、殿上所充《てんじょうのところあて》では、「摂政道長殿は皇太后彰子宮を訪れて、諸司・所々の検校《けんぎょう》・別当《べっとう》等を定められた」（『左経記《さけいき》』正月二十六日条）とあり、道長は、彰子御所にやってきて政務を行っている。幼帝の時には、摂政の直廬で叙位や除目が行われ、人事が決定するが、彰子御在所で行われたのである。翌日も同様である。また三月には彰子が太上天皇尊号詔書《だじょうてんのうそんごうしょうしょ》を「啓覧」したあと（『小右記』九日条）、天皇に代わって摂政が行う詔書への御画日《ごかくじつ》は、彰子御所で摂政道長が書いている（『御堂』）。その後も、重要な政務が彰子御所で行われている。国母の政務関与の意義については後述したい。

三月に京極院内裏の清涼殿《せいりょうでん》で行われた石清水臨時祭試楽《しがく》では、彰子は清涼殿に渡り御簾《みす》の中で見物する。天皇は摂政道長に助けられて椅子に座して覧る（『御堂』、『小右記』）。後一条天皇は、摂政に扶助されつつ、帝王の作法を学んでいく。国母が儀式を見物することはあっても付き添って扶助するのは、摂政道長の任務だった。

四月の代始めの賀茂祭では、道長は使者に付き従う童や随身の織物装束や使者以外の車の新調などを厳しく禁制した。ところが当日、禁制品を着ている随身や童を見つけた道長は、怒って衣裳を破壊させ、検非違使《けびいし》別当に引き渡し、糾弾させている（『御堂』）。三条天皇のときは、平気で禁制を破り、豪華な織物を着せていたのに、今回は厳しい。天皇の命がゆき渡り秩序が保たれていることが天皇の徳を示すと考えられていたからである。しかし、敦良《あつなが》親王・敦康《あつやす》親王と桟敷《さじき》で見物した道長は、「上達部《かんだちめ》がほとんど来ている」とご満悦であった（『小右記』）。

母子そろって遷御

六月、天皇と彰子は同輿し、新造された一条院内裏に遷った。道長は敦良親王と同車して参内した。頼通《よりみち》が母后彰子の御簾前で彰子令旨《りょうじ》を蔵人頭資平に伝え、摂政道長と倫子を三宮《さんぐう》に准じ年官年爵《ねんかんねんしゃく》・封戸《ふこ》、さらに道長には随身を与えた。摂政と天皇外祖母の処遇を彰子が令旨で決定したのである。道長が自身の父だからというわけではなく、母后の政務代行権能の一つである（服藤早苗「国母の政治文化」）。なお、女性の准三后待遇は后や皇族以外では初めてである。

天皇家の家長として財産を管理

七月、道長が上表し、即日返却されている。この七十年後、摂政師実《もろざね》が同様な上表をするが、「長和五年には、内侍《ないし》を通じて上東門院（彰子）に御覧に入れた」（『為房卿記《ためふさきょうき》』寛《かん》治《じ》元年〈一〇八七〉六月二十四日条）とあり、上東門院彰子の先例を根拠に師実は白河院《しらかわいん》に奉っている（服藤早苗「国母の政治文化」）。彰子の政務例が院政期には男院に継承されている。しかし、この頃の彰子はまだ皇太后で、上東門院ではない。女院でないのに白河院が先例として継承したのはなぜか。彰子の政務後見は後一条天皇の母親、すなわち親権を根拠に行われており、白河院はこれを先例として継承した、と解釈する以外にない。親権行使こそが院政の特質であり、彰子がその先例となったことが重要である。同じ月、三条《さんじょう》院から返献された天皇家財産である後院《ごいん》の院司を、道長と彰子が決めている（『御堂』）。国母彰子は天皇家家長として、天皇家の財産管理の実質的責任者でもあった。

政務に関与

また、倫子の母藤原穆子が八十六歳で老病のため亡くなった。老衰であろう。当時としては驚異的な長寿で大往生である。道長は対面して死穢《しえ》に触れている。では、摂政道長が参内できない間、政務はどのように行われたのか。例えば、斎宮《さいぐう》行事の源経頼《つねより》が妻の死穢に触れたので任務を果たせなくなったとき、彰子は蔵人頭を使者にたて、誰を後任にすべきか道長に問い合わせている（『御堂』）。このような彰子の政務実態が明らかになる史料は多い。

相次ぐ火事

七月以降は火事が相次いだ。道長の土御門第（京極殿）が焼亡し、土御門大路より二条の北にいたる五百余家が焼けている（『御堂』）。九月には、三条院と中宮《ちゅうぐう》妍子の御所枇杷殿が焼亡し、道長の高倉第に遷っている。放火であった（『御堂』）。「内の東廊の上に古畳を切り、入れて火を付く」（『御堂』）と、大胆にも一条院内裏にも火がつけられている。当時は放火が激増し、火事の原因の過半となっていた（西山良平『都市平安京』）。十二月には、皇后《こうごう》娍子の御領や故高階成忠《たかしなのなりただ》邸（定子外祖父）などが焼けている（『御堂』、『紀略』）。政治的敗北者や弱者の宅が焼けており、これらもおそらく家財や財物を盗るための放火であろう。

大嘗会

十月の大嘗会《だいじょうえ》御禊《ごけい》の女御代《にょうごだい》は、彰子の異母妹寛子が奉仕する。御禊では天皇と国母彰子が同輿している（『御堂』）。十一月の大嘗会は、ちょうど日記が残っておらず、残念ながら詳細は不明であるが、後世の日記に「寛和《かんな》・長和母后同輿し給う」（『中右記《ちゅうゆうき》』天仁《てんにん》元年〈一一〇八〉十一月八日条）と先例として継承されているので、寛和三年〈九八七〉の一条天皇と母后詮子と同様に、長和五年の後一条天皇と国母彰子も同輿し、一条内裏から中和《ちゅうか》院《いん》に行幸したことが確認される。

二宮大饗

寛仁《かんにん》元年（一〇一七）正月、彰子は皇太后大饗《だいきょう》を行っている。従来、「宮の御方に参り、大饗に着した」（『御堂』）とある宮は「中宮・東宮大饗」（『紀略』）から中宮妍子とされていたが、最新の研究で皇太后彰子と実証されている（東海林亜矢子『平安時代の后と王権』、中本和「中宮大饗と東宮大饗」）。寛治五年（一〇九一）の二宮《にぐうの》大饗では、「寛治（仁カ）元年記〈権大納言記〉」に、「摂政殿は御簾内に御座している。今日、舞踏をするのは殿下の仰せである」（『後二条師通記《ごにじょうもろみちき》』寛治五年正月五日）とある。「権大納言記」は行成《ゆきなり》の『権記』だが、この年は残っておらず、貴重な逸文《いつぶん》である。御簾内の皇太后彰子に対し、男性殿上人《てんじょうびと》が舞踏（拝舞）という基本的には天皇のみに行う最敬礼の拝舞をしている（西本昌弘「古礼からみた

『内裏儀式《だいりぎしき》』の成立」)。なお、寛仁三年(一〇一九)正月三日に後一条天皇が彰子に拝覲したときにも、「道長がひとり御簾中に座っている」(『小右記』)から、道長は御簾の中で彰子と一緒に昇殿者《しょうでん》から拝舞を受けており、それが院政期に継承されたのである。

この二宮大饗は、醍醐《だいご》朝後半から冷泉《れいぜい》朝の約百五十年間に盛んに行われたいわば摂関期の正月儀礼であり、複数の后がいる場合は母后が行うことが多く、拝舞する人と受ける人との間で、人格的君臣関係を可視的に表現する儀礼だとされている。臣下が拝舞する御簾の中に摂政道長がいるのである。父親の道長が子の彰子に拝舞することは儒教的親子秩序に反するので、御簾内で一緒に拝舞を受ける道長を貴族社会はけっして批判していない。拝舞を受ける国母彰子は、昇殿者の上に君臨する存在だが、道長は娘彰子を利用して君臨する立場を誇示し、権威付けを行ったのである。

人事に関与

三月には、摂政道長の上表がついに受理され、頼通が二十六歳で摂政となった。道長への従一位叙位《じょい》は、彰子の命であった。「彰子は右大将実資《さねすけ》に左大将になるように薦めた」、と道長は記しているが(『御堂』)、彰子の行為を非難してはいない。国母彰子の人事への関与は、貴族層の承認する政治文化だった。後一条天皇の神社行幸を実資は上卿《しょうけい》、すなわち責任者として滞りなく行っており、故事に詳しく、先例をきちんと調べ、行事を完璧に行う実資へのお礼であり、後一条天皇を実質的に支えて欲しい彰子の配慮でもある。まさに、実資が「賢后」と褒め称えるに相応しい国母といえよう。

四月、孟夏旬政《しゅんせい》で後一条天皇を指導・後見していたのは摂政頼通だった。摂政としての初仕事である。しかし、灌仏会《かんぶつえ》では御簾内に道長が天皇と一緒に座り、頼通は御簾外にいた。道長は、役職をはなれても大殿《おおとの》として、内裏の直廬もそのままに行動する。道長を家長とする一家が内裏を住まいとしているようだ、といわれている（佐々木恵介『天皇と摂政・関白』）。一家は彰子・道長が一丸となって天皇家の身内を誇示し、貴族層から抜きんでた家格を獲得していく。

三条の死

この頃、三条院が亡くなった。四十二歳だった。亡くなる一ヶ月ほど前、三条院は道長に「先の斎宮当子内親王が、道雅のために婚《くな》がはる」と訴えている。「婚かう」とは性関係を持つことであり、斎宮を退下した女性が性関係を持っても当時としては秩序違反ではない。ただし、父三条院の許可を得なかったことと、相手が素行の悪い「荒三位」道雅だったことで、三条院は怒ったのであろう（『御堂』）。当子内親王は十七歳で、伊勢出発前に裳着《もぎ》をさせたい三条天皇の願いも道長に阻止され、伊勢斎宮では眼病平癒や長寿祈願などで父三条天皇を精神的に支えてきたが、ここにきて父の反対にあったのである。このとき道雅が詠んだのが百人一首の絶唱歌である。

今はただ思ひたえなんとばかりを人づてならでいふよしもがな（今となってはただ、諦めますということだけを、人を介してでなく直接あなたに言う方法があったらなあ）

（『後拾遺和歌集』巻十三〈恋三〉）

直盧は彰子御在所に

当子内親王は、五年後に短い生涯を閉じる（服藤早苗「平安時代―王朝を支えた皇女」）。彰子は前述のようにこんな道雅を擁護し続ける。

七月、俊賢《としかた》が彰子御在所を訪れた。頼通が同席しており、右衛門府生秦貞隆《はたのさだたか》を検非違使にする宣旨《せんじ》を下している。摂政が頼通に代わっても、その直盧は彰子御在所に置かれ、ここで宣旨が下されている（『左経記』）。国母の政務後見である。

有能な実資

七月、賀茂社行幸の責任者である実資は、彰子が後一条天皇のために賀茂社に郡規模の所領を寄進したいと申し出たが郡は広すぎるので郷を奉るべきだろうか、他の御願も大変だ、と道長が密かに談じたと記している（『小右記』）。実資は以後、有能ぶりを発揮し、この難題を見事に処理していく。

二　敦良親王、東宮となる

八月、彰子の異母弟能信《よしのぶ》は、東宮敦明親王に辞任する意思があるとの伝言を道長に伝えた（『御堂』四日条）。道長が能信を東宮邸に遣わすと、翌日には東宮の退位が決定した。敦明親王は、「母皇后娍子は体調不良になり、舅の左大臣顕光《あきみつ》は『心に任せよ』とのことなので、東宮の号を停め、しかるべく処置をするように」と命じる。道長は、年官年爵・御封、受《ず》領給《りょうきゅう》・随身も変わらず元のように、すなわち経済的保障だけは取り決め、彰子のもとを訪れる。「彰子のご様子は、言うべきではない」（『御堂』六日条）とも記している。敦明親王は、「東宮傅《ふ》の顕光と東宮大夫の斉信《なりのぶ》との仲が悪く、自分にとって一つも益がない」とも語ったという（『小右記』）。父兼通《かねみち》、母元長《もとなが》親王女という出自の良さだけで左大臣にまでのし上がった顕光は、娘延子に敦明親王を婿取っており、長和三年（一〇一四）には堀河第で同居していた。敦明親王の乱暴をなぜ止めないのか、「愚の又愚なり」（『小右記』長和三年六月十六日条）と実資は批判を記すこともある。顕光は、文書決裁もできぬ無能で愚老だった（服藤早苗『平安朝に老いを学ぶ』）。すでに延子との間に敦貞《あつさだ》王が生まれており、しっかり後見しておけば道長の地位に取って代わることも夢ではなかったのに。さらに、東宮の外祖父済時《なりとき》はすでに亡く、母方叔父の東宮権大夫通任《みちとう》などは、敦良親王が新東宮に決定すると、今度は新東宮の権大夫に立候補し、人々に「不忠を大笑い」されている（『権記』）。優れた後見人がいかに重要だったか判明しよう。横暴で不遜だった自身の行動や性格もさることながら後見人にも恵まれなかった敦明親王は、東宮を降り、小一条院の院号を下された。

彰子の心情

五日の段階で、すでに東宮遜位の処置が行成に命じられていることからすると、彰子に伝えられたのは翌日で、「彰子のご様子は、言うべきではない」とあるのは、彰子が道長を非難したからで、「書くことができない」あるいは「言ってはいけないことを言っている」とでも言う意味であろう。『栄花物語《えいがものがたり》』巻十三では、彰子が「故一条院の意思だから敦康親王を東宮にするべきだ」と主張したと描かれている。敦康親王を養母として育てた彰子の正直な心情だったのではなかろうか。

敦良、東宮となる

しかし、敦良親王が東宮に決定すると、彰子は積極的に補佐する。まず、彰子の御在所で立太子の饗宴などを決定する。敦良親王立太子の日には、卿相《けいしょう》たちが東宮御在所になった彰子御在所にやってきて設営をする。大殿道長は、彰子と一緒に、宮司《みやづかさ》・蔵人・殿上人などの東宮人事を選定して、頼通に渡している（『立坊部類記《りつぼうぶるいき》』所引『権記』）。

貴族の反応

敦明親王の東宮遜位について、実資は「奇怪である。とんでもないことだ」（『小右記』同月六日）と記しているが、行成は「敦明親王を見たが、容姿は普通の人のようで、天子のお顔ではなかった」（『立坊部類記』所引『権記』）と記している。その後敦明親王が「とても後悔している。『東宮遜位は本意ではなかった。早速、大殿道長に申されよ』」（『立坊部類記』所引『権記』）と言っても誰もとりあわない。それまでの敦明親王の乱行を見聞きしていた貴族たちは、逆に東宮の遜位に納得したのであろう。実資も、自ら遜位を申し出た東宮に奇異を示すものの、批判などはまったく記していない。

立派な敦良

八月、皇太弟敦良親王は、まず清涼殿で天皇に慶賀の拝覲をし、その後、清涼殿の上の直廬にいた彰子に拝舞する。彰子は御簾中に敦良親王を招き、禄を与えている。「この間の敦良親王の動作は立派だった。参加者一同、感涙を禁じ得なかった」（『立坊部類記』所引『外記《げき》日記』）とある。旧東宮敦明親王と比較して懐いた貴族たちの偽《いつわ》らざる想いであろう。彰子は、故一条院の小さな笏《しゃく》や帯、後一条天皇の剣・平緒《ひらお》等を皇太弟装束として渡している（『御堂』）。なお、国母彰子は、一条院内裏の清涼殿に「上の直廬」（『小右記』）を持っており、ここで後一条天皇を補佐していたことがわかる。

壺切御剣の賜与

翌々日には、東宮庁始が行われ、本来東宮敦明親王に渡されるべきだったのに、道長が渡さず内裏の納殿《おさめどの》にあった東宮の象徴である壺切御剣《つぼきりのぎょけん》がもたらされた（『左経記』、『小右記』）。また、左右馬寮《めりょう》から献上された馬の処置をめぐっては、彰子の令旨で行われている（『左経記』）。なお、「天皇が、皇太后の御方に渡られた。しばらくして帰られた」（『左経記』）とわざわざ記していることからして、後一条天皇は彰子御在所を頻繁に往復していたわけではなかったと思われる。

三　一代一度の大仁王会と賀茂社行幸

大仁王会

十月八日、国家安穏を祈願する国家法会、一代一度の大仁王会が行われる。八月には、道長は、上臈《じょうろう》の道綱《みちつな》を無視して実資を検校《けんぎょう》、すなわち責任者にする。実資は、蔵人頭をつとめた経験があり、実務に習熟していた有能な公卿だった。準備過程等は『小右記』に大変詳しい。

当日、実資は早くから参内するのに、担当者の行成や僧侶、あるいは担当役人たちが遅刻しており、なかなか興味深い。大極殿での法会の後、夕方の紫宸殿《ししんでん》での行香《ぎょうこう》では、本来なら摂政頼通が簾内で後一条天皇を補佐すべきであるのに、引退した道長がまるで帝王のように振る舞っている、と実資が手厳しく非難している（『小右記』）。

賀茂社への行幸

後一条天皇の即位後二度目の神社行幸となる賀茂社への行幸準備がはじまるが、八月が天皇の御物忌《ものいみ》のため十一月に延引されている。

前述のように責任者は実資で、行事弁や行事史を指揮し、道長・頼通や彰子と相談しながら着々と準備をすすめた。奉献する神宝類の修理や新調、斎院《さいいん》や上下両社の破損箇所の調査や修理、御在所の設営、御輿の調査・修理、駕輿丁《かよちょう》の装束、費用調達や催促、さらに、試楽、大祓《おおはらえ》、神宝御覧など、何とも煩雑な準備状況が詳細に記されている（『小右記』、土田直鎮「上卿について」）。

ついに、十一月二十五日の行幸日となった。後一条天皇と彰子は葱花輦《そうかれん》に同輿し、出発する。道長は唐車《からぐるま》で、摂政頼通は騎馬で従う。午刻（正午）

上賀茂神社楼門

賀茂下社に到着し、饗饌、御幣《ごへい》・神宝、神馬《じんめ》、宣命、東遊《あずまあそび》、神楽《かぐら》、馳馬、舞楽《ぶがく》などがあり、さらに賀茂上社で同様な儀式を行い、一条院内裏に還御《かんぎょ》する。翌日、道長は実資に賞詞を伝え、摂政頼通には「理由なく供奉《ぐぶ》しなかった者は、官職を取りあげるように」と厳命し、実際に供奉した者の名簿提出を命じている。

摂関家の賀茂詣

じつは、この年の賀茂祭前日に前摂政道長と現摂政頼通は、父子同道で一族・親昵《しんじつ》のみならず多くの公卿や上達部を従えた画期的な賀茂詣儀を行う。従来、大臣が一族の繁栄を祈願して参詣するいわば「大臣儀」だった賀茂祭前日賀茂詣を、道長は摂関賀茂詣と変更し、確立したのである（末松剛『平安宮廷の儀礼文化』）。摂政の地位を息子に譲与した道長は、国母彰子の権威を背景に頼通政権をより安定化するために様々な施策を行う。

実資の対応

なお、賀茂上下両社の修理料としての山城国愛宕《おたぎ》郡の寄進は、困難な諸問題を抱えていたが、ようやく寛仁二年（一〇一八）十一月に、決着したようである（土田直鎮「上卿について」）。困難な実務を完遂した実資を彰子はますます信頼していく。

延子の没落

いっぽう十一月二十二日に道長は、高松第で明子所生の寛子に小一条院敦明親王を婿取る。彰子も異母妹に装束を贈っている（『御堂』）。十九日には、小一条院の長年の妻延子の父顕光は愁歎し、延子の髪を切り弊を捧げ呪詛した、と道長が実資に語っている。

父三条院の喪中の結婚式で、しかも小一条院が笛を吹き、管弦の興があるなど、異常だった（『小右記』）。以後、小一条院は高松第で寛子と同居し、延子へはほとんど通わなくなる。寛仁三年（一〇一九）正月九日、小一条院が延子の堀河院《ほりかわいん》西対に立ち寄ると、「品質の劣る伊予簾を懸けており、他にもいろいろ見苦しい。致行《むねゆき》朝臣の外に仕えている人がいない。極めて恥辱《ちじょく》が多い」（『小右記』）と実資は記している。父顕光と同居しているのにこのありさまだった。この年四月十日、延子は亡くなるが、「心労か」（『小右記』）とある。三十歳代前半であろう。同年三月、延子所生の敦貞王が故三条院の子として親王宣下されており、親王として国家的経済援助が得られたのが、せめてもの慰めであったろうか（『御堂』）。高貴な出自で「御かたちいときよげにて」（『栄花物語』巻十三）容貌の良い女性でも、しっかりした後見人がいないと女房や従者もいなくなり侘びしい終末を迎える。

四　後一条天皇の元服と威子入内

加冠役の任命過程

後一条天皇は寛仁二年（一〇一八）正月、十一歳で元服《げんぷく》することに決まった。天皇が元服するさいには、名誉職的になっていた太政大臣が加冠《かかん》役を務めるため、道長が太政大臣に任命されることになった。この任命過程では、彰子が実質的人事を行っていたことが極めてはっきりとわかる。まず前年の十一月二十一日、摂政頼通は、大殿道長を太政大臣に任命する宣旨を出すが、「実質は母后の令旨ですが、誰を使者に立てるべきでしょうか」と実資に相談する。実資は、「摂政兼家《かねいえ》が太政大臣に任命されたさいは、『母后の命と寄せ奉る』とあっても実際は兼家が自分で決めたのだが、自分が摂政だったので使者にはなれなかった。しかし、今度は、摂政頼通と太政大臣に任命される道長は別人だから、頼通が宣旨を持参してもよい」と答えている（『小右記』）。そして、二十七日、摂政頼通は自分が使者になり道長邸に出向き、宣旨を伝える。道長は承諾し、「世間のことは引退したといっても、天帝の意志で授けられたところなので辞退すべきではない」とご満悦である。

摂政よりも「母后の命」

宣旨は、当然ながら後一条天皇が宣する文言になっていた。さらに、幼帝に代わって画可《かくか》するのは摂政頼通の任務である。しかし、摂政頼通は「皇太后彰子の令旨です」と伝えており、道長も承認している。まさに、画可する摂政頼通こそ形式的役務であり、実質は国母彰子が決定したことが確認できる。しかも、陣定《じんのさだめ》に参加し国家意思決定に助言できる議政官である公卿層たちも、それを承認している。国母の人事決定権は、貴族社会の政治文化だった。これは、一条天皇の国母詮子のときも同様だった。兼家も、実際は自分が決定しても「母后の命」としたのだから。画可を加える摂政頼通や、宣旨文に「宣す」と記す天皇こそ、逆に形式的だったことがはっきりする（服藤早苗「国母の政治文化」）。

元服儀

そして正月三日、いよいよ後一条天皇が元服する。歴史上でも若年での元服である。紫宸殿で摂政頼通が理髪《りはつ》し、太政大臣道長が加冠する。元服儀式終了後、成人服に着替え、国母彰子の御在所に行き拝舞する。その後、彰子も参上して饗宴があり、彰子から参加者に多量の禄が下賜された。七日には、彰子は太皇太后になった。役目を終えた道長は、太政大臣と内舎人随身を辞した（『御堂』）。

威子の入内

三月には、彰子の同母妹の威子が入内する。三月一日、後一条天皇から最初の書があり、五日には第二の書、七日当日には三度目の書が持参され、酉刻（午後六時）二条殿から一条院内裏の西北対に入内した（服藤早苗「書使と後朝使の成立と展開」）。内侍が天皇の夜《よるの》大殿《おとど》へ上るように伝え、威子は清涼殿夜大殿に上る。倫子が、寝具に臥した二人に衾をかける衾覆《ふすまおおい》儀が行われ、初夜となる（服藤早苗「衾覆儀の成立と変容」）。朝になり、威子が自身の殿舎に帰ると天皇からの後朝使《きぬぎぬのつかい》が来る。夜になるとまた同じように上り、三日目にはまず威子殿舎で饗宴があり、夜には同様に夜大殿に上る。十一歳と二十歳、甥と叔母である。威子が「大層恥しく人目を遠慮なさる」（『栄花物語』巻十四）のも当然だろう。後一条天皇は、威子というより道長に気を使ってか、かなりの頻度で威子の殿舎に通っている。

新造内裏に入御

四月、行幸前に威子の女御宣旨が出され、後一条天皇は、国母彰子と同輿し、新造内裏に入御する。彰子は麗景殿《れいけいでん》、威子は飛香舎《ひぎょうしゃ》（藤壺《ふじつぼ》）、東宮は凝華舎《ぎょうかしゃ》、道長の直廬は飛香舎（『左経記』）、摂政頼通は淑景舎《しげいしゃ》（『小右記』寛仁三年正月五日条）となる。威子の殿舎に直廬を置くのは道長で、職を辞しても影響力を持ち続けていた。閏四月には、彰子殿舎で公卿や殿上人が夜通し管弦の宴遊を行ったり、後一条天皇と東宮が彰子御座所に来たりしている。

道長の病気

ところで道長は、四月初旬から病みはじめ、閏四月には胸の病のために法性寺五大堂《ほっしょうじごだいどう》に参籠している。二条第に帰宅後も回復はしておらず、故道兼《みちかね》の霊、あるいは故三条院の御霊が取り憑いているとの風評が流れ、やせ細り衰弱していた（『小右記』）。五月下旬にやっと参内するが、六月にはまた病んでいる（『左経記』）。

威子立后を促す

七月、彰子は、道長と頼通に「尚侍《ないしのかみ》威子の立后は、早々がよいでしょう」と威子の立后を促している（『御堂』二十八日条）。キサキの決定も皇后などの身位の決定も、彰子が行っている。

十月十六日、皇太后妍子、中宮威子の宣旨が出る。公卿たちが京極殿に来て、御簾の中の中宮威子に拝礼をする。威子は、乳母典侍《ないしのすけ》の藤原美子が理髪した髪に彰子から贈られた額髪の装飾具をつけ、白装束を着ていた（『御堂』）。道長からすれば、太皇太后彰子・皇太后妍子・中宮威子の三人の娘が立后したことになる。この饗宴で道長が詠んだのがあの有名な望月の歌である。実資は、道長から歌を詠むように要望されるが、皆に道長の歌を唱和しようと提案し、日記に書き付けている（『小右記』）。

この世をば我が世とぞ思ふ望月の欠けたることもなしと思へば

現代語訳も要らないほど高校教科書にも載る周知の歌だが、自身の政治力を誇示した歌、満ち足りた生涯への満足を示し政治性はない歌、十六日は満月ではないので欠けはじめた栄花のはかなさの歌など、多様な解釈が出されている。史料に即して詳細に検討した研究者は、むしろ雑多な雰囲気の中で吐露した即興歌で、実資の対応は故実先例に見合ったそつのないものであり、道長が和歌を書き留めなかったのは、できの良い歌ではなかったからだ、と結論づけている（末松剛「平安時代の饗宴」）。要するに、本当に心情を吐露した即興歌とみれば良い。

京極殿への行啓

十月二十一日には、皇太后妍子と禎子内親王が京極殿に行啓する。翌日、後一条天皇は彰子と同輿し、東宮も京極殿に行幸啓し、競馬《くらべうま》・管弦・童舞《どうぶ》などの饗宴が行われた。東泉渡殿《わたどの》では、三后、すなわち太皇太后彰子・皇太后妍子・中宮威子の対面がある。禎子内親王、倫子、嬉子も同席し、道長の正妻倫子一家の女性たちが一堂に会した。そういえば彰子と妍子が対面したのは、五年半ぶりではなかろうか。「我を忘れるほどである」「言語に尽くしがたし、未曾有のことなり」（『御堂』）と道長は有頂天で、日記の中でも最も詳細な記事の一つである。このとき叙位が行われ、頼宗《よりむね》・能信ら道長の関係者が多かった。彰子女房で故伊周女の周子が正五位下に叙されている。天皇には小野道風《みちかぜ》の書二巻と藤原佐理《すけまさ》の書『唱和集』、笛、彰子には箏《そう》の琴《きん》と藤原行成筆の『古今和歌集《こきんわかしゅう》』が贈られた。亥刻（午後十時）、天皇と彰子、東宮も内裏に還御する（『御堂』、『小右記』）。

彰子と大原野社

十一月十五日、大原野《おおはらの》社の倉修理のため、太皇太后彰子の宮司《みやづかさ》と禰宜《ねぎ》の立ち会いのもと倉を開検すべき、とある。彰子立后のさいに行成が主張した、藤原氏出身の后が大原野社を統轄する実態がうかがえる（『小右記』）。

道長の法華八講

道長は十二月、京極殿で父母のために五日間の法華八講《ほっけはっこう》を行う。金色の等身仏六体を造立し、自筆で金泥法華経《きんでいほけきよう》二部を書写し、多くの僧を招いた。金銀の財や風流を尽くし(『栄花物語』巻十四)、天皇・彰子・妍子・威子・小一条院らからの捧物《ささげもの》も「風流、善を尽くし美を尽くす」(『左経記』)大々的法会だった。皇太后妍子が行啓する予定だったが、当日に雨が降ったので翌日に延期する、と皇太后大夫道綱が報告すると、道長は激怒したという。実資らが帰った後、怒った道長は大雨の中妍子御所まで迎えに行ったが、「なんとも滑稽だった」とは実資の感想である(『小右記』)。本当は三后を行啓させたかったのに、「神今食《じんこんじき》以前に后宮が仏事で行啓するのはいかがなものか」と反対されたのでのだろう。道長が自分の権威を誇示するには、唐物や金銀財宝のみならず、后身位の娘(『小右記』十一月四日条)、せめて内裏外にいる妍子だけでも権威付けのために必要だったたちの存在も必要不可欠だったことがはっきりとわかる。

敦康の死

法華八講の最中、十七日に敦康親王が二十歳の若さで亡くなる。第四で述べたように、敦康親王は頼通の妻隆姫の妹と結婚しており、同居の頼通は舅(妻の父)のように世話をしていた。さらに頼通は遺児の嫄子女王を養女にしている。道長の日記には、二十五日に「式部宮を此の夜、南院に渡し奉る」(『御堂』)とあるのみで、彰子の様子はまったく不明だが、「敦明親王の次の東宮になられていたらどんなに良かっただろうに」(『栄花物語』巻十四）と嘆いたとあるのが本心に近いのではなかろうか。

威子の大饗

寛仁三年（一〇一九）正月二日、中宮威子が初めて大饗を行った。三日、清涼殿での饗宴の後、十二歳の後一条天皇は、大納言道綱以下の傍親卿相を従え、清涼殿から国母彰子の弘徽殿《こきでん》に行き、御簾の中で拝観する。御簾の中には道長がおり（『小右記』）、摂政以下、上達部・殿上人たちは庇《ひさし》で饗饌を受けている。

叙位

そして五日から叙位議がはじまる。実資は彰子の仰せを受け取っていた。「上達部は皆、昇叙を要求する。年来、実資は何も要求しない。だから給爵を給おうと思う。家の作事等に充てるように」、彰子の年給《ねんきゅう》を与えてくれるというのである。実資は、彰子の恩顧に感謝し歓喜しながらも、他人からの思惑なども慮《おもんばか》り、断りの返事をしている。五日に、彰子の弘徽殿に行くと、彰子は女房を介して「枇杷殿に居たときは屡々《しばしば》参入していたのに、最近は余り参入しないので残念に思う」と伝える。彰子が枇杷殿にいたのは三条天皇在位中で、その頃実資は彰子のもとによく訪れていた。しかし、国母として実権を握ってからはあまり来なくなったという。女房は、「世の人に似ず、恥を知っている」とも伝えている。彰子は、実資の見識を見抜いていた。実際、この叙位で左大臣顕光が参入せず頼通が困っていると、実資は、「摂政は内大臣なのだから叙位を行ったら良い」と提案して、頼通を感激させている（『小右記』）。道長没後は実資が頼通の良き指南役となるのは、彰子の影響もあるように思われる。結局、実資は、治安《ちあん》元年（一〇二一）二月七日、彰子から賜与された給爵を自身の荘園の高田牧司宗形信遠《むなかたののぶとお》に与えている（『小右記』）。

国母としての成長

二十九歳で国母になった彰子の三年間は、紫式部が見た内気で引っ込み思案な姿は影をひそめ、天皇家のトップとして自覚を持ち政務を後見する飛躍的な成長期だったといえよう。

第六　後一条天皇の見守り

一　道長の出家と後一条天皇の病気

道長の出家

寛仁《かんにん》三年（一〇一九）三月になると道長の胸病が重くなり、二十一日に院源《いんげん》を戒師《かいし》として出家する。僧名は行観《ぎようかん》。彰子・妍子・威子、小一条院も行啓《ぎようけい》し、子どもたちも集まる。二十九日に簾《すだれ》を隔てて謁談した実資《さねすけ》は、「容顔老僧の如し」と感想を記し、道長は、「山林に隠居するわけではなく、月に五、六度は天皇のお顔を見たい」と語っている。四月の賀茂祭には道長が桟敷《さじき》から見物しているのでこの頃には回復したようである。なお、六月には、僧名を行覚に改めている（『小右記《しようゆうき》』、『公卿補任《くぎようぶにん》』）。

身体の不調が続く道長は九体阿弥陀堂《あみだどう》の造立を発願し、十一間の堂を各一間ずつ受領《ずりよう》に割り当て、木作《きづくり》をはじめさせた（七月十六日）。東京極大路《ひがしきようごくおおじ》と賀茂川の間の方二町、約一万八千坪の広大な敷地である。しかし、実資は「摂政（頼通《よりみち》）甘心せず」（『小右記』）

と記している。頼通をはじめ貴族層は内心批判している。

敦良の元服

八月には、東宮敦良《あつなが》親王が紫宸殿《ししんでん》で元服した。加冠《かかん》は右大臣公季《きんすえ》、理髪《りはつ》は中納言経房《つねふさ》で、元服後、弘徽殿《こきでん》で彰子に拝観し、天皇も渡御《とぎょ》して盛大な饗宴が行われた（『御堂』、『小右記』）。

暴徒の乱入

この年、刀を抜いた男たちが真っ昼間に宮中に乱入し、母后彰子の弘徽殿辺りで捕縛される事件が起こっている。西京辺りで賭博の争論になった法師が男を刺し、男の弟が法師を追って宮門内に闖入《ちんにゅう》したという。二人は、警護していた彰子の宮司《みやづかさ》たちが捕縛し、源頼国《よりくに》が従四位上に褒賞されている（『小右記』八月十一日・十三日条）。頼国は道長家司《けいし》で著名な頼光《よりみつ》の息子である。なんとも物騒ではあるが、彰子は宮司たちにしっかりと護られていた。

引き続き政務を後見

寛仁四年（一〇二〇）も引き続き彰子は内裏に居住し、政務を後見する。道長は、二月、待望の無量寿院《むりょうじゅいん》を建立し、金色丈六阿弥陀如来《あみだにょらい》九体と観音・勢至《せいし》各一体を安置し、翌月には、御斎会《ごさいえ》に准じて盛大に落慶供養を行った。両方共に、彰子・妍子・威子が行啓している（『左経記《さけいき》』、『諸寺供養類記』等）。

後一条、疱瘡に罹る

三月頃から、後一条《ごいちじょう》天皇が春から流行していた疱瘡《ほうそう》（天然痘《てんねんとう》・裳瘡《もがさ》）に罹っていた。正《しょう》暦《りゃく》五年（九九四）の大流行から二十八年がたち、免疫のない二十八歳以下が罹り死亡する者が多かった（『左経記』、『類聚符宣抄《るいじゅふせんしょう》』巻三〈疱瘡事〉）。鬼気祭《ききさい》や大般若不断御読経《みどきょう》、常赦《じょうしゃ》などを行い、五月には回復した様子がわかる。瘡がとれ、沐浴し、髪を洗うまで一ヶ月ほどかかっている（『左経記』）。

頼通の病気

いっぽう、六月には、関白頼通が病にかかり、上表している。後一条天皇は元服していたが、頭中将は「太后（彰子）に御覧に入れた後、陣に進」め、勅答も彰子が覧ている（『左経記』）。国母の政務である。頼通は瘧病《ぎゃくびょう》だったようでなかなか回復せず、道長も気が気ではない。瘧病は「おこり」「わらわやみ」ともいい、間隔をおいて発熱・悪寒が起こるもので、今のマラリヤに近い熱病である。七月には、道長は、本来朝廷が行う国家的疾病除去祈願である百座仁王講《にんのうこう》を無量寿院で行っている（『左経記』）。王権の一翼を担う道長の姿である（上島享『日本中世社会の形成と王権』）。

また、七月には、最勝講《さいしょうこう》が結願している（『左経記』）。一条天皇が恒例化させ三条天皇の時代には途絶えてしまった清涼殿《せいりょうでん》最勝講を後一条天皇が再開したのである。一条天皇に倣い疱瘡流行を鎮圧するための祈りだが（遠藤基郎『中世王権と王朝儀礼』）、この最勝講再開は、彰子の提唱かもしれない。

後一条の病気と邪気

そして天皇も瘧病に罹ってしまう（九月十日）。瘧は二十時間の間に三度あったという。結局、完治するのに二ヶ月ほどかかっている。瘧がはじまったとき、公卿たちはあまり参内していなかった。道長は、公任《きんとう》を罵《ののし》り、さらに、二人の蔵人頭《くろうどのとう》（定頼《さだより》と朝任）を勘当し、それでも腹立ちはおさまらず、息子たちや大方の人を罵辱《ばじょく》したという。

その後も天皇の瘧は毎日起こり、加持祈禱などをするが一向におさまらない。天皇の叫び声は邪気のせいとされ、敦康《あつやす》親王の御霊他、種々の物気が顕れたと噂される。やっと回復したと思われたものの、彰子から「天皇が、御悩を重く発しました」との知らせで道長が慌てて参内したり、邪気が女房に移り、女房の叫び声が聞こえたりする日々が続いている。十月下旬にも、度々発作があり、邪気が叫ぶなど天皇の病はなかなか癒えないでいた（『小右記』）。

後一条の回復

そうしたなか、十月十五日には道綱《みちつな》が亡くなった。服喪《ふくも》のため、春日祭神事をひかえ、四日間、道長一家は参入できず、母后彰子も弘徽殿から上れない。そうこうしているうち、十一月一日にやっと後一条天皇が回復に向かっている。この間、加持祈禱、不断大般若経、法華経《ほけきょう》不断御読経、七瀬御祓《おはらい》、無量寿院での丈六絵像百体供養などが行われている（『小右記』）。この頃の道長と行成《ゆきなり》の日記が残っていないので彰子の様子はうかがえないが、度重なる息子の発作に肝を潰しつつ、神仏に祈り、看病したことだろう。回復したときにはほっとしたに違いない。翌年三月、道長は、天皇平癒の報賽《かえりもうし》（お礼）のために、無量寿院に丈六百余体絵仏像を供養している（『小右記』、『今昔物語集《こんじゃくものがたりしゅう》』巻十二第二十二話）。

道長の仏教信仰

十二月、道長は比叡山に登り、翌日延暦寺において廻心菩薩戒《えしんぼさつかい》を受け、閏十二月には、無量寿院に十斎堂《じっさいどう》を建立し、供養している（『左経記』）。孫の後一条天皇の病気克服に安堵し、仏への帰依を強めていく。

治安《ちあん》元年（一〇二一）正月三日には、後一条天皇と東宮が母后彰子に拝覲しており、二十二日には御前除目《じもく》が初めて行われた。病を克服した後一条天皇の実質的な仕事始めとなった（『小右記』）。

猛威をふるう疫病

二月には、皇太后妍子第に頼通以下の上達部《かんだちめ》が集まり、管弦の遊びがあった。今年は疫病が流行し、死者が多く、路頭は穢れに満ちているのに、藤原一門は庶民の惨状を顧みず遊宴をしている、と実資は辛辣に批判している。三月十日には「疱瘡は老人にはおよばないが、疫癘《えきれい》は老少を論ぜず」（『小右記』）とある。今年の疫病は、昨年の疱瘡と違い後一条天皇が罹った瘧病であった。この年も貴賤に襲いかかり、六月末にも「去る春よりこの夏に至り、疾疫《しつえき》、死者甚だ多い」(『紀略』)とあり、未だ収束していない。

道長と彰子の贈答歌

この頃、父道長と彰子の間で送りあった和歌があるので紹介しておこう(『栄花物語《えいがものがたり》』、『新古今和歌集《しんこきんわかしゅう》』第十六雑歌上)。

世をのがれて後、四月一日、上東門院、太皇太后と申しける時、衣更の御装束奉るとて(出家した後、四月一日、上東門院彰子が太皇太后だったとき、衣更えのための衣装を奉って)

唐《から》衣花の袂《たもと》に脱ぎ替へよわれこそ春の色は絶ちつれ(あなたは、春の花の色の美しい衣装に着替えなさい。私は出家して、春の色は断っていますが)

(『新古今和歌集』千四百八十三番)

御返し

唐衣たちかはりぬる春の夜《よ》にいかでか花の色をみるべき(父上は衣替えの衣を断って黒染の衣に替わってしまわれ、この一夜で夏に変わってしまう夜に、どうして、私だけが春の花の色の美しい衣装を着ることができましょうか)

(『新古今和歌集』千四百八十四番)

墨染色の僧服を着る道長に、彰子は私だけがどうして春の花の色の美しい着物を着ることができましょうか、と応じている。

道長一家の昇進

五月、左大臣顕光《あきみつ》が七十八歳で亡くなる。これにともない七月には、公季が太政大臣、頼通が左大臣、実資が右大臣、教通《のりみち》が内大臣、頼宗《よりむね》・能信《よしのぶ》が権大納言へ、それぞれ昇官する。道長一家が天皇をしっかり補佐する体制である。

派手好みの妍子

九月、皇太后妍子の女房たちが無量寿院で法華経を書写し、供養する。経の上下には絵を描き、銀や黄金の枝を付け、玉や七宝で飾り、経箱は紫檀製で、三十人の女房の服装はあでやか、道長・倫子など一家・側近が勢揃いしたという（『小右記』、『栄花物語』巻十六）。派手好きの妍子の面目躍如、彰子はどのような感想を懐いたのだろうか。

春日社行幸

そして、疫癘流行で延期になっていた春日社行幸が十月に行われた。彰子は天皇と鳳《ほう》輦《れん》に同輿《どうよ》し、出立する。道長などが筵道《えんどう》で見物するなか、淀川を舟で渡り、奈良坂を越え、春日社に到着する。翌日、春日社で神宝・走馬・東遊《あずまあそび》などの奉納があり、雨の中帰京する。春日社行幸は一条天皇の永祚《えいそ》元年（九八九）三月が初めてであり、これが二度目である。このとき彰子が詠んだ歌がある。

三笠山《みかさやま》さしてぞきつる古《いにしえ》のふるき御幸の跡をたづねて（三笠山を目指してやってきました。古いかつての御幸のあとを尋ねて）

（『栄花物語』巻十六）

倫子の出家

「白河院春日御幸」『春日権現験記絵』（宮内庁三の丸尚蔵館所蔵）

のちの『千載集』巻二十神祇には、「後一条院の御時、初めて春日の社に行幸があったが、一条院の御時の例をお思いになって詠まれた」と詞書きにある。道中、故一条院を偲んでいたのだろう。春日社、すなわち藤原氏神への一条天皇が初めた行幸を彰子は積極的に継承していく。もちろん、兼家《かねいえ》を継承する道長の意図でもある。なお、彰子の意向で春日社にも大和国添上郡《そうのかみぐん》を寄進している（『小右記』、『紀略』、『栄花物語』巻十六）。

倫子は、二月二十八日に無量寿院で院源の戒師で出家する。無量寿院に西北院を建立し、十二月、金色阿弥陀仏五体の開眼供養や不断念仏を行ったが、殿上人《てんじょうびと》や念仏僧の装束も綾羅錦繍《りょうらきんしゅう》で善美を尽くしていた（『小右記』）。その後、西北院供養のさいの童舞《どうぶ》を清涼殿で披露し、後一条天皇・彰子・東宮が見物している。自由に内裏外に出ることができない三人のためであろう。

二　天皇の独り立ち

後一条の病気

治安二年（一〇二二）五月下旬からまた天皇が病になり、三十日には重体になった。心誉《しんよ》僧都《そうず》が邪気を女房に移したところ、天皇の心地は良くなったが、邪気の正体はわからなかった。清涼殿で御読経等が行われているが（『小右記』）、この間、彰子は内裏から退出する予定だったにもかかわらず延期している。看病をしていたのだろう。七月、中宮威子が内裏から京極殿に遷ったさい、「大宮（彰子）、以前から寝殿に遷られている」（『左経記』）とあるから、後一条天皇の回復を見届けて、京極殿に遷ったようである。

法成寺行幸

七月、道長は無量寿院金堂・五大堂の新仏開眼供養を行う。寺号を法成寺《ほうじょうじ》と改め、額は権大納言行成が書いた。伽藍を備えた大寺院である。彰子と威子は京極殿から、妍子と禎子内親王は枇杷殿から遷っている。翌日、准御斎会宣旨《ごさいえせんじ》が出て、公的な御斎会に準ずる法会となった。御斎会とは、毎年正月八日から十四日までの七日間、宮中の大極《だいごく》殿《でん》において盧舎那仏《るしゃなぶつ》と観音・虚空蔵菩薩《こくうぞうぼさつ》などを安置し、学僧が国家安寧《あんねい》・五穀豊穣《ごこくほうじょう》を祈る講会である（吉江崇『日本古代宮廷社会の儀礼と天皇』）。天皇は鳳輦に乗り行幸する。一人での行幸は初めてである。東宮は糸毛車《いとげくるま》で行啓するが、車の簾が厚く、熱が籠もってのぼせてしまい、冠や足袋などを脱ぎ、直衣《のうし》姿になり、口に氷を含んでいる（『小右記』）。太陽暦では八月二十四日にあたるから、晴天の京都は相当暑かったに違いない。天皇と東宮は金堂の西廊、三后（彰子・妍子・威子）・尚侍《ないしのかみ》嬉子・禎子内親王・倫子は金堂西方に座った。小一条院以下、公卿・殿上人たちはほとんど参加している。

権威を示す開眼供養

不動明王像（東福寺同聚院所蔵）
道長発願の仏像で唯一現存するもの．はじめ法性寺五大堂に安置された．

そして仏法護持、鎮護国家を目的とした金堂の本尊大日如来像《だいにちにょらいぞう》などの開眼供養がはじまる。導師は延暦寺座主《ざす》の権僧正《ごんのそうじょう》院源、咒願《じゅがん》は興福寺別当《べっとう》の大僧都林懐《りんかい》で、他百五十人余の僧侶ら、多様な宗派の僧侶が招かれた。池では竜頭鷁首《りょうとうげきしゅ》の舟で演奏が行われ、季節の植栽の庭園を舞台に、華やかで壮麗な開眼供養が行われる。これは、『栄花物語』では巻十七「おむがく」全部があてられ、詳細に記録されている。巻十八「たまのうてな」では地上の極楽浄土として描かれている。法成寺建立には、道長や親族、上達部・殿上人・僧綱《そうごう》・諸大夫等のみならず、「雑《ぞう》人《にん》・雑女《ぞうじょ》が同心し合力し、あるいは土を持ち、あるいは木を運んだ」（『左経記』寛仁四年二月十五日条）と庶民も力を合わせている。いわば貴族から庶民までに賦課をかけた寺院だった。試楽《しがく》のさいには庶民も見物しており、極楽浄土演出の後ろに道長の権勢を悟ったに違いない。

　女性たちは翌日、輦車《れんしゃ》で法成寺諸堂を見て回る。阿弥陀堂で拝礼し、金堂、五大堂、三昧堂《さんまいどう》、十斎堂《じつさいどう》・経蔵《きょうぞう》と廻り、鐘楼《しょうろう》では上層に上り、常行堂《じょうぎょうどう》を見物した（『諸寺供養類記』所引『権記《ごんき》』）。道長と正妻倫子とその娘たちの最後の輝かしい一日だった。

法成寺・土御門第模型（京都市歴史資料館所蔵）

観音院御堂の供養

十月、彰子は仁和寺観音院に御堂を建立し、堂具もすべて新調し、百僧を招いて、盛大に供養を行った。道長の法成寺金堂供養と同じく、前日に天皇から准御斎会宣旨が下され、宮中御斎会に準じて荘厳に行われた（『小右記』）。宇多源氏《うだげんじ》の氏寺である仁和寺は、宇多法皇の皇子敦実《あつみ》親王が継ぎ南御室を観音院としていたが、長保《ちょうほ》三年（一〇〇一）三月に焼けている（『権記』）。寛弘《かんこう》元年（一〇〇四）二月には、道長が観音院、中宮御堂の工事現場を見ており、寛弘四年（一〇〇七）に阿闍梨《あじゃり》四口が置かれ（『御堂』）、観音院は「すでに中宮の御願たり」（『東寺要集《とうじようしゅう》』願文・大江匡衡《まさひら》作）とあるから、彰子は中宮時代に観音院を再建していた。なお倫子は寛弘七年（一〇一〇）三月に観音院に灌頂堂《かんじょうどう》を建立している（『御堂』、『紀略』）。

氏長者として

この観音院御堂の供養には、道長・頼通の他、多くの公卿が参入し、倫子・嬉子らが見物する中、天皇や妍子・威子らからも諷誦《ふじゅ》が寄せられるが、彰子は物忌《ものいみ》で行啓していない。彰子の寺院建立の初見が、「外家の風塵を継ぐ」（『三僧記』）ため、すなわち母方の氏寺内だったことは、「外家」との外来用語を使用しつつも、血縁意識が父方・母方双方に対し対等に近かったことを示しており、当時の血縁意識解明にとって極めて重要な実態である。のちの承暦《じょうりゃく》四年（一〇八〇）八月二十日、仁和寺第二世性信法親王《しょうしんほっしんのう》から権中納言源経信《つねのぶ》に、次のような問い合わせがあった。「仁和寺の庫倉や円堂《えんどう》の経蔵の破損がひどい。以前は上東門院彰子の使者が開閉に立ち会っていたが、女院没後、誰が仁和寺宝蔵《ほうぞう》の管理をすべきかわからない。経信が管理すべきではないか」（『帥記《そちき》』）。彰子の外祖父である源雅信《まさのぶ》は宇多天皇の孫で、経信の祖父重信《しげのぶ》は雅信の弟である。彰子は、宇多源氏の子孫のなかで最高身位ゆえに氏長者《うじのちょうじゃ》的存在で、宇多源氏の氏寺仁和寺を管理していたという（田島公「典籍の伝来と文庫」）。当時は、父方・母方双方から帰属が承認される血縁意識だったのである。後三条天皇の血縁意識を検討するさいに再論することになろう。なお、性信は、三条天皇の皇子師明《もろあきら》親王で、寛仁二年（一〇一八）に仁和寺で出家し、後に受戒《じゅかい》して、勉学と厳しい修行に励み、空海の再来と尊敬され、大御室《おおおむろ》と呼ばれた僧である。

三　望月の余韻

朝覲行幸

治安三年（一〇二三）正月二日、京極殿（土御門第《つちみかど》）にいた彰子に、後一条天皇と東宮が朝《ちょう》覲《きん》行幸啓する。前年まで一緒に内裏にいたので、内裏外にいる彰子への朝覲行幸は初めてで、京極殿では、入道道長が彰子と天皇・東宮の御簾《みす》内に召されている。その後、饗餞・御遊等があり、本来東宮の御膳には敷物がないにもかかわらず彰子の命で敷かれている。二人を同じに扱いたかったのであろう。そして天皇・東宮には母后彰子から贈り物がある。さらに勧賞《けんじょう》では、長家に正三位、嬉子に従二位、乳母典侍《ないしのすけ》豊子に従三位、乳母典侍美子に正四位下、頼子に従五位下が叙位されている（『小右記』）。天皇・東宮に従った女房たちであろう。

禎子の裳着

四月、皇太后妍子と禎子内親王は枇杷殿から彰子の京極殿に行啓し、禎子内親王の裳《も》着《ぎ》を行う。内親王の異母兄弟の敦儀《あつのり》親王・敦平親王も参列している。彰子が、内親王の裳の腰を結う（『小右記』）。『栄花物語』巻十九「御裳ぎ」には、妍子から腰結役の彰子へ上等の綾織物を金銀で縁取りし蒔絵をした筥に入れて差し上げ、髪上役の典侍豊子には、衣筥二つに装束・裳着に新調した調度類一式、屏風・几帳《きちょう》・二階棚の御厨子《みすし》・硯筥《すずりばこ》・櫛筥・香炉・半挿《はんぞう》・盥《たらい》・畳まですべて与え、彰子の女房や宮司・下仕にまで被物《かずけもの》や絹を下賜したことが詳しく記されている。わざわざ京極殿まで来て裳着を行ったのは、父を亡くした禎子内親王の後見人が天皇家家長の彰子であることを貴族社会に示すためである。内親王は翌日一品に叙され、枇杷殿へ還っている。

倫子の病気

四月、彰子と京極殿で同居していた倫子が病気になり、妍子と威子が見舞いに訪れ、嬉子も還っている。土御門殿（京極殿）で田植えを見た『栄花物語』巻十九の記事もこの頃であろうか。五月には、彰子と威子が同輿して参内しているので、病気は回復したのであろう（『小右記』）。

倫子六十算賀の準備

九月には、彰子主催の倫子六十算賀《さんが》の準備がスタートする。実資の養子資頼《すけより》には、法成寺南面の垣八本を、さらに、彰子から綾褂二重の用意を命じられている。また、三后の彰子・妍子・威子たちは、それぞれ自分たちが用意する造仏・写経、請僧の禄や装束、楽人らの禄等を各宮司などに割り当てる。実資の養子資平《すけひら》は皇太后宮権大夫なので、妍子から尼の夏の装束の用意を命じられる。資平は宮司だからわかるとして、資頼はどうしてだろうか。これはじつは、任官へのいわば口利き料である。資頼の任官を実資は道長や頼通に頼み、資頼が伯耆守に決まり喜んだ実資は、道長や頼通にお礼参りをするように指示している（『小右記』）。大宰大弐《だざいのだいに》を希望した大富豪の惟憲《これのり》などは「公家（天皇）に千石、禅室（道長）に万石、関白（頼通）三千石、宮々（彰子・妍子・威子）・北方《きたのかた》（倫子）・尚侍（嬉子）・一家大臣・大中納言ら皆に献ず」（『小右記』十一月十八日条）と並大抵ではない。妻の後一条天皇乳母の典侍美子から天皇や彰子へ口添えもあったろう。惟憲はおかげで莫大な収入をもたらす大宰大弐に任じられ、ついに正三位に叙される（『小右記』）。

閏九月、彰子は行成に屏風を（『左経記』）、十月には、願文の清書を（『治安御賀部類記《じあんおんがぶるいき》』所引『権記』）命じる。実資には頼通から僧膳奉仕が要請され、高坏《たかつき》十二本、机二十前、大破子《わりご》五荷、手作布五十端を出している（『小右記』）。

華やかな六十算賀

十月十三日、いよいよ当日を迎える。三后と禎子内親王、嬉子、倫子が京極殿母屋の御簾の中に座り、散花・僧等の大行進・舞楽《ぶがく》と続き、最後に童が舞う。頼宗の男兼頼《かねより》が舞った納蘇利《なそり》は、小さく自由自在に、まるで鳥が舞うように、「変化のもののよう」（『栄花物語』巻二十）で賞賛をあびた。舞終了後、道長が兼頼の舞師多政方《おおのまさかた》に着ているものを脱いで与えると、頼通・実資・教通以下、多くの卿相《けいしょう》が同じように与える（『治安御賀部類記』所引『権記』）。盃酒《はいしゅ》・管弦・和歌・禄等があり、彰子主催の倫子六十算賀は華やかに滞りなく終了した。妍子と威子はそれぞれ還っている（『本朝文集《ほんちょうもんじゅう》』、『玉葉和歌集《ぎょくようわかしゅう》』）。

行幸延期の上申

十二月、道長と頼通は、来年の正月朝覲行幸を中止して、四月に彰子がまず頼通の高《か》陽院《やのいん》に渡り、その後天皇の行幸を仰ぐことを決めており（『小右記』）、のち九月に変更されている。摂政頼通邸へ天皇の行幸を仰ぐことは、頼通政権安定化のためである。国母彰子が居住するゆえに行幸が可能であり、彰子は摂関家一家にとって貴重な存在だった。

彰子への拝舞

万寿《まんじゅ》元年（一〇二四）正月三日、頼通が卿相を率いて太皇太后彰子宮で拝舞《はいむ》する。その後、皇太后姸子宮のもとにも行くが、拝礼はない。実資は、国母彰子だけが天皇と同様の拝舞を受けると確認している（『小右記』）。国母は天皇と同等の位置にいた。

行幸

延期されていた行幸は九月に行われた。彰子は後一条天皇を迎えるために、京極殿から高陽院に遷る。高陽院は、治安元年九月には一応完成しており、「高大荘麗で比べようもない」と実資は驚いている（『小右記』）。その後も宮中諸司、羅城門《らじょうもん》や寺々などからの略奪的調達も含め大石を運び大規模な作庭が行われていた（上杉和彦「平安時代の作庭事業と権力」）。高陽院では、道長が権威を示すために行った競馬《くらべうま》を頼通が継承するが、国母彰子の存在が道長—頼通の摂関継承をより確実なものにする。『栄花物語』巻二十三「こまくらべの行幸」は、ほぼ一巻をこの行事にあてている。さらに鎌倉時代の『駒競《こまくらべ》行幸絵巻《ぎょうこうえまき》』は、この日の行事を描いたものである。もっとも、このときの高陽院は長暦《ちょうりゃく》三年（一〇三九）に焼亡しているが、長久《ちょうきゅう》元年（一〇四〇）に再建されたさいの庭園作成者の『作庭記《さくていき》』が残されている。

再度の行幸中止

十二月、道長は、「明年の朝覲行幸は、北野社行幸から間が短いので中止するように、彰子から天皇に奏上するように」と頼通に命じている（『小右記』）。負担軽減のためであろう。

通房の誕生

摂関家の宴会（『年中行事絵巻』より）

万寿二年（一〇二五）正月十日、関白頼通と正妻隆姫が引き取り女房にしていた故源憲定《のりさだ》二女との間に、待望の男児が誕生した。通房《みちふさ》である。第七夜には、彰子・妍子・威子から産着《うぶぎ》などが贈られ、殿上人二十数人がやってきて祝っている。五十日《いか》儀では、京極殿で彰子が餅を含ませている。「七日がすぎたら、道長の邸宅に迎えさせた」（『栄花物語』巻二十四）、とあるように道長が引き取り、京極殿で育てられた。四月には、彰子御所で百日《ももか》儀が行われている。彰子は生涯にわたり、道長子孫を慈しみ養育し続ける。

妍子主催の大饗

正月二十三日、妍子が枇杷殿で皇太后大饗《だいきょう》を行った。関白頼通、右大臣実資はじめ上達部たちの拝礼の後、饗宴がはじまり、管弦・雅楽が繰り広げられた（『左経記』）。「柳・桜・山吹・

紅梅・萌黄の五色」を取り交わし、三色で十五枚以上の袿《うちき》など豪華絢爛な衣裳を身につけた女房たちが出衣《いだしぎぬ》を得意げに見せる。道長が、「大宮彰子と中宮威子は、女房の服装を六枚以上はお着せにならないから大変結構だ。この皇太后妍子は、大変困ったことをする」と話していたことを思い出し、頼通は妍子に説教する（『栄花物語』巻二十四）。案の定、翌日道長から頼通が叱責される。妍子は、過差禁制など何食わぬ顔である。過差破り、秩序破りをすることで父道長や姉彰子への異議申し立てを行ったのではなかったろうか。二月にも、妍子が懸物《かけもの》を出し小弓・蹴鞠《けまり》の興や饗餞をしている（『小右記』）。

寛子と嬉子の死

七月に小一条院女御《にょうご》寛子が亡くなる。二十七歳だった。また、八月には親仁《ちかひと》（後の後冷泉《ごれいぜい》天皇）を出産したあと、赤裳瘡のために東宮妃嬉子が亡くなっている（『小右記』）。十九歳だった。一ヶ月余で寛子と嬉子の二人の娘を亡くした道長は、十一月、嬉子のために法成寺に三昧堂を建立し、銀仏像を安置して菩提供養している。しかし、次妻明子が産んだ寛子への供養記事はみあたらない。

嬉子の死をめぐっては、大変興味深い史料がある。まず、魂呼《たまよび》である。陰陽師が屋根に昇って嬉子の魂を呼び戻す所作をしており、また凶変の前兆の雲（不祥雲）が漂っていたという（『小右記』八月七日条、『栄花物語』巻二十五）。第二に、邪気と穢《え》の関係である。邪気を調伏《ちょうぶく》する加持《かじ》はやめて、神には祈願をすべきだった、とある(『小右記』)。邪気や霊を調伏する加持は験があったが、穢の対極にある神への祈願がなかったので死亡したと考えられていた(片岡耕平『日本中世の穢と秩序意識』)。従来、穢は邪気がもたらすとされていたが、穢と邪気は別だったのである。

第三に、嬉子を法興院《ほうこういん》に移すさい、関白頼通たちは藁靴《わらぐつ》を履き、歩いて棺の後に従っており、新しい葬送参加だったことである。「往古例なし」(『小右記』)と実資が記すように、それまでは、親族たちは葬送行列に従っていなかった。この頃から、親族も葬送に従い、死穢に積極的に触れて籠もるようになる。親族意識の変容期だった。

赤裳瘡の流行

嬉子を襲った赤裳瘡は、この頃またもや猛威をふるっていた。「天皇の侍臣で年少の輩が多く煩っているということだ。赤裳瘡は、広く京洛に満ちている。誠に凶年と言うべし」(『小右記』七月二十七日条)と、免疫のない年少者が罹る。八月には、後一条天皇も罹っているが、数日後には回復している(『左経記』、『小右記』)。

和泉式部の娘を悼む歌

十一月頃、彰子に仕えていた和泉式部女の小式部内侍が亡くなった。三十歳前後だった。彰子は和泉式部に、「冥福を祈るために写した経文の表紙にするので、故小式部の露の模様のある唐衣を送って欲しい」と連絡する。送られてきたとき唐衣に歌が添えてあったので彰子が返した歌がのこっている。

おもひきやはかなくおきし袖のうへの露《つゆ》をかたみにかけん物とは（思ってもみませんでした。はかなく置いた、唐衣の袖の上の露をあのひとの形見として、あなたとお互いに、袖の上の涙をかけることになるだなんて）

（『新古今和歌集』第八哀傷歌、七百七十六番）

形見の唐衣の模様の露に涙を重ねた、と歌う。仕えた女房への追善供養を果たす彰子、「その言葉に素直で誠実な個性が伝わる」（今野鈴代「上東門院彰子と和歌」）歌である。「年ごろ賜与していた衣を亡き後も渡していた」（『金葉集』巻十雑下）と、小式部没後も彰子の心遣いは続いていた。女房との絆を大切にする彰子の姿がある。

四　女院となる

最後の大饗

万寿三年（一〇二六）、彰子は内裏弘徽殿で正月を迎え、二日には後一条天皇が彰子の御簾中で、東宮は御簾前で拝舞する。その後、関白頼通ら殿上人が拝舞して二宮《にぐうの》大饗が行われるが、これが彰子最後の大饗となる。その後、内裏より京極殿（上東門第）に退出している。

正月十九日、彰子は天台座主院源を戒師として「丈に一尺余ばかり」（『栄花物語』巻二十七）の長い髪を削ぎ、出家して清浄覚となる。このときの赤染衛門の歌がある。

彰子の出家

女院のあまにならせたまひし日

なげかじとかねて心をせしかどもけふになるこそかなしかりけれ（嘆くまいと、あらかじめ心の用意をしていましたけれど、とうとう今日その日にあたり、実に悲しみに耐えませんでした）

（『赤染衛門集』五百八十五番）

院号は上東門院

道長は、「東三条院の宣下を踏襲したほうがよい」との実資の意見を利用しつつ、院号賜与と同時に経済的特権である年官年爵《ねんかんねんしゃく》権を獲得させる（高松百香「女院の成立」）。院号名は御在所にちなみ上東門院とすること、職司は、別当・判官代《ほうがんだい》・主典代《しゅてんだい》とすること、年官年爵・御菜・御封・御季御服等は今までどおりとすること、などの宣旨が出される。京極殿は、上東門第とも呼ばれていたので院号は上東門院と決まった。太皇太后時代の宮司、大夫源俊賢《としかた》、権大夫藤原経通《つねみち》、亮源済政《なりまさ》、大進藤原頼明《よりあき》、権大進源行任《ゆきとう》と異母弟頼宗《よりむね》の六人が別当に、さらに判官代四人、主典代四人が決まる（『院号定部類記《いんごうさだめぶるいき》』所引『権記』）。東三条院の院号宣下のときより整った組織である。ただし、陣屋や火焚屋《ひたきや》は撤去されている。暮れから正月にかけて彰子が内裏に参入したのは、天皇と東宮の二人の息子たちへの説得だったろう。道長をはじめ倫子や女房、宮司たちは「涕泣雨の如し」（『院号定部類記』所引『小右記』）だった、とある。

出家の理由

なぜ、彰子は出家したのか。『栄花物語』は、前年の嬉子や異母妹寛子、異母弟長家の妻斉信《なりのぶ》女、さらに小式部などのゆかりの人々の死を受けて、「世の無常が一段と思い知らされるにつけても、『ぜひ早く出家したい』と思い急がせられる」（巻二十七）と記す。四十歳を目前にして、世の無常を痛感し、早く仏にすがりたいと考えたという。髪削ぎをし、妍子と威子から贈られた尼装束を着ける。

女房も出家

このとき女房たちも一緒に出家している。弁内侍《べんのないし》藤原義子は彰子の母方の叔父源扶《すけ》義《よし》の妻で、宮の宣旨源陟子は醍醐《だいご》天皇の皇子兼明《かねあきら》親王女で敦成《あつひら》親王出産後の最初の内裏参入では中宮彰子と同輿しており（『紫式部日記』）、大輔命婦は大江景理《かげまさ》の妻で、雅信家女房だったが彰子入内から女房になった古参である。「土佐門（土御門）」（『左経記』）は「中将」「少将尼」と同一人物で藤原道雅《みちまさ》の女ではないかとされている。この四人と出自不明の少将内侍と筑前命婦の二人の女房、あわせて六人が一緒に出家している（『小右記』、『左経記』、『権記』、『栄花物語』巻二十七）。

吉例として継承

なお、保延《ほえん》七年（一一四一）三月、鳥羽上皇が出家するさい、「万寿年間に上東門院が出家した日の使者は、蔵人頭を用いられた。近くの吉例につき、この度も蔵人頭を用いられる」とあり、また嘉応《かおう》元年（一一六九）六月の後白河《ごしらかわ》院出家のさいも「万寿上東門院御出家の日、蔵人頭をもって天皇に申しあげた。（中略）吉例により蔵人頭を用いる」（ともに『兵範記《へいはんき》』）と、上東門院出家が吉例として男性の院に継承されている（高松百香「院政期摂関家と上東門院故実」）。摂関政治から院政への橋渡し役として、女院の重要性を再確認しておきたい。

権威の継続

その後彰子は、三月に内裏に参入している（『左経記』）。四月には、京極殿で殿上始《てんじょうはじめ》を行っている。「凡そ昇殿を許される者九十二人〈天皇と東宮の殿上を許されている者は、全員許される〉」（『院号定部類記』所引『宇治殿（頼通）御記』）とあるように、女院となっても多くの殿上人を出入りさせることによって権威を保ち続ける。

軟弱な後一条

五月頃から天皇は病気になる。「左右の股と肩が腫れている」「動かれるとき、痛がっていらっしゃる」「夜半におよぶと、御胸を悩ましめ給う」（『左経記』四日・五日条）とあり、最初は寸白《すばく》だと診断されるが、他の病気だとされ治療を行っている。数日後には平癒するが、閏五月にも病気が続き、加持の功により権大僧都心誉に封戸《ふこ》を賜与しているから、月末には回復したようである。母彰子と違って天皇は虚弱体質で病気が多い。

ふくらむ皇子誕生への期待

七月、女院彰子が調進し、関白頼通が加持させた御帯を、懐妊中の中宮威子は自ら腹に巻いている（『左経記』）。二人の皇子を生んだ彰子からの帯となれば皇子誕生の期待が膨らもう。内裏では七月末から間断なく不動調伏法を行っており、彰子も威子の御産のために心誉に不動調伏法を修させている。吉田祭には、彰子が東宮を出産したときと同じように威子から饗禄敷設等を送っている。もちろん皇子誕生の期待である。しかし、十二月に生まれたのは、皇女（章子内親王）だった。「本意とは頗る相違とはいえども、平安に誕生したのを悦びとなす」とは、中宮権大夫経頼《つねより》の本音であろう。中宮庁主催の五夜では、饗宴の最中、道長は御簾の中からすぐ出てきて、管弦や和歌などの御遊をしており、妍子が禎子内親王を出産したときの産養《うぶやしない》のような冷ややかさはない。東宮に皇子が生まれていたからかもしれない。十四日に勅使蔵人資房《すけふさ》が御剣を持参している。父の天皇主催の七夜にも管弦・和歌の饗宴が賑やかで、彰子が参加者に禄を与えている（『左経記』）。翌年正月三日の夜に、中宮威子は章子内親王と一緒に参内する。二十九日には天皇渡御のもと飛香舎《ひぎょうしゃ》で五十日儀、二月十一日内親王宣下と別封《べっぷう》百戸の宣旨が下されている（『小右記』）。

壮年期

後一条天皇の独り立ちを見届けた彰子は、出家することで故一条院や故嬉子たちを供養する心の平安を求めた壮年時代だったといえよう。しかし、まだ彰子の生涯は半分も過ぎていない。後半生は、出家姿で天皇家と摂関家を支え続けることになる。

第七　天皇家と摂関家を支えて

一　道長の死

老人となる

万寿《まんじゅ》四年（一〇二七）、彰子は四十歳になった。当時は老人の仲間入りである。正月元旦、快晴の中、彰子への拝礼が行われている。三日には、後一条《ごいちじょう》天皇と東宮が京極院《きょうごくいん》に朝覲《ちょうきん》行幸啓する。行幸の途中、中御門《なかみかど》大路・富小路より火が出て、強風により法興院《ほうこういん》や安《あん》養院《よういん》等千余家が焼けるという多難な年の初めだった（『小右記《しょうゆうき》』、『紀略』等）。

道長の体調不良

九日には、彰子参加のもと、道長は法成寺《ほうじょうじ》で修正会《しゅしょうえ》を行うが、この頃から道長の体調が悪化する。彰子は、物気に取り憑かれ、大声を出し涕泣する道長を度々見舞ったり、念仏を修したりしている（『小右記』三月八日・二十一日条等）。翌月には東宮も瘧病《ぎゃくびょう》に罹る（『小右記』）。彰子は、驚いて石山寺座主《いしやまでらざす》深覚《しんかく》に内裏で加持をするように令旨《りょうじ》をだした（『石山寺縁起《えんぎ》』）。

禎子の入内が決まる

三月、禎子内親王が東宮敦良《あつなが》親王へ入内することが決まる。教通《のりみち》は娘の生子の入内を希望していたが、道長と頼通《よりみち》に阻止され嘆息する（『小右記』）。年齢からいえば禎子内親王の方が相応しく、道長が積極的だった。ただし、病の妍子は娘の婚礼に立ち会えなかった。

妍子の病気と死

五月、明子所生の入道顕信《あきのぶ》三十四歳が亡くなる。また、天皇は攪乱、妍子は頸と肩の激痛など、病が襲う。「故堀河左府（顕光《あきみつ》）・尚侍《ないしのかみ》（嬉子）の霊などが出てきた」（『小右記』）。顕光はともかく、なぜ嬉子の霊が出てくるのだろうか。禎子内親王の東宮入内ゆえだろうか。禎子内親王は母妍子を見舞うものの、妍子は食事も取れない状態になった。その後も修法を続けるが、七月には、手足に浮腫をきたし重篤になっている（『小右記』）。

道長は法成寺に釈迦堂を建立し、釈迦如来《しやかにょらい》百一体を安置しており、彰子も臨席している。八月には、重篤になった妍子が法成寺に移り、最後の仏頼みの修善《しゆぜん》を行い、法成寺釈迦堂供養には、彰子もともに臨んでいる（『小右記』）。しかしそのかいもなく、妍子は九月に、母倫子新造の京極院今南に移り、十四日の未刻に出家し、亡くなってしまう。三十四歳だった。道長や頼通など一家の哀泣の間、実資《さねすけ》は言葉もかけられず退出している（『小右記』）。妍子は、木幡《こはた》の基経《もとつね》子孫の一門の墓地に葬られた。道長は病気をおして歩行で従い、物忌《ものいみ》だった関白頼通を除き、教通以下も従っている（『小右記』）。十月には法成寺阿弥陀堂《あみだどう》で七七日《なななぬか》法要が営まれている。

二年前の万寿二年（一〇二五）七月に寛子、八月に嬉子、今年の五月に顕信、九月に妍子と、四人の子どもたちに先立たれ、失意の道長の病はますます重くなる。十月には、「道長の御心地が堪えがたい様子である。痢病《りびょう》ということだ」（『小右記』）という。彰子、威子、頼通たち一家は法成寺をはじめとする諸寺で様々な読経を行い、病気平癒を祈り、毎年の華やかな五節試楽《しがく》や神楽《かぐら》などの朝廷行事も中止された。十一月、飲食も受け付けなくなり、背に腫れ物があっても治療ができず、下痢が激しく、汚穢がひどい状態だった。法成寺阿弥陀堂の正面に移ると、後一条天皇が行幸し、法成寺に封戸《ふこ》五百戸を施入している。彰子と威子は「同所にいらっしゃる。道長のそばか」と道長に寄り添って看病している。東宮も見舞いに訪れる。十二月になり医師の丹波忠明《たんばのただあき》が背の腫物に針を刺すと、膿汁と血が少々出た。このとき道長の叫び声は極めて苦しげだった。すでに入滅したとの噂も流れるが、まだ胸は温かく頭を動かしている。しかし、四日の晩頭には、道長はまだ生存されている様子で不断念仏を怠っていないとあるものの、夜半には「禅室入滅す」との知らせがある（『小右記』）。六十二歳だった。「阿弥陀如来の手を通した五色の糸をしっかり握って、北枕に西を向いて臨終した」（『栄花物語《えいがものがたり》』巻三十）などの穏やかな往生姿はもちろん創作だが、念仏を唱えながら臨終したことは確かだろう。

死因

道長の病は飲水病、今の糖尿病だった。糖尿病は、口が渇き水を大量に飲む口渇、頻尿、やせ細る羸痩《るいそう》、脱力感といった身体症状の他、不機嫌、怒りっぽさ、抑鬱《よくうつ》など精神面で異常をきたし、権力欲や金銭欲への亢進《こうしん》や執着がみられるそうである。「栄光と権勢の絶頂にあった道長も、じつは糖尿病でやせ衰え、白内障で人の顔も見えず、心臓病の発作に苦しみ、亡霊に脅かされ、さいごは癰《よう》の激痛にさいなまれ、心身ボロボロになって、悶死したのである」（立川昭二『病いと人間の文化史』）。

行成の死

同じ日に道長を支え続けた藤原行成《ゆきなり》も亡くなる。五十六歳だった。行成は一日より病になり、四日に頓死《とんし》したという。今でいえば大往生だろうか。道長は鳥部野《とりべの》で荼毘に付され、木幡にある一門の墓地に埋葬された（『小右記』）。火葬場までは、頼通他親族の男性が、「やんごとない孝子の例である。表衣の上に素服《そふく》を、冠の上に布頭巾を着用し、歩行」（『左経記《さけいき》』長元《ちょうげん》元年〈一〇二八〉正月十七日条）している。前述のようにこの頃から男性親族が棺の乗る車に歩行で従う慣例が定着する。彰子は、威子とともに土殿に座し、早めの四七日法要を極楽浄土図を掲げ法成寺で行った。法成寺では毎日のように法要が続けられている。

彰子の祈り

支えだった父道長、性格は違い政治的にはある意味彰子の犠牲になったとも思える妹妍子、繊細で純粋だったゆえに出家した異母弟顕信たちの旅立ちを見送り、仏に祈りを捧げ続けた彰子の一年はこうして終わった。ついに彰子の四十算賀《さんが》は行われなかった。

諒闇の正月

長元元年（一〇二八）正月、天皇の外祖父の道長没後の諒闇《りょうあん》で、新年の行事はほとんど平《ひら》座《ざ》、すなわち天皇不出御で行われた。法成寺では道長、世尊寺《せそんじ》では行成の七七日が行われる。その後、彰子と中宮威子、倫子は、法成寺から京極院に還っている。中宮亮経頼《つねより》は、中宮威子の御在所を用意するが、「黒染の簾《すだれ》・鈍色《にびいろ》（灰色）絹縁の帽額《もこう》、濃き鈍色壁《かべ》代《しろ》・御帳……」（『左経記』）など、すべて鈍色の調度類だった。

道長の遺産を分けあう

その後、法成寺御堂に頼通・教通・頼宗《よりむね》・能信《よしのぶ》・長家《ながいえ》が集まり、道長の馬の遺産処分が行われる。正妻倫子所生の頼通は五疋、教通は四疋、明子所生で倫子養子の長家は三疋、明子所生の頼宗・能信は各二疋で、他は僧や家司《けいし》に分与されている（『左経記』）。四月には、道長の帯剣や香・帯などが分配され、帯は道長の遺言に基づき天皇と東宮に献上されている。さらに、雑物・庄園・牧など法成寺に寄進した残りを子どもたちに分けている（『左経記』）。

彰子を頼る頼通

三月に頼通は比叡山根本中堂《こんぽんちゅうどう》に七日間参籠《さんろう》し、故道長の仏具等を経蔵《きょうぞう》に納め、供養のために薬師経《やくしきょう》供養や千僧供等を行っている（『左経記』、『門葉記《もんようき》』）。四月、頼通は、彰子を通して、疾病と旱魃《かんばつ》への対策のために大極殿《だいごくでん》で大般若経《だいはんにゃきょう》転読を行うよう奏上している（『左経記』）。このように道長亡き後、頼通が彰子に頼る例が増える。

天皇を輔佐

五月に彰子は関白頼通第の高陽院《かやのいん》に遷っている。部屋の調度はまだ黒一色であるが、嬉子の忘れ形見の東宮王子親仁《ちかひと》を養育している。その後内裏の弘徽殿《こきでん》に入り、上御闥に遷る（『左経記』）。出家して上東門院になっても清涼殿《せいりょうでん》の上御闥に御在所があり、天皇を輔佐していた。

水害

この年、大風雨で諸門や右近衛府《うこのえふ》庁舎などが転倒し、夜には賀茂川の堤が切れ、京極院や法成寺は海の如く水浸しになり、塔は傾き、再建する以外なくなってしまう。紙屋河の水も氾濫し、堀河に入り多くの宅を流した（『小右記』八月）。九月、法成寺阿弥陀堂で妍子の周忌法事が行われ、その後、彰子が高陽院より京極院に遷っているから、水も引いたのであろう。

なお、実資は道長没後の初の京官除目《じもく》で、養子資平《すけひら》の昇進を頼通に要請するが、頼通は「意向は許容したが、なお女院（彰子）に申すように」と命じている（『小右記』八月二十五日条）。人事に関する彰子の権限がうかがえよう。

道長の一周忌

十一月には、法成寺で故道長の一周忌法会がはじまり、彰子も参加している。同じ頃、西洞院南鷹司より火が出て、「北西の大風が吹き、炎が雨のように飛んだ」、枇杷殿はじめ大小宅が悉く焼亡したため、枇杷殿にいた禎子内親王も法成寺に移っている。十日には、中宮威子から禎子内親王に、櫛筥《くしばこ》一双・硯《すずり》筥一具が火事見舞いとして贈られている（『左経記』、『小右記』）。法成寺にいる彰子は息子東宮の妻で姪でもある禎子内親王を世話したことだろう。十二月には故道長一周忌の正日法会を終え、彰子はじめ親族は除服《じょぶく》し、彰子と頼通は、父道長の墓地木幡に荷前《のさき》を捧げている（『左経記』）。道長供養の一年だった。

威子の出産

長元二年（一〇二九）、道長の子どもたちは心の中で喪に服する心喪《しんそう》中なので、家拝礼もなく元旦節会《せちえ》にも参加しない（『左経記』長元元年十二月三十日条）。彰子への拝礼もなかったらしい。十六日には、天皇の朝覲行幸がある（陽明《ようめい》文庫所蔵『勘例《かんれい》』）。二月、威子は皇女（馨子内親王）を出産する。またもや皇女である。叔母と甥との近親婚ゆえ男児誕生率は低い。「宮人気色、はなはだ以て冷淡」（『小右記』）。天皇主催の第七夜には、彰子から装束筥二合が贈られている。公卿・殿上人《てんじょうびと》たちの参加は多いが、「満座飲まず。太だ冷たし、太だ冷たし」（『小右記』）と盛り上がらない。皇女を出産したときの周囲の反応は千年後も同じであったが、産婦の心中はいかばかりであったろう。

頼通の法華八講

閏二月には、頼通が高陽院で故道長のために法華八講《ほっけはっこう》を修しており、彰子も参入している（『紀略』）。また、彰子は、大宰府相撲使《だざいふすまいのつかい》に右近衛府生下毛野《しもつけの》光武を任命するように関白頼通に命じている。光武は故道長の随身《ずいじん》で、道長退任後も常に側近として奉仕していたが、最近は府生《ふしょう》の仕事を真面目にやっておらず、しかもすでに扶宣《すけのぶ》が申文《もうしぶみ》を出していた。しかし、結局、相撲の責任者である実資が光武を大宰府相撲使に任命する（『小右記』）。じつは、光武は、万寿二年にも大宰府相撲使になっており、このときは、倫子が実資に推挙して決定している（『小右記』万寿二年二月十一日、十六日条）。こうした一家に奉仕する下級官人への配慮は、母倫子からも学んだようである。部下掌握術である。

禎子を支える摂関家

六月には、東宮妃の禎子内親王が御産のために内裏から権中納言源道方《みちかた》の四条坊門高倉第に退出している。道方は、倫子の叔父重信《しげのぶ》男で敦成《あつひら》親王家蔵人別当《くろうどべっとう》や妍子の皇太后権大夫を歴任しており、摂関家と関わりが深い。父母を亡くした禎子内親王は摂関一家に支えられていたことを強調しておきたい（『小右記』）。

頼通の病気

九月には関白頼通が病になり、陰陽師の占いを受け、前因幡守源道成《みちなり》宅に移った。

「南院《なんいん》は、関白道隆《みちたか》が亡くなったところである。頼通一家は怨敵《おんてき》ではないか。それなのにそのことを忘れ、お住まいになった。万人が奇怪だとしたところだ、天が占い師に云わせたのだろうか」とある。十四日にも、「一昨夜に関白が俄に不覚になり悩んでいる。万死一生（助かる見込みのない危険な状態）」と重病になるが、「常赦《じようしや》」では赦されない重大犯も赦される「非常赦」も行われ、二週間ほど後には治っている（『小右記』）。それにしても、「故道隆は頼通一家の怨敵だ」、との貴族層の共通認識が興味深い。

恒例となった法華十講

十一月三十日から頼通は法成寺十講を開始し、故道長の命日、十二月四日に結願する（『左経記』類聚雑例《るいじゆざつれい》）。以後、法華十講（後には八講）は恒例行事となる。時代のカリスマ故道長を祀ることによって、頼通自身の政治的権威を獲得することが目的だったとされている（遠藤基郎『中世王権と王朝儀礼』）。

二　皇統維持を祈願する

信家の元服

長元三年（一〇三〇）、史料がなく、拝礼や朝覲行幸はわからない。二月には教通長男の信《のぶ》家《いえ》が元服する。関白頼通の養子になっていたが（『紀略』）、頼通には通房《みちふさ》が生まれており、以後、様々な軋轢が生じることになる。三月、彰子御所だった院別当源済政《なりまさ》の三条第が火事で焼け、彰子は高陽院に遷っている。

東北院の建立

八月二十一日、彰子は法成寺境内に東北院を建立し、供養している。願文には、「常行堂《じょうぎょうどう》一宇を建立して、金色阿弥陀如来像《あみだにょらいぞう》、観音・勢至《せいし》・地蔵・竜樹菩薩像各一体を造り奉り、妙法蓮華経《みょうほうれんげきょう》百部を書写し奉る。又、十二口の神像を置き、滅罪生善の行法を修す」（『扶桑略記《ふそうりゃくき》』）と記されている。「沈木や紫檀で高欄を造り、蒔絵・螺鈿を櫛の筥《はこ》などのように施しなさった」（『栄花物語』巻三十二）とあらゆる善美を尽くしていた。御斎会《ごさいえ》に準じる宣旨《せんじ》が出され、実資は僧前を奉仕したが、「往古未だ聞かず」と記している（『小右記』）。権僧正慶命《ごんのそうじょうきょうみょう》に封戸七五戸、大僧都永円《だいそうずえいえん》を法印、済円《さいえん》を権律師《ごんのりつし》（大僧都定基《じょうき》の譲り）への賞は、彰子のご意向による決定であった（『諸寺供養類記』所引『土右記《とゆうき》』）。彰子は二十六日に正式に東北院に移っている。毎年九月十三日夜から十五日に念仏が修され、公卿・殿上人たちが参会している（『帝王編年記《ていおうへんねんき》』）。

苦難の年の幕明け

長元四年（一〇三一）は彰子にとって多事多難な年であった。正月三日、天皇と東宮の彰子への朝覲行幸では、後一条天皇が笛を吹いている。天皇は、「官厨の絹百疋を上東門院に奉るように」と命じているが、実資は「公物で行幸の禄料に充てるのは如何」と疑問を呈している（『小右記』）。母の経済負担を軽減したのであろう。

白河院行啓の中止

三月、彰子が花見の名所の白河院《しらかわいん》に行啓するとの知らせがあり、関白頼通や卿相《けいしょう》たちはあたふたと準備して白河に向かうが、豪雨だったらしく、賀茂川が増水し、結局、彰子の白河院行啓は中止になった。行啓のために禄の女装束を割り当てられた実資が大慌てで用意している。彰子が移動すると多くの人々に影響をおよぼす（『小右記』）。トップに座す彰子は、軽々しく動くことも容易ではない。

惟任の奉仕

除目《じもく》の直物《なおしもの》では、上東門院判官代《ほうがんだい》で蔵人の藤原惟任《これとう》が彰子御給で叙爵している。惟任は、母が道長家司源高雅《たかまさ》女で女院の典侍《ないしのすけ》従三位源懿子で、同母弟の憲輔《のりすけ》ともども彰子に奉仕している。

突然の腰病

七月から彰子は俄に腰を病む。陰陽師恒盛《つねもり》の占いに「御竈神《かまどがみ》・土公《どこう》の祟り」と出て、竈の前で御祓をすると治っているが、御修法《みしほ》は続けられた（『小右記』）。

彰子の参詣準備

八月二十六日から、彰子の生涯で最も華やかなイベント、石清水八幡宮・四天王寺・住吉詣の準備がはじまる。九月二日には、同行する女房・上達部《かんだちめ》・殿上人等の乗船する舟、上下の饗饌、下級奉仕者への食事である屯食《とんじき》、途中で宿泊する仮屋などが、各国守に割り当てられる。魚類の饗、質素にすべき伊勢神宮の託宣《たくせん》、毎日替える共人の衣裳など、実資の非難は限りない。実資の養子美作守資頼《すけより》には、莫大な費用のかかる舟が割り当てられた。美作国は実資の知行国《ちぎょうこく》（五味文彦『院政期社会の研究』、玉井力『平安時代の貴族と天皇』）だったから詳細に記されている（以下『小右記』）。

なお、彰子の参詣準備で多忙の真っ最中の二十二日、「関白が同行しないと女院が参詣を中止するといっているので、参詣終了後にして欲しい」との関白頼通の要請を振り切り、選子内親王は斎院《さいいん》を退下する。選子内親王は村上《むらかみ》天皇の皇女で、母の中宮安子は選子出産直後に亡くなっている。十二歳で賀茂斎院に卜定され、円融《えんゆう》・花山《かざん》・一条《いちじょう》・三条・後一条天皇の五十七年間を斎院として奉仕し、大斎院《だいさいいん》と呼ばれていたが、すでに六十八歳になり出家の願望が強かったようで、留守中の二十八日に出家してしまった。

二十五日、彰子は予定どおり出立する。実資は、娘の千古にせがまれ見物している。

多くは遊楽のためか。万人が経営する。世間の人々は驚くばかりだ。（中略）随身たちの衣装は禁制を守っておらず（華やかで）、王位をおろそかにしている。天下の人、上下が愁歎している。御船の荘厳、唐錦等を張ること、言うまでもない。狂乱の極みというのは、このことを言うのであろう。（中略）今日の御行の方法は、前例も典拠もない。

参詣の行程

とは、実資の感想である。他にも従う人たちの華やかな衣装などが詳細に記される。『栄花物語』巻三十一は同行した女房からの眼差しで記され、同行男女の名前や豪華絢爛たる衣裳、鏡・沈香《じんこう》・紫檀など、舶来品をふんだんに使って飾られた彰子乗船の船の様子のみならず、道程も詳しい。

二十五日は賀茂河尻で船に乗り、山崎で食事をしたあと、石清水八幡宮に参詣し、祓え・舞楽《ぶがく》・経供養などの後、帰船する。二十六日は淀川下りで、江口《えぐち》では「あそび」たちが船で参上して歌っている。二十七日に摂津に到着し、二十八日に住吉社・四天王寺に参詣する。行列を見る土地の人々は、華やかな行列を見て感嘆した。夕方、彰子は、四天王寺の西大門から水平線の彼方に沈む夕日を拝する。「四天王寺の西門に聖徳太子が自ら『釈迦如来が説法したところで、極楽の東門の中心に当たっている』と書いたので、その後、諸人《もろもろのひと》がこの西門から弥陀《みだ》の念仏を唱えることは絶えず、参らぬ人はない」(『今昔物語集《こんじゃくものがたりしゅう》』巻十一「聖徳太子建天王寺語第二十一」)とあり、人々は四天王寺の西に没する夕日を拝み、海の彼方に極楽を想う風習があった。寺の西門を極楽の東門と見る信仰である。彰子もこのために参詣したのであろう。

二十九日、還御《かんぎょ》の途中、彰子が歌を詠み、難波で祓え、賀茂河尻に到着する。十月二日、天の河で夕刻より同行の男女が「住吉の道に述懐」の題で和歌を詠む。住吉社は歌神でもあり、住吉詣の帰途には、歌会が催される慣例があり、『栄花物語』や『伊勢大輔《いせのたい ふ》集《しゅう》』に掲載されている。こうして三日の暁方には都に到着した。彰子行幸の間、天皇や東宮から彰子への消息《しょうそく》が数度もたらされている。

参詣の理由

それにしても、かつて彰子を「賢后」と称賛した実資が、「多くは遊楽のためか」「狂乱の極み」など、厳しく非難しているのに驚く。さらに、石清水八幡経供養では、「出家後は、賀茂・春日神社への奉幣《ほうべい》はない」、「庚午（二十五）日は忌み、辛未（二十六）日は大禍日だから仏事は忌むべきだ」ともあり、これは『左経記』も同様に記している。人々の批判を尻目に彰子はなぜ参詣を行ったのであろうか。経頼は、経供養の僧侶などへの禄を記したさい、東三条院詮子の先例を踏襲した、と記している（『左経記』）。詮子は長保《ちょうほ》二年（一〇〇〇）三月二十日に石清水八幡宮・四天王寺・住吉社に参詣している。しかし、実資は、「今日の御行の作法、已に拠るところなし」とも記しているから、東三条院のときとは相当違っていたのであろう。派手好みな関白頼通の企画、との説もある。以後、彰子は、このような人々に負担を強いる華麗な参詣はしない。石清水八幡宮と住吉社へは、高麗国侵攻防御や天皇の守護、皇子誕生による皇統維持などを祈願するためだった（八馬朱代「東三条院と上東門院の石清水八幡宮・住吉社行啓についての試論」）ともされており、政治的要請もあったと思われるが、四天王寺西門からの落日に極楽を想う浄土信仰のためでもあった。

選子の出家

閏十月、出家した選子内親王は覚超《かくちょう》から受戒《じゅかい》する。覚超は延暦寺の横川《よかわ》に住み、彰子とも関係が深く、同じ月に彰子は横川如法堂《にょほうどう》に願文《がんもん》を納めている（三橋正「覚超と上東門院仮名願文」、上川通夫「摂関期の如法経と経塚」）。

彰子の願文

延暦寺の横川は、円仁《えんにん》が法華経《ほけきょう》八巻を書写し、小塔に納めた「根本如法経（根本法華経）」を本尊とする如法堂が建立されていた。円仁入滅後は弟子たちに受け継がれ、諸堂が建てられた。平安中期に、覚超が「根本如法経」を未来永劫《えいごう》伝えるべく、銅筒を作成している。彰子は、この覚超の如法経保存活動に賛同し、自ら書写した法華経を金銀《きんぎん》鋳宝相華唐草文経箱《とほうそうげからくさもんきょうばこ》に入れて収め、仮名願文を寄せた。仮置きされていた彰子の写経等が入った銅筒が実際に地下に埋められたのは承安《じょうあん》年間（一一七一〜一一七五）頃だという（『叡岳《えいがく》要記《ようき》』）。大正十二年（一九二三）、横川如法堂の再建中に地下から銅筒に入った金銀鋳宝相華唐草文経箱が発見される。銅筒は惜しくも昭和十七年（一九四二）の落雷で焼失し、写真しか遺されていないが、経箱には経軸があり、経典が収められていたことがわかった。これこそ、彰子が書写した法華経を納めた経箱である。長さ二十九センチ、巾十一・八センチ、高さ八センチの長方形の容器で、全面に宝相華唐草文が蹴彫《けりぼり》され、金銀を対比させた繊細で優美な作りで制作技術の高さがうかがえる。現在は国宝に指定されている。

この彰子の仮名願文の案（下書）が、『濫觴記《らんしょうき》』に『女院御願文案』として記されており、全文を知ることができる。願文には、自らが書写した法華経八巻を納めること、弥勒下生《みろくげしょう》のときにも伝わり、末法《まっぽう》の世にも仏教を伝えることを記した後で、この功徳で「ワカクニ《我国》ノキミ《君》タイラカ《平》ニ、タミ《民》ヤスラ《安》カナラム」と、後一条天皇の平穏と、人々の安穏が保たれるように記す。さらに「法界衆生ヲアマネク《普》ワタ《渡》サム。ワレ《我》ノチ《後》ノヨ《世》ニ三界ヲイテ《出》テカナラス《必》極楽浄土ニムマレ《生》テ、菩提ノ道ヲ修シテトク《疾》ホトケ《仏》ニナリテ衆生ヲワタ《渡》サム」と、自身も極楽浄土に成仏して多くの衆生を救う、と菩薩道の実践を陳べている。そして最後に、「ワカ《我》願カナラス《必》ミテ《満》タマヘ《給》」と願いを成就させて欲しいと結ばれ、「菩薩比丘尼《びくに》」と署名がある。これ

大正12年に横川如法堂跡から出土した銅筒（昭和17年に焼失．景山春樹「横川経塚遺宝拾遺」上・下より）

は日本最古の仮名願文であり、彰子自らが筆を執って書いたとされており、彰子の意思がうかがえる貴重な史料である。この願文からは、彰子が自らの仏事作法の意味を熟知していたことがわかるという（上川通夫「摂関期仏教の転回」）。

願うは天皇・民衆の安穏

注目すべきは、祈願内容に、まず天皇の平穏と民衆の安穏が記され、その後、自身の極楽浄土での修行と衆生救済が続いていることである。天皇と民衆の平穏・安穏は統治イデオロギーであり、これを彰子が認識・体現していたことが確かめられる。天皇家の家長としての天皇後見責務を体現していよう。

皇統維持のための参詣

経筒といえば、金峯山《きんぷせん》から発掘された寛弘《かんこう》四年（一〇〇七）在銘がある経筒には、道長の『法華経』が納められていた。道長が中宮彰子の皇子出産祈願をしたもので、翌年、見事に敦成親王が誕生したのだった。父の埋納に倣い、後一条天皇の中宮威子からの皇子誕生を祈願した埋納だったことは容易に想像がつく。四天王寺等への参詣が、天皇の守護や皇統維持の祈願参詣だったこととも通じる。参詣と納経・祈願は一連のものであろう。ゆえにこそ、頼通による華麗な参詣プランも承諾したのではなかろうか。彰子にとって皇統の安定、後継皇子の確保こそ直面する重要な政治的課題だった。

十二月三日には京極院が焼亡し、法成寺から高陽院に遷っている（『左経記』）。

三　菊合と倫子七十算賀

花見行幸

長元五年（一〇三二）三月二日、後一条天皇と彰子が頼通の白河殿へ花見に出かけている（『紀略』）。教通や親族の上達部たちも同行しており、昨年は雨のため中止になったから、久しぶりの母子、兄弟姉妹の花見だった。白河殿は十世紀頃から貴族の邸宅があり、大白河と呼ばれた藤原北家《ほっけ》の嫡流に伝えられた邸宅を道長から伝領した頼通は、寝殿造《しんでんづくり》の威儀を整える。別業、いわば別荘地だった（上島享『日本中世社会の形成と王権』）。花の名所で、花見見物が屢々行われた。後に、頼通の息師実《もろざね》が白河《しらかわ》天皇に献上し、六勝寺《ろくしょうじ》が建てられることになる地である。なお、後一条天皇の花見行幸は珍しい。

牛車で参内

八月、「関白左大臣（頼通）が初めて牛車に乗ったまま上東門より入った。車を朔平門《さくへいもん》前に立てた」（『紀略』）とあり、頼通は牛車のまま外郭門を通行する勅許を得て初めて牛車で参内している。この「上東門」は間違いなく外郭門である。ところが、元永《げんえい》元年（一一一八）十一月二十五日、「宇治殿（頼通）は牛車に駕された日、先ず、上東門院に参った。次いで参内した。彼の例を踏まえ今日参院する」（『殿暦《でんりゃく》』）とあり、関白忠実は「上東門」

を「上東門院彰子」と取り違えている。前述のように院政期に上東門院彰子の行為が先例となるが、彰子の先例が如何に重要視されたか判明する興味深いエピソードである。

禎子の出産

九月、禎子内親王は娟子を橘義通《よしみち》の中御門宅で出産している（『紀略』）。難産だった。義通の父は道長家司で彰子宮司の為義《ためよし》、母は後一条天皇の乳母江三位で、義通は後一条天皇の乳母子《めのとご》だった。国母詮子が、強い後見人を持たない定子の脩子内親王出産にさいし、平中納言惟仲《これなか》所領の住居に住まわせた（『栄花物語』巻五）ように、彰子が義通に要請した可能性は高い。第三夜の産養《うぶやしない》は頼通が主催している（『小右記』）。禎子内親王を摂関一家が支えている。

菊合の開催

「神無月の十日余りのほどに帰らせたまふを、世の常ならずめでたかりつるなごり恋しきに」ではじまる『仮名日記』は、昭和六十一年（一九八六）十一月、東京神田の古書会館での入札会で出品された「宗尊《むねたか》親王筆　上東門院菊合《きくあわせ》」の書き出しである。陽明文庫蔵「国宝菊合序」と虫食いのあとが完全に一致したため、本物であることが明らかになったという。『仮名日記』は彰子に仕えた伊勢大輔が記した可能性が高い（久保木哲夫「上東門院菊合序とその性格」、萩谷朴『平安朝歌合大成　三』）。

法成寺で「夕べの念仏」を唱えていた彰子は、仏前の菊が庭に植わっているのを見つける。左側には一本菊、右側には移ろったむら菊が分けて植えてある。まだ残っていた十数人の女房で左右に分かれて歌を詠み合ったが、せっかくだからと高陽院に還って、翌日、上達部・殿上人を念人《ねんにん》（応援や世話役）として菊合を開催し、人々には御衣を賜ったという（『仮名日記』、『袋草紙《ふくろぞうし》』）。たしかに、十月には、「女院御堂前に菊を植えること」（十日）、「女院御念仏始めのこと」（十一日）、「法成寺の院御堂に参ること」（十三日、以上『小記目録《しょうきもくろく》』）とみえる。長保四年（一〇〇二）十月、一条天皇が母東三条院の法華八講供養を行い、その法楽に合わせて菊合をした先例に倣ったのではなかろうか。

参加者

左方の歌人はトップが伊勢大輔、以下中納言典侍・少納言典侍・小弁・前典侍、念人は斉信《なりのぶ》・能信・経通《つねみち》・蔵人頭経任《くろうどのとうつねとう》らと続き、右方がトップと目される弁乳母《べんのめのと》（紫式部の娘大弐三位賢子）、以下伊予中納言・後少輔・五節、念人は頼宗・長家・定頼《さだより》・蔵人頭隆国《たかくに》らが記されている。頼通は、中立。急に思い立って行われた歌合であり、前年の住吉行啓での歌合で詠った歌人の赤染衛門・相模・出羽弁などが参加しておらず、『栄花物語』にも描写がないため、限られた私的な歌合だとされる。しかし、彰子サロンではこのような歌合が頻繁に行われていたようである。この時期は歌合が停滞していたとされており、後に歌合を興隆する頼通でも、題が「残菊色非一」の「詩会」、すなわち漢詩の作《さく》文会《もんえ》を行っていた（『紀略』）。彰子主催の歌合史料はこれのみであるが、彰子サロンに集う女房たちには歌人が多いから、日ごろから私的で小規模な歌合を行っていたのではなかろうか。

酔漢と老人

十一月、東宮王女の五十日《いか》儀が禎子内親王の殿舎宣耀殿《せんようでん》で行われ、関白頼通や右大臣実資ら公卿層が列席している。御遊では、和琴《わごん》能信、拍子実成《さねなり》、唱歌斉信・頼宗などと賑やかだったが、実資は、今夜の御遊はまるで蝦夷《えみし》の遊びのようで、和琴・唱歌も良くなかったと、手厳しい。この頃から、生育儀礼等の儀式後の宴、いわば二次会で酔った男性貴族たちが、肩脱ぎをして下着を見せ、歌い舞う淵酔《えんずい》が行われはじめたが、きまじめで老人の実資にはこの新しい風潮は気に入らなかったのであろう（服藤早苗『平安王朝の五節舞姫・童女』）。なお、長元五年以降、『小右記』『左経記』が断片的に遺っているだけで他の史料があまりないゆえもあり、彰子が禎子内親王の出産や祝い等に関わった直接の史料は残念ながら見いだせないが、側近の動向から推察することになる。

彰子の配慮

十一月には、頼宗男で、実資の婿の兼頼《かねより》の五節舞姫《ごせちのまいひめ》献上に、彰子は童女の装束を調え贈っており、実資は「件の装束は比べようもないほどとても鮮明」と喜んでいる（『小右記』）。彰子は、親族や懇意な人への贈答を怠らないばかりか、素材・色彩等にも十分に配慮していた。彰子の政治的配慮と女房たちへの統率力がうかがえよう。

十二月、彰子は、高陽院から前大弐藤原惟憲《これのり》第に遷っている（『小右記』）。惟憲の妻は前述の乳母典侍藤原美子で、禎子内親王の乳母でもある。

馨子、紫野院に入る

長元六年（一〇三三）四月、二年前に賀茂斎院に卜定された馨子内親王は御禊《ごけい》後、紫野院《むらさきのいん》に入る（『紀略』）。『栄花物語』巻三十一殿上の花見では、四月の賀茂祭後、彰子が参内し一ヶ月ほど滞在したとある。

摂関家家司の譜代化

五月、彰子は乳母子の上東門院別当の近江守源行任《ゆきとう》の邸宅に移る。この行任の父は、醍醐《だいご》天皇の皇子有明《ありあきら》親王の孫高雅、母は藤原親明《ちかあき》女で彰子乳母であった。外祖母は源倫子の乳母である。母の妹には、後一条天皇の乳母典侍藤三位藤原美子がおり、姉没後に高雅の妻となり章任《あきとう》を産み、後に藤原惟憲妻となって憲房《のりふさ》を産んだ（新田孝子『栄花物語の乳母の系譜』）。高雅は妻たちを介して道長の家司になり、讃岐・近江などの豊かな大国を歴任し、財力を蓄え道長一家に様々な奉仕をした人物である。

行任の姉妹には、上東門院典侍の従三位源懿子がいる。懿子は、夫の上東門院別当藤原頼明《よりあき》との間に数子を儲けるが、夫没後に彰子の異母弟長家の妻となり生まれた三人の男子のうち大納言忠家《ただいえ》の子孫が俊成《としなり》・定家《さだいえ》などの御子左家である。もう一人の姉妹に頼宗のツマ従三位公子がいる（高橋照美「源高雅とその一族」）。いずれにしても、一家親族こそって彰子の側近であり、摂関家家司の家として譜代《ふだい》化していく（巻末系図参照）。

倫子の七十算賀

十一月二十八日、彰子は母倫子の七十算賀を高陽院で主催する。中宮威子、頼通以下の弟妹だけではなく、右大臣実資はじめ、多くの公卿たちが参加している。高陽院の寝《しん》殿《でん》の中央に、両界曼荼羅《りょうかいまんだら》をかけ、百僧を招き、童舞《どうぶ》・管弦などが華やかに繰り広げられた。陵王《りょうおう》を舞った童は豊子の孫で大江定経息、納蘇利《なそり》は藤原範永《のりなが》息がつとめた。天皇、東宮などから使者も訪れ、和歌が詠まれる。実資は「私の詠んだ歌を満座が感心した」と得意げに記すが、大中臣輔親《おおなかとみのすけちか》や赤染衛門・出羽弁などの歌は『栄花物語』巻三十二にあるが、残念ながら実資の歌は遺されていない（『御賀部類記《おんがぶるいき》』所引『小右記』）。翌日には、天皇が童舞を清涼殿に召して、舞わせ、舞師二人を昇進させている（『紀略』、『今鏡《いまかがみ》』、『編《へん》年残篇《ねんざんぺん》』）。

仁寿殿の宴

長元七年（一〇三四）正月二十二日には、「仁寿殿《じじゅうでん》において内宴《ないえん》があった。詩宴があり、題は、春至りて鶯花足る、だった。木工寮《もくりょう》が綾綺殿《りょうきでん》の前に舞台を立てた」（『紀略』）と、一条天皇のとき以来催されなかった内宴が行われた。内宴は、天皇が仁寿殿に出御して東宮や王卿をもてなす饗宴である。舞台で舞ったのは、内教坊《ないきょうぼう》の舞妓ではなく天皇や彰子などに仕える容貌の良い女蔵人だった。一条天皇は漢詩を好んだから、後一条天皇も父に倣ったのであろう。

後三条の誕生

七月、禎子内親王は東宮第二皇子（尊仁《たかひと》親王）、後の後三条《ごさんじょう》天皇を東宮亮源行任の宅で出産した（『紀略』）。前述のように行任は、上東門院彰子の別当で、しかも彰子の乳母子で最も親密な側近だった。彰子の対応は史料がなく不明だが、東宮妃禎子内親王を物心両面で援助していたことは間違いない。産養は、第三夜は禎子内親王家、第五夜は関白頼通、第七夜は父東宮が主催している（『左経記』、『御産部類記《ごさんぶるいき》』所引『平金記』等）。五十日儀、百日儀《ももか》も盛大に行われている（『左経記』）。

威子の皇子誕生祈願

八月二十五日に、中宮威子は「男子出産」を祈願するために、鹿島・香取神社に封戸や神宝を奉納している。「安子后は、男皇子を祈られるの間、忠平《ただひら》公のお教えにより九条大臣師輔《もろすけ》が鹿島神社に祈られた。その後、さほど経ず、立て続けに男皇子が誕生した。そのために行うところである」（『左経記』）と記す。皇女しか出産できていない中宮威子と、彼女を後見する彰子も藁にもすがる思いだったろう。

親仁の読書始儀

十月十一日、彰子は、嬉子の忘れ形見東宮王子親仁《ちかひと》十歳の読書始《とくしょはじめ》儀を寝殿で行っている（『左経記』）。

四　後一条院の崩御

宴の負担者の変化

長元八年（一〇三五）正月二日、恒例の朝覲行幸があるが、この年から饗饌費用の担当が変化した。前年の十二月、それまで彰子方で全部用意していた饗饌調備を、故東三条院の例に准じ、朝廷の諸司に負担させる宣旨がだされたのである。公卿の饗は内蔵寮《くらりょう》、殿上人・所衆《ところのしゅう》のものは穀倉院《こくそういん》、侍従《じじゅう》・上官のものは厨家《ちゅうけ》、さらに、天皇行幸は公事なので公的に諸司に命じられるが、東宮行啓は公事ではないとの理由で、東宮宮司等の饗は彰子が後院《ごいん》に命じ、また、禄料の絹百疋は、彰子の申請で太政官厨家に命じられている（『左経記』）。彰子が後院を統轄していた実態がうかがえる。

彰子の法華八講

三月の彰子主催の法華八講では、捧物《ささげもの》を割り当てられた女房たちが困って嘆息しているのを聞いた後一条天皇が、彰子に女房の捧物分担を停止するように伝え、停止されている（『左経記』）。彰子の捧物は「瑠璃台に砂金五十両入る」とあることからして、高価な捧物が院司や女房まで負担させられていたようである（『左経記』）。母へ諌言《かんげん》ができるほど成長した後一条天皇の姿が浮かび上がる。

六月、祭主大中臣輔親に、「今日より三日間、神祇官西院において、中宮の平安、男子誕生を伊勢神宮に祈願すべし」と皇子出産祈禱が命じられた。しかし、その三日後、中宮女房から、「昨夕の夜半ばかり出血されました。私一人では対処できません。そのため藤三位（典侍豊子）を招き、密かにことの由を示しました。口惜しく思うことは限りありません」と伝えられる。藤三位は「天皇が嘆かれることはこの上もなかった」と言う。流産したのである（『左経記』）。叔母と甥の近親婚ゆえ、男児は流産することが多かった。天皇と威子の嘆きはたしかに極まりなかったであろう。彰子も同様だったと推察される（『左経記』）。

通房の元服

七月、関白頼通息通房が十一歳で元服し、正五位下に叙される（『紀略』）。頼通の後継者としての通房に彰子も期待していた。十一月には左少将となり（『公卿補任《くぎょうぶにん》』）、賀茂臨時祭の舞人を務める通房を、彰子は法成寺東北院の桟敷《さじき》において見ている（『紀略』）。彰子の桟敷での見物史料は珍しい。

後一条の死

長元九年（一〇三六）、例年とさほど変わらぬ日々が過ぎていたところ、三月頃より天皇は病に冒される（『左経記』〈類聚雑例〉四月十七日条）。四月には前大僧正深覚に「御薬」を運ぶために牛車で出入りすることが許されている（『紀略』、『扶桑略記』）。口が渇き水を大量に飲み痩せているから（『栄花物語』巻三十二）、病名は飲水病、すなわち糖尿病である。彰子も参内している（『紀略』）。賀茂祭を中止し、伊勢神宮はじめ諸社に平癒祈願の奉幣を奉り、大赦《たいしや》を行うなど、最善をつくした。十七日には、彰子は関白を召し、住吉・石清水・賀茂上下・北野などに使者を使わして祈禱を命じるが、ついに同日戌刻（午後八時、なお『扶桑略記』等は亥刻）、清涼殿で亡くなる（『左経記』〈類聚雑例〉、『紀略』等）。

葬送の儀

後一条天皇の葬送の儀については、参議の右大弁源経頼が日記『左経記』の別記「類聚雑例」に極めて詳細に記録している。以下、これをもとに葬儀をたどってみる。

亡くなった後、関白頼通は、「譲位の詔を伝えるため、東宮に行っている間に天皇が亡くなられた。今に至っては譲位の儀を行うことができない。御剣などを持って早く東宮のいる昭陽舎《しようようしや》に参られよ」と諸卿に命じる。「如在之儀《によざいのぎ》を以て、今日、皇太弟に譲位す」（『紀略』）とある。在位中に亡くなると秘して譲位を行い、上皇になって死を公表するようになった。「如在之儀＝いますが如きの儀」という。「天皇は死なない」のである（堀裕「天皇の死の歴史的位置」）。

後一条天皇は病状が急変し、譲位作法を行う間もなく亡くなったのである。弟の敦良親王は兄を見舞う間もなく践祚《せんそ》することになった。経頼は「大行皇帝御在所方の男女上下、哀哭《あいこく》しないものはいない」と、大行皇帝＝上皇と記している。さらにそれに続き、「是より先、女院（彰子）ならびに中宮（威子）は、各御在所に還ったということだ」とある。『栄花物語』では、天皇が亡くなった後、彰子と威子を兄弟たちが「下の御局に、御衣におしくるみお連れして下ろし奉られた」（巻三十三）とある。「如在之儀」を行っている間に各殿舎に下がり、死穢《しえ》に触れなかったことにしたのであろうか。ただし、二人とも天皇の死に目に会ったことは事実のようである。

遺体を京極院に遷す

本来上皇は内裏には入ることはできない。つまり遺体を内裏から発葬することはできないので、他所に移す必要があった。住み慣れた一条院が候補にあがるが、破損が甚だしいので法成寺に遷すことになった。彰子の命で上東門院（京極院）に遷すことが決まる。経頼たちが京極院の東対に行き準備し、戌四刻（午後九時半）、清涼殿の夜大殿《よるのおとど》で沐浴し、一条院から運び込まれた棺に安置する。棺の中には、天皇の衣裳や冠・錫紵《しやくじよ》、威子と皇女の一品宮（章子内親王）・斎院（馨子内親王）の「阿末加津《あまかつ》（形代《かたしろ》）」などを入れている。本来なら兄弟のものも入れるが、新帝なのではばかりがあり入れることができなかった。子四刻（午後十一時半）に御輿に乗せ、大雨の中、僧侶は藁靴、頼通ら親族や公卿は袍《ほう》・巻纓《けんえい》・藁靴・白杖で歩いて従う。通常はあまり使用しない北の脇門の徽安門《きあんもん》から出て、京極院の東対に安置した。棺が置かれた東対は「殯殿《ひんでん》」と呼ばれている。この日の早朝、威子は母倫子の鷹司殿《たかつかさどの》に遷っている（『紀略』は二十一日）。また、後一条院の寵臣だった源顕基《あきもと》（俊賢男《としかた》）は、「先帝の御愁によって忽ち菩提心を発し、大原で出家入道した」（『扶桑略記』）。彰子も内裏より京極院西対に遷った。

五月十九日に葬送が行われる。寅刻に地鎮祭《じちんさい》があり、山作所《さんさくしょ》（葬場）を造営し、行路の造作を行い、晩景に京極院の東築垣《ついがき》を一部壊す。戌四刻、壊した垣から御輿を東対に運び、棺を槨《かく》内に西枕で安置し、垣外で行列を整え山作所に出発する。行列は、黄幡《おうばん》を先頭に、炬火《きょか》十二人、御前僧二十人、歩障《ほしょう》四十人、火輿《かよ》二人、行障《こうしょう》十六人、御輿、香輿《こうのこし》十六人、御膳辛櫃《からひつ》二荷、その後ろに頼通・教通以下の親族が衣冠《いかん》・藁靴・白杖で従い、その後ろに夥しい諸司官人たちが従う。御輿は賀茂川を渡り、神楽岡《かぐらおか》から円成寺西を経て山作所に到着する。その間、寺々が進路の両脇で香華灯明を供えて念仏で送る。山作所では、棺を北枕に安置し、前に手水と膳を供し、導師が願文、呪願師《じゆがんし》は呪願を行う。棺を貴所に移し、蓋を開け薪を差し入れて点火する。荼毘に付す間、念仏が唱えられていた。その間、後一条院が日常使っていた櫛・冠・硯箱《すずりばこ》・脇息《きょうそく》・衣・枕・靴・車などが焼かれている。

翌日の辰刻（午前八時）、頼宗や能信、僧等が骨を拾い、壺に入れ、左中弁経輔《つねすけ》が首に懸け、浄土寺に安置する。火葬した山作所跡は土で覆い、石の卒塔婆《そとば》を立て、釘貫《くぎぬき》をめぐらせ、樹を植えている。なお、翌年の長暦《ちょうりゃく》元年（一〇三七）六月、彰子はこの火葬所に建立した菩提樹院で供養を行い、長久《ちょうきゅう》元年（一〇四〇）十一月には、安置していた浄土寺から後一条の骨を移している。この菩提樹院は章子内親王（後の二条院《にじょういん》）に引き継がれる（『中右記《ちゅうゆうき》』長治《ちょうじ》二年〈一一〇五〉九月一七日条）。

賀茂川で車ごと祓えを終えた経頼は、未刻（午後二時）に京極院の西対の彰子のもとに参り、二十日には、東対を念仏所として設営している。なお、新帝後朱雀《ごすざく》天皇は十九日戌四点に錫紵を着け、二十一日にはそれを脱ぎ捨て鴨川に流している。もっとも、三日間着続けたわけではない（稲田奈津子『日本古代の喪葬儀礼と律令制』）。二十三日には日常に戻っている。

京極院での仕事

二十五日には、京極院で盛大な仏事が行われる。仏師の法橋定朝《ほっきょうじょうちょう》も準備に余念がない。北廂に彰子の御座所を設け、故後一条院の女房たちも座る。未刻（午後二時）、親族や公卿以下大勢が参列し、諷誦《ふじゅ》が献じられている。六七日は五ヵ寺で誦経を行い彰子が読経僧に非時を行い、折櫃《おりびつ》や絹を賜与している。その後も、念仏僧らに彰子が褻装《けのしょう》束《ぞく》を調え、威子は絹を献じている。七七日には、七寺で誦経、正日法事念仏も行われる。十五日には京極院で念仏が修され、以後、毎月十五日には二十僧で念仏を行う。

子を悼む彰子の歌

子どもに先立たれた親の歎きは深い。「後一条院が亡くなられた年、郭公《ほととぎす》が鳴く声を聞いて詠まれた」と詞書きがある彰子の歌がある。

一声も君につげなんほととぎすこの五月雨《さみだれ》はやみにまどふと（ひと声でも君につげてほしいほととぎすよ。この五月雨で私が親子の愛執の闇に惑っていると）

（『千載和歌集』巻九哀傷）

ほととぎすはあの世とこの世を往還する鳥と考えられていた。闇にまどう母の慟哭である。

出家して横川に籠もる前中納言顕基《あきもと》との歌の応答もある。詠まれた時期は諸説あるが、ここに挙げておく。

世をすてて宿を出《いで》にし身なれどもなを恋しきはむかしなりけり（世を捨て出家した身ですけれども、やはり恋しく思われるのは在俗の昔です）

（『後《ご》拾《しゅう》遺《い》和《わ》歌《か》集《しゅう》』巻十七雑）

そして彰子の返歌である。

ときのまも恋しきことのなぐさまば世はふたたびもそむかざらまし（少しの間でも恋しいことが慰まるものならば、この世を二度も背くことはないでしょう）

（『後拾遺和歌集』巻十七雑）

後一条の遺産とその相続

六月には頼通ら親族と近臣が一条殿に参集して、故後一条院の遺産処分を行っている。当時の天皇所有の財産の内訳がよくわかる。第一は、当代後院に渡す朱雀院・冷泉院と庄園等、第二は、彰子・中宮・宮々に分ける御物である。前者はいわゆる「累代の後院」であり、天皇家の世襲財産で、分割されることなく後院司によって管理運営される累代御物《るいだいぎょぶつ》である。四月には、新帝と後院に渡されている。天皇家の累代家産の管理責任者が天皇家の家長の位置にいた彰子であったことは屡々見てきた。後者は故院の私有財産である。私有財産の砂金は、母の彰子が七百四十余両、妻の威子が四百両、娘の章子内親王が二百両と巡方《じゅんぽう》御帯一腰、娘の馨子内親王が二百両と有文玉御帯一腰を分け与えられている。彰子はこの砂金で故院の墓所に三昧堂《さんまいどう》を建立するように命じている。

盆供

七月の盆供は、彰子と威子は故後一条院に奉らないが、二人の皇女は奉ることになった。この時期、親子関係のうち子どもが親に従属し死後も緊密だが、夫婦関係は緩やかな結びつきであることがうかがえ興味深い。

天皇家・摂関家の家長として

四十歳代の彰子は、道長没後、病弱な後一条天皇と優柔不断な摂関頼通を後見し、天皇家と摂関家の家長として、実質的に国政を影に日に支え続けた十年間だった。

第八　後朱雀天皇の後見

一　後朱雀天皇の即位

敦良の践祚

長元《ちょうげん》九年（一〇三六）四月、「如在之儀」で兄後一条《ごいちじょう》天皇から剣璽《けんじ》等を渡された二十八歳の敦良《あつなが》親王は、昭陽舎《しょうようしゃ》で践祚《せんそ》する。後朱雀《ごすざく》天皇である。関白や蔵人頭《くろうどのとう》、蔵人の除目《じもく》などを慌ただしく行った。兄の死を嘆いている暇はない。七月には、大極殿《だいごくでん》で即位儀がある（『扶桑略記《ふそうりゃっき》』）。

法華三十講

同じ頃、故後一条院の旧臣たちが法華有縁品を書し、浄土寺に修めて供養を行っており、彰子も誦経《ずきょう》を出している。さらに彰子は、この日から三十日間、故道長が長保《ちょうほ》四年（一〇〇二）三月に、姉詮子の法華信仰を引き受け、自らの往生を祈ることを目的としてはじめて行った法華三十講《ほっけさんじっこう》を行う（『左経記《さけいき》』〈類聚雑例《るいじゅうざつれい》〉）。故道長は、仏教興隆の庇護者としてのみならず、貴族社会への政治的・文化的優位性の誇示として、盛大かつ華麗に行っていた（遠藤基郎『中世王権と王朝儀礼』）。なお、法華三十講はこれが最後となり、以後、故道長追善法会として十二月四日に結願する法成寺《ほうじょうじ》法華八講へ移行する。

威子の死

若い後一条院の死は、母彰子と妻威子を、正気を失うほど歎き悲しませた（『栄花物語《えいがものがたり》』巻三十三）。例年になく暑かったというこの年、悲嘆の日々に食欲も落ちた威子は、おりからの裳瘡《もがさ》に罹る。九月四日に出家し、その二日後、夫の後一条院を追うように亡くなってしまう。三十八歳だった。「世間では大中宮という」（『扶桑略記』）とある。「大中宮」とは、ただ一人のキサキだったゆえの呼び名であろう。十月に七七日《なななぬか》の法事があり（『山《さん》槐記《かいき》』元暦《げんりやく》元年〈一一八四〉八月十一日条）、忘れ形見の章子と馨子両内親王は彰子が引き取った（『栄花物語』巻三十二）。

嫄子の入内

長暦《ちょうりやく》元年（一〇三七）。諒闇《りょうあん》の正月なので行事は控えめだったろう。正月、頼通《よりみち》養女嫄子が入内し、女御《にょうご》となった（『一代要記《いちだいようき》』）。彼女は弘徽殿《こきでん》と登華殿《とうかでん》、先に入内していた禎子内親王は宣耀殿《せんようでん》と麗景殿《れいけいでん》を殿舎とする。天皇は昭陽舎にいるので、禎子内親王のほうが天皇に近い。しかし、頼通は前の年から弘徽殿を修理しており（『範国記《のりくにき》』）、女房たちの衣裳や使者へのもてなしも豪華で華やかだから（『栄花物語』巻三十四）、後見人の弱い禎子内親王は相当ショックを受ける。嫄子は彰子が養母として育んできた敦康《あつやす》親王女であったから、頼通に要請され入内を承諾したのであろう。

禎子と嫄子の立后

二月には、麗景殿の禎子内親王に立后の使者が遣わされ、堀河院《ほりかわいん》で立后儀が行われ、能信《よしのぶ》が中宮大夫となる。本来なら立后儀の饗宴は賑やかに行われるのに、この夜、頼通は嫄子を内裏から高陽院《かやのいん》に退出させ、公卿や殿上人《てんじょうびと》たちは大挙してこちらに参列する。嫄子も立后させるためである。同じ月に嫄子立后勅使が遣わされ、頼通は後朱雀天皇と彰子に慶びを伝えているので、彰子も承諾したのであろう（『行親記《ゆきちかき》』）。

三月になり、中宮禎子内親王を皇后に、女御嫄子を中宮に立てる（『行親記』）。禎子内親王は東宮時代の妃で、二皇女と皇子尊仁《たかひと》親王（後の後三条天皇）を儲けていた。ところが、若い嫄子が「閫中《こんちゅう》の政（宮中の政事）」、すなわち後宮《こうきゅう》統轄を行うように宣命《せんみょう》に明記される中宮身位に昇ったのである。「中宮はほどなく参内された。皇后宮は、『参内なさるように』との要請にもかかわらず、どのようにお考えなさるのか、参内なさらない」（『栄花物語』巻三十四）、と禎子内親王は参内しない。これ以降、禎子内親王はほとんど参内せず、後朱雀天皇と相対することは少なかった。良子《ながこ》内親王は斎宮《さいぐう》、娟子内親王は賀茂斎《さい》院《いん》になり引き離され、頼るは尊仁親王のみ。なんとも、寂々なる日々を送ることになる。後一条天皇のキサキは中宮威子一人であったのにどうしてなのか。禎子内親王は、頼通のみならず彰子にも憤慨したであろう。ただし、彰子は、後述するようにこれ以降も乳母子等の側近も動員して禎子内親王を生涯支え続けていく。

親仁の元服

七月、彰子が養育した嬉子の忘れ形見の親仁《ちかひと》親王が内裏で元服する。饗饌の分担などは彰子が命じ、準備万端に整えている（『行親記』）。親仁親王は彰子のもとに参り拝舞《はいむ》を行っており、翌月に皇太子に立てられる。「京極殿の寝殿《しんでん》に、その東側には一品宮（章子内親王）が、北側には院（彰子）の御前と斎院（馨子内親王）がいらっしゃり、西の対に東宮のお部屋が用意された」（『栄花物語』巻三十四）と、彰子は京極《きょうごく》院で孫たちでもある威子と嬉子の遺児と同居し、親仁親王を後見する。

親仁と章子の結婚

十二月、東宮の御使が、章子内親王に御書を持参する。御書使《ごしょつかい》である。この日から正式な婚姻儀礼がはじまる。以下、上東門院判官代《ほうがんだい》・中宮大進平行親《ゆきちか》の日記『行親記』から二人の結婚式を見てみよう。

十三日、寝殿の東三間を章子内親王の御在所とし、西二間が東宮御在所となっている。夕暮れに東宮から当日の御書使が来る。亥一刻（午後九時）に関白頼通が章子内親王の裳の腰を結ぶ。裳着《もぎ》である。公卿たちも参入して饗宴が行われた。章子内親王は、東宮の夜大殿《よるのおとど》に渡る。天皇と東宮の結婚式のみ新郎方の殿舎で行われるため、東宮御座所に章子内親王が渡ったのである（服藤早苗「平安時代の天皇・貴族の婚姻儀礼」）。関白頼通が東宮の御沓を懐に入れる。沓抱である。さらに「頼通殿が御衣を以て覆った」と新郎新婦が並んで臥した上に衾《ふすま》をかける。衾覆《ふすまおおい》である。夜が明ける前に新婦は寝殿の東側の御座所に帰っている。この日に新郎から後朝使《きぬぎぬのつかい》が使わされるが、日次の関係で三日目の昼になる。二日目の夜、三日目の夜も新婦が渡り、三日目の十五日夜、御餅が供される。三日夜餅である。そして饗宴が盛大に開かれる。十九日には、新郎東宮が新婦章子内親王方に渡っている。章子内親王の豪華な婚礼調度や女房たちの衣裳は故後一条院の造物所が用意した（『栄花物語』巻三十四）。彰子の御所で孫たち、妹嬉子所生で東宮の親仁親王と、妹威子所生の章子内親王の結婚式が行われたのである。頼通と彰子が決めた（『栄花物語』巻三十四）とある。

五十算賀はなし

この年、彰子は五十歳だった。ところが五十算賀《さんが》の記事がない。もちろん諒闇の年だからであろう。四十歳のときも父道長たちが死去したため行われなかった。六十歳は如何であろうか。

二　上東門院の薙髪と兄弟の確執

後朱雀の朝覲

長暦二年（一〇三八）正月二日には後朱雀天皇が、三日には東宮が彰子に朝覲する（『十三代《じゅうさんだい》要略《ようりゃく》』）。三月には彰子が内裏に入ったとある（『栄花物語』巻三十四）。

四月、中宮嫄子は高倉第で皇女（祐子内親王）を出産した（『一代要記』）。皇女なので頼通はがっかりしている（『栄花物語』巻三十四）。

行幸の延期

十月、彰子は頼通に、「行幸の日は天皇が慎しまれるべきだとの夢をみたので、陰陽師に占わせたところ、『これは不快なことで、ご病気になる』と出たので、行幸を中止するように」と命じ、天皇は行幸を延期する（『春記《しゅんき》』）。代替り春日社行幸は、十一月に決定していたが、行事担当の東宮大夫頼宗《よりむね》は、九月頃から「腹立ちて」参内していなかった（『春記』）。どうも兄弟間のもめごとがあったようである。彰子は夢を見て、陰陽師に占いをさせたらしい。結局、十二月に春日社行幸が行われている（『春記』、『春日社行幸御幸部類』）。彰子は異母兄弟間の確執にも胸を痛めている。

十一月には、新嘗祭《にいなめさい》の五節舞姫《ごせちのまいひめ》の御前試《ごぜんのこころみ》で、蔵人頭たちは殿上人を率いて彰子御所の京極院に押しかけた。頭中将資房《すけふさ》は、ご馳走と酒に酔ったのか、鼻血が出て退出している（『春記』）。逆上《のぼ》せたのであろうか。殿上《てんじょう》での饗宴の後、色々な場所に押しかける淵酔《えんずい》がはじまっていた（服藤早苗『平安王朝の五節舞姫・童女』）。

尊仁の着袴

同じ月には、皇后禎子内親王所生の尊仁親王の着袴儀《ちゃっこ》が行われた。寅刻、資房、皇后大夫能信と皇后権大夫資平《すけひら》や皇后亮良経《よしつね》らが、禎子皇后の閑院に参り、侍臣四、五人、諸大夫四、五人の前駆のみで、乳母と尊仁親王は参内する。輦車宣旨《れんしゃのせんじ》も出ず、北の朔《さく》平門《べいもん》から良経が尊仁親王を抱き、資房が御剣《ぎょけん》を捧げ、麗景殿にはいる。資房たちは殿上で盃酒《はいしゅ》して淵酔し、雑芸・雑歌で騒ぎ、中宮嫄子の殿舎に移っても遊んでいる。夜になり、後朱雀天皇が麗景殿に渡り、戌刻（午後八時）に尊仁親王の袴の腰を結ぶ。饗饌があり、禄が渡され終了した。朝と同じく良経が尊仁親王を抱き、内大臣教通《のりみち》ら公卿四、五人が朔平門まで送るが、関白は送りにも来ない。「今日のことはすべてなおざりだった。世間の作法は、関白頼通がその心を入れないからだ。非難すべきだ。非難すべきだ」と資房は憤る（『春記』）。頼通は、このように対抗者に露骨で冷淡な態度を取ることがどんどん多くなる。

寺社間の対立

長暦三年（一〇三九）三月に高陽院が焼亡し、放火犯として延暦寺僧が捕まり禁獄される。

前年に死去した天台座主《てんだいざす》慶命《けいみょう》の後任人事と園城寺《おんじょうじ》戒壇《かいだん》の設立を廻り、延暦寺と園城寺の対立が激化しており、二月には延暦寺僧三千人が頼通の高倉第に押しかけるなど（『扶桑略記』）、この時期、寺院や神社問題が次第に政治問題化していた。

彰子の剃髪

倫子が法成寺西北院の七宝塔を供養し受戒《じゅかい》したのを受けて（『大鏡裏書《おおかがみうらがき》』）、母の後を追うように、五月、彰子も園城寺の長吏《ちょうり》明尊《みょうそん》を戒師《かいし》として法成寺で完全剃髪している（『扶桑略記』、『大鏡裏書』）。「ひたぶるにぞ（すっかり）削ぎすてさせ給へる」（『栄花物語』巻三十六）。明尊こそ、頼通が天台座主に任命しようとした大僧正《だいそうじょう》である。なお、彰子は万寿《まんじゅ》四年（一〇二七）頃、法成寺の尼戒壇で正式に受戒、すなわち完全剃髪し、道長は完全剃髪した彰子を見届けて死去した、との説も出されている。しかし、貴族女性は完全に剃髪した後は参内しないことを考慮すると、後朱雀天皇の即位を見届けて、このとき完全に剃髪したと思われる（勝浦令子『女の信心』、高松百香「上東門院彰子の剃髪」）。

内裏焼亡

その後、六月、内裏が焼亡する（『扶桑略記』）。長和《ちょうわ》四年（一〇一五）十一月以来、二十五年ぶり、十度目である。後一条天皇時代には一度も焼けていないので、後朱雀天皇にとっては衝撃だったと思われる。東宮と天皇は京極院（上東門第）に移っている。「女院が憲《のり》房《ふさ》の宅に渡る〈東宮の御座所なり〉」（『春記』）とあるので、「讃岐守憲房の家に渡らせられた。寝殿に、一品宮と女院がおられ、西の対に東宮がいらっしゃる」(『栄花物語』巻三十四)との同居は、最初、東宮親仁親王と妃章子内親王が憲房宅へ渡り、その後、彰子が同居したようである。憲房の父は惟憲《これのり》で、母は彰子女房で後一条天皇の乳母藤三位美子である。すなわち、憲房は後一条天皇の乳母子《めのとご》で、彰子たちに邸宅を提供する側近だった。

嫄子の死

こうしたなか、八月、中宮嫄子は女院別当《べっとう》源行任《ゆきとう》の邸宅で皇女(禖子内親王)を出産するが、産後の肥立ちが悪く、亡くなる(『今鏡《いまかがみ》』、『百練抄《ひゃくれんしょう》』)。「中宮俄に倒れ臥して、頓滅されてしまった」「御産の後、十日を経て、御沐浴の間、雷が鳴り、滝のように雨が降り、天地共に鳴動した。中宮が御湯殿《おゆどの》より還御《かんぎょ》の間、頓滅されてしまった」(『大神宮雑事記』二)、とある。二十四歳だった。二人の皇女祐子・禖子内親王は嫄子の養父頼通と北方隆姫が大切に養育していく。彰子は、多くの親族の旅立ちに立ち会い、ますます仏教への帰依を深めて行った。

生子の入内

中宮が不在になると、教通は娘の生子入内に向けて準備をはじめる。入内を目指して六歳で御匣殿《みくしげどの》別当に就いた生子は、後一条天皇自身から入内の承認を得ていたが、威子や倫子の反発等で結局沙汰止みになり(『栄花物語』巻三十二)、すでに二十六歳になっていた。後朱雀天皇は生子入内を承認させようと頼通を度々呼び出すが参入せず、十一月になってようやく伺候した。しかし、東宮大夫頼宗が同席しているので、天皇は生子入内を切り出せない。「これは若しかしたら執柄《しっぺい》（頼通）の謀略だろうか。ある人が、内府教通の娘に入内するようにとの天皇の仰せを頼通が仄聞《そくぶん》して謀略をなしたと言っていた」（『春記』）と記している。天皇と教通の間で決定していても頼通は承諾しようとしない。もっとも、頼通にすれば嫄子没後三ヶ月もたっていないのに、結婚式を挙げようとする天皇と教通への憤りもあろう。しかし、十二月には生子の入内日程が決定し、京極院内裏の西北の対を修理し、二十一日夜に入内している。北門から輦車に乗り参入するが、輦車は頼通に貸りることができなかったので新造したという。調度や衣裳等も新調し、頼通の妨害にもかかわらず、逆に華やかな入内になったが、教通や親族が従うばかりで、他の殿上人は頼通を憚ってか参入しなかった。生子は女房二十人・童女等と西北の対に入り、天皇の夜大殿に渡る。

第二日目の御朝使は頭中将資房だが、手厚いもてなしを受け、「酒気が深く心神に入って度を失い、一晩中悩煩した」と記している。どうも資房はいける口ではなかったようである。三日目の夜も同様で、教通と北方三条院の皇女禔子内親王が衾覆や沓抱を行っている（『春記』）。

彰子の対応

では、この入内に彰子はどう対応したのか。このことを直接記した史料はないが、承諾したと推察される。例えば、十二月十七日、天皇が教通男の信長《のぶなが》を蔵人頭にしようと関白頼通に諮問すると、「女院にお聞きになり決定するように」と返答し、彰子からは「早く任命しなさい」と返事があり、決定している（『春記』）。重要な役職である蔵人頭の人事で女院彰子の承諾が必要だったのである。前述の他の事例やキサキ決定などから勘案して、この生子の場合も彰子の承諾があったと考えて間違いない。

女叙位

長久《ちょうきゅう》元年（一〇四〇）は、実資《さねすけ》の養孫蔵人頭資房の日記『春記』が遺っており、しかも、資房はメモ魔で物事を悲観的にとらえる厭世家《えんせいか》、実資にまけず批判や愚痴を詳細に綴っている。以下、断らない限り史料は『春記』である。

正月八日は恒例の女叙位《おんなじょい》である。「東宮の一品宮（章子内親王）の御給《ごきゅう》は東宮の宣旨に給うように、女院より命じられている」（『春記』）。東宮の宣旨は、宰相乳母ともよばれる源重光《しげみつ》の孫娘であるが、章子内親王の御給で叙爵されている。女房たちへの叙位や章子内親王の財産管理なども彰子の後見があったことが判明する。

後朱雀と頼通の対立

正月二十七日には、天皇が法成寺東北院にいた彰子のもとに朝覲《ちょうきん》行幸している。昨年の生子入内以後、関白頼通は、教通のみならず後朱雀天皇とも関係が悪化する。この時期、様々な政治問題が山積していたが頼通が参内することは少ない。

厭世家資房の性格ももちろん考慮すべきであるが、長久元年の『春記』を見る限り、頼通の対応は「王事《おうじ》を蔑《ないがし》ろに」している。道長と三条天皇の確執は周知のところであるが、しかし、道長は参内をサボタージュすることはあまりなかった。頼通の後朱雀天皇への対応は、皇子を得ることができなかった焦燥《しょうそう》でもある。だからこそ、摂関の権威を高めるためにより威圧的になったといえよう。

資房と行経の対立

蔵人頭資房は、天皇から、「関白頼通が故中宮嫄子所生の皇女（祐子内親王・禖子内親王）の准三宮を要請しているが、皇后禎子内親王所生の第一皇女斎宮（良子内親王）のこともあり思い煩っている」、と相談を受けたが、返答しなかった。天皇は、「蔵人頭人事のとき、女院（彰子）と関白（頼通）は行経《ゆきつね》を推したが、自分一人、公にとって有用な資房を推薦したのに、資房は恩顧に応えた助言をしてくれず、忠勤もない」、と資房を叱責している。資房の対抗馬だった行経は、藤原行成《ゆきなり》男で彰子の別当で、父の道長一家への忠勤や、妹長家室の関係もあり摂関家に密着する。能吏で要領良い人物だったらしく出世するが三十九歳で亡くなる（黒板伸夫『藤原行成』）。天皇は要領良い行経より勤勉な資房を選んだのだろう。

彰子と頼通

頼通は、彰子御所を屡々訪れ、資房はそこに足を運び、天皇の仰せを伝えることが多い。前年の長暦三年（一〇三九）十二月の除目には、頼通はまず彰子御所に廻り参内しており、関白と彰子は除目も話し合っていたと推察しても間違いなかろう。

さらに、彰子から天皇への要請も多い。八月には、ある問題で捕まっていた源頼成を重病の父を見舞うためにしばらく免じるように要請があり、関白の了承のもと十日間免じている。頼成は上東門院の判官代だった（『行親記』）。真面目で実直な後朱雀天皇は、関白頼通と母彰子からの要請を承諾しつつも、資房を蔵人頭にしたような独自性を推し進めようと苦悶し、腰痛も患い、孤立感を深めていた。

内裏焼亡

そのようななか、九月の真夜中に、京極院内裏が焼亡する。冠は被っていたものの直衣《のうし》も付けていない後朱雀天皇は、法成寺の彰子御堂へ、さらに彰子のいる陽明門《ようめいもん》第に移る。「故惟憲の所領で、その息憲房が伝領した。今、女院の御領所となっている。東宮ならびに一品宮、同じくこのところにいらっしゃる」。腰痛を煩っていたが、回復の兆しが見えていた矢先での、神鏡にまでおよぶ内裏焼亡で、天皇は、心身共に痛手を受ける。彰子は、病が癒えぬ天皇の身体を心配し、「悪夢祭」を行っている。悪夢を退散する祭であろう。

その後、彰子は法成寺御堂に遷る。「神事を行うためである」とある。重戒を受けている彰子は天皇と同居することは難しい。天皇は夜に神へ謝罪のために伊勢神宮御拝を行っている。新内裏となる教通二条殿の修造にあたっても、頼通はまったく顔を見せず、自邸高陽院造作に奔走している。

天皇を支える彰子

天皇は、十月に二条殿内裏に遷る。屛風などの足りない調度類は彰子が提供している。天皇の外戚《がいせき》を構築できず、政務に誠意を見せなかった頼通が関白の職務をサボタージュするこの時期でも、実質的に天皇を輔佐したのは彰子だった。

三　後朱雀院の崩御

生子の退出と禎子の参内

十二月、女御生子の同母弟通基《みちもと》が二十歳で亡くなったので、生子は内裏より退出する。すると、皇后禎子内親王は尊仁親王と一緒に参内し、上御曹司《うえのみぞうし》に入る。七歳対面儀のためである。「親王の歳は七歳であるのに、立ち居振る舞いが適切で、礼儀には欠点がない。人々は、感歎した」。しかし、頼通・頼宗・長家などは、服喪中でも脱除して参入すべきなのに、「王事をないがしろに」し参内しない。皇后禎子内親王は、四年間参内しておらず、「棄て置かれ、ついに上陽人《じょうようじん》のようだ」とある。「上陽人」とは、唐の玄宗が楊貴妃《ようきひ》を寵愛し他の宮女を捨て置いて不遇な生涯を送らせた故実から、捨て置かれた后のことである。中宮嫄子が忽然と亡くなったあと、教通女生子が入内したため、参内がますます遠のいていた。たまたま生子が服喪で退出したので、ようやく参内できたのだった。四年ぶりに参内した殿舎は上御曹司なので、天皇と親しく時を過ごしたのだろう。

定経の叙任

そして同じ月、京官除目《きょうかんじもく》が行われ、大江定経《さだつね》が正四位下に叙された。頼通は「定経朝臣の加階のことは、女院が申されたので給うように」と命じている。定経は、後一条天皇の乳母豊子の息子で、資房は「はなはだ便なき加階なり」と批判している。父大江清通《きよみち》は極位が従四位上だから（『尊卑分脈《そんぴぶんみゃく》』）、資房の感想は、貴族層の共通の認識だろう。清通は定子皇后宮の亮だったが、豊子と結婚し、彰子の皇太后の亮になり、さらに道長への奉仕が散見される人物である。

彰子の人事関与

このように彰子が除目や叙位へ関わることは、この時期も多い。故隆家《たかいえ》息の参議左大弁藤原経輔《つねすけ》が六月八日の小除目で叙位されるが、「従三位、経輔朝臣〈上東門院行幸の賞。はなはだ由無きことだ〉」とあり、資房はここでも批判している。正月にも「経輔、三位を申す。〈是れ上東門院行幸の賞〉と」「共に以て道理のない望みである。どうしようもない世だ」とあり、彰子行幸賞が名目になっている。経輔は故嫄子中宮の亮で、頼通や彰子の側近だった。

また、彰子の推挙で、高階章行《あきゆき》が蔵人に任じられている。章行は、紫式部の女で東宮親仁親王の乳母藤原賢子の夫成章の息子である。資房は、「蔵人に任じられるのは、あるいは児童、あるいは皆乳母子《めのとご》である。又、強縁が公事をないがしろにする」と記しており（四月二十一日条）、「強縁の人」優遇策への批判は多い。資房だけの批判ではないようである。いっぽう、六月八日には、藤原惟任《これとう》が阿波守に任じられたさいにも、「強縁に依るか。内・関白・女院、各、強縁の人を以て官爵を給う」と嘆く。惟任の父頼明は女院彰子別当、母源懿子は彰子乳母子でこの時期彰子異母弟長家妻、惟任も女院判官代で、彰子の側近で「強縁の人」である。

公任の死

長久二年（一〇四一）正月に、出家し解脱《げだつ》寺に長年住んでいた公任《きんとう》が七十六歳で亡くなった。ゆかりの人々が去って行く。この頃も彰子は東宮と妃章子内親王と同居していたようで、二月に高倉殿《たかくらどの》の近辺で火事があり、資房たちは彰子と東宮に馳せ参じている。

和歌文化の開花

後朱雀天皇は三月、花宴になぞらえ、釣殿《つりどの》に出て漢詩会を行った。頼宗・能信・長家・俊家《としいえ》などの公卿や近臣が集い、資房は箏《そう》、資通は琵琶、経親は笛、経季《つねすえ》は和琴《わごん》、自余は唱歌、朗詠など妙をつくす。東宮では御遊がある。満天の星空、月も出て、「希代の興なり」と資房はご満悦である。資房は障りと称して参入しなかったので、詳細はわからないが、彰子もその場にいたであろう。なお、この月を最後に『春記』はほぼ終わってしまい、他の日記もほとんど遺されていないので、女院の姿を探すのがますます困難になっていく。

この年には、弘徽殿歌合《うたあわせ》の他、源師房《もろふさ》第歌合、禖子所生の祐子内親王家歌合、入道脩子内親王御所の歌合等々が行われた。この頃から歌合が盛行し、和歌文化が花開く。

延子の入内

長久三年（一〇四二）三月、三十四歳の天皇に二十七歳の延子が入内する（『扶桑略記』）。延子の父は権大納言頼宗、母は伊周《これちか》女で、皇后定子所生の一条《いちじょう》天皇の皇女脩子内親王が養育していた。脩子内親王は、彰子御所に行幸があるときには渡って面会していた（『栄花物語』巻三十一）。前年には、天皇とも対面している（『春記』）。脩子内親王が彰子と天皇に要請したのであろう。いっぽうで、女御生子は、このとき三十歳、寵愛されているものの四年間子どもが誕生しておらず、延子の入内を止めることはできない。延子は十月に女御になっているが（『扶桑略記』）、娍子や生子に比べ、入内から女御宣旨の期間は長かった。

彰子の病気

七月になると、彰子の病気により相撲節会《すまいのせちえ》が中止になっている。彰子は母の体質を受け継いだのか、病気の記事は少ないが、これは老齢ゆえであろうか。

内裏焼亡

十二月にはまたも内裏が焼亡する。人々が駆けつけると「亥の刻におよび、淑景舎《しげいしゃ》の上に光る物あり。その体雷の如し。忽ちもって火事あり」（『帝王編年記《ていおうへんねんき》』巻十八）とある。雷が落ちたのであろうか。天皇と東宮は、前年十二月に遷ったばかりであり、実質一年間ももたなかった。天皇在位中、三度目の内裏焼亡である。

彰子の移徙

長久四年（一〇四三）十月、彰子は源行任第より京極院（土御門第）に遷っている。行任の母は後一条天皇の乳母藤三位美子（基子）、父は源高雅《たかまさ》で、本人も女院別当である。かつて内裏だった京極院は、四年前の長久元年に焼亡したから、新造されたものだろう。この日の遷御にあたっては、厳密な移徙《わたまし》作法をせず、「ただ邪気をはらう御反閇《へんばい》（千鳥足で歩く呪法）と黄牛《あめうし》・五菓《ごか》等があった」（『諸院宮御移徙部類』所引『土記』）とあり、簡略化されていた。以後、「長久四年の例により、黄牛、五菓、反閇の外に、移徙の儀はない。藤納言は『彼の例最も吉なり。最も準拠されるべきである』と云った」（『玉葉《ぎょくよう》』承安《じょうあん》四年〈一一七四〉十二月十三日条）とあるようにこのときの彰子の移徙は、最も吉例と受け継がれることになる。

内裏焼亡

三月に天皇と東宮が一条院内裏に遷ったばかりなのに、十二月には一条院内裏がまた焼亡し、天皇は関白頼通の高陽院に、のちに東三条院に遷っている（『扶桑略記』）。天皇在位七年にして四度目である。

相次ぐ死

寛徳《かんとく》元年（一〇四四）正月、前中納言隆家が旅立った。また、「正月始めより六月季に至り、疾病が大流行し、死骸が路に満ちている」（『扶桑略記』）と、年の初めから多難である。四月には、頼通の嫡子右大将権大納言通房《みちふさ》が二十歳で亡くなる。頼通の落胆は大きく、五月には重病になり、さらに、天皇も病気になる（『扶桑略記』）。このため六月には、大極殿で大般若経《だいはんにゃきょう》を修している。

彰子の病気による大赦

十月には、彰子も病になり、初めての大赦《たいしゃ》が行われている。平安時代の病気回復・延命祈願の恩赦は、天皇や太上天皇《だじょうてんのう》など皇権に関わる皇族や摂関等が主たる対象となっている。女性では、平安中期は一条天皇の国母詮子の立后と病で七回、彰子の病で四回出されるが、院政期になると「御産お祈りの恩赦」だけになる。上皇や天皇が直系皇統を永続させるための皇嗣確保を目的として、皇子の出産を強く期待し祈るのである（佐竹昭『古代王権と恩赦』）。産む性としての母性が誇大視され、女性の身体そのものは軽視される（遠藤基郎「院政の成立と王権」）。平安中期は、政治的発言力ゆえに国母の地位を獲得した産む性としての女性の身体は、生涯にわたり政治性を帯びるのに対し、院政期になると皇嗣出産のみにしか政治性が付与されなくなる。身体のジェンダー分析にとって重要な視点が浮かびあがる。天皇が見舞いに行幸し、諸山寺で一万僧供を行い、彰子の回復を祈願している（『扶桑略記』、『御遊抄《ぎょゆうしょう》』、『高野春秋《こうやしゅんじゅう》』）。

後朱雀の病気

十二月にはまた天皇が不予になり、二十四日には寛徳と改元している。いわゆる「おでき」ができたらしい（『一代要記』）。年が明けても天皇の瘡は癒えない。水で肩の患部を冷やす方法も行ったが、真冬の京では身体が冷え切る。大赦も行い（『扶桑略記』）、斎宮良子内親王を准三宮にしているが最後の力を振り絞ったのだろうか。内大臣教通が生子立后のことを天皇にも、「彰子にも強く申上げる」が、関白頼通は、摂関の娘でもなく皇子女もいないのに立后した例はない、とはねつける。天皇は生子を寵愛しているのに、と人々は生子に同情している。また、皇后禎子内親王が「参内して看病申上げたい」と要請するが、「他の女性たちの思惑もどうであろうか」と参内を許さない。僧侶には、死後に兜率天《とそつてん》（弥勒菩薩《みろくぼさつ》の住地）に生まれ変わる本意を祈禱させている（『栄花物語』巻三十六）。

尊仁の立太子

その後東宮親仁親王と対面し、「上東門院（彰子）によくお仕え申し上げなさい。二の宮（尊仁親王）を隔てをおかずに愛してやりなさい」（『栄花物語』巻三十六）と遺言する。傍らで能信が、「二の宮（尊仁親王）を、いづれの僧にか付け申しましょうか」と聞くと、天皇は「関白（頼通）が、『東宮のことは冷静に』と云っているので、後で」と言う。しかし、能信は、「今日、東宮に立てられないと実現することはできません」と強調すると、「では、今日」と答え、東宮が決まった（『今鏡』）。女御延子は懐妊中で皇子が誕生する可能性もあるため、皇后宮大夫能信は必死で懇願したのであろう。天皇は最後の力を振り絞り東宮のことを関白頼通に命じると、頼通は「御返事を申上げなかった。納得しない様子だった」（『古事談《こじだん》』第二）とある。資房は、父資平とまず閑院に参る。「若宮は今暁にこのところにお出になった。輦車に乗り、北陣《きたのじん》を経て渡られた。自分と侍臣らが供奉《ぐぶ》した〈皆、宿衣《しゅくえ》だった〉。ただし立太子のことである」（『春記』）、と昨日から用意していたようで、禎子内親王所生の尊仁親王が立太子する。こうして後朱雀天皇は譲位した（『扶桑略記』、『百練抄』）。

後朱雀の死

翌々日、後朱雀《ごすざく》院は三十七歳で亡くなった。「上東門院がお歎きなさる様子は、なんともいいようがない」（『栄花物語』巻三十六）とは道理であろう。後朱雀院は高隆寺《こうりゅうじ》乾原で火葬され、円教寺《えんきょうじ》に埋骨された（『扶桑略記』）。

後朱雀天皇の十年間、彰子は四十九歳から五十八歳の老年期にもかかわらず、天皇と頼通との確執や兄弟間の不和の間にあって、人事などの政務も後見し、孫でもある姉妹たちの忘れ形見を養育しつつ、ますます仏への祈りを深めていった。

老年期の彰子

第九　大女院として

一　後冷泉天皇の即位

後冷泉の践祚

寛徳《かんとく》二年（一〇四五）正月、彰子の孫、後冷泉《ごれいぜい》天皇が二十一歳で践祚《せんそ》し、京極院《きょうごくいん》に遷る（『践祚部類抄』）。天皇生母の嬉子亡き後、彰子が引き取り大切に育てていた孫で甥の即位である。四月には大極殿《だいごくでん》で即位式が行われた。この時期、記録などの史料があまり遺っていないのがいかにも残念である。

白河院の彰子

閏五月、彰子は、白河院《しらかわいん》に遷っている（『扶桑略記《ふそうりゃっき》』）。このときに詠まれた彰子の歌がある。

七月七日に
今日とても急《いそ》がれぬかななべて世《よ》を思ひうみにし七夕の糸（世の中を倦《う》み果てた身にとっては、七夕の今日も織女《しょくじょ》の糸を急ぎ手向ける気にもなれない）

（『栄花物語《えいがものがたり》』巻三十六）

また、「又の年の四月ばかり」とあり、翌年に詠まれたと思われる歌ものこされている。

惜しまれし梢《こずえ》の花は散り果てて厭《いと》ふ緑の葉のみ残れる（惜しまれた梢の花は散ってしまって、きらわれる緑の葉だけが残っていることよ）

（『栄花物語』巻三十六、『玉葉集《ぎょくようしゅう》』雑四）

彰子は二人の息子に先立たれ、失意のうちに白河院に籠もった。「山里も寂くなく、あらゆる人がお仕え申し上げる。御乳母子《めのとご》の但馬守高房《たかふさ》、美濃守基貞《もとさだ》・近江守憲輔《のりすけ》なども集まり伺候している」（『栄花物語』巻三十六）。源高房・藤原基貞・藤原憲輔三人の外祖母は彰子乳母、外祖父は道長の有力家司《けいし》源高雅《たかまさ》で、高房の父と基貞と憲輔の母が兄弟姉妹だから、三人ともイトコで、実際は彰子の「乳母孫」となる。高房の父行任《ゆきとう》は彰子乳母子として彰子の宮司《みやづかさ》や別当《べっとう》を歴任し、前述のように彰子に邸宅を提供することも多かった（『紀略』）。基貞の父は藤原頼宗《よりむね》、母は彰子女房・後冷泉天皇乳母の源公子だった。この二年後、彰子が病を得たさいには基貞第に遷っている。憲輔の父は藤原頼明《よりあき》で、母が彰子乳母子の従三位女院典侍《ないしのすけ》の源懿子である。彰子は、祖父母—父母—孫と三代にわたり、譜代《ふだい》的に奉仕され、支えられていた。

この白河殿は、九世紀初頭に良房《よしふさ》が別業を営み、基経《もとつね》から忠平《ただひら》へ、さらに道長から頼《より》通《みち》へと伝領された桜の名勝で、摂関家の文化拠点だった。頼通から師実《もろざね》に伝領され、白《しら》河《かわ》天皇に献上されて法勝寺《ほっしょうじ》が建立されることは前述した。まさに、摂関期の文化拠点も院政期に継承されていくのである。

実資の死

永承《えいしょう》元年（一〇四六）正月、彰子を高く評価していた右大臣藤原実資《さねすけ》が亡くなった（『扶桑略記』）。九十歳であった。一つの時代が終わった観がある。後冷泉天皇が遷御していた太政官朝所が焼亡し、四月、永承と改元している（『改元部類』）。

章子の立后

七月には、章子内親王が立后し、中宮になる（『扶桑略記』）。彰子が白河殿に遷ったとき、母倫子から譲渡され、立后や二人の皇子出産・出家など、彰子が慣れ親しんだ邸宅の京極院を章子内親王に譲渡していたため準備は京極院で行われた（『栄花物語』巻三十六）。

尊仁の元服

十一月には東宮尊仁《たかひと》親王が内裏に入る。東宮権大夫資房《すけふさ》は、東宮大夫能信《よしのぶ》が父資平《すけひら》に語った密談を日記に記している。すなわち東宮元服の副臥《そいぶし》に、能信の猶子《ゆうし》になっている故公成《きんなり》女茂子を決め、関白頼通と彰子の承諾を得たという（『東宮冠礼《かんれい》部類』所引『春記《しゅんき》』）。公成（九九九〜一〇四三）の祖父は公季《きんすえ》、父は実成《さねなり》で、能信室と兄弟姉妹である。能信と実成女との間に子どもが生まれなかったので、公成女の茂子を猶子にし、東宮妃にするため、頼通と彰子の承諾を得たという。東宮・天皇のキサキ決定に彰子が決定権を持っていたことがここでも確認できる。資平は、能信の実の娘なら大丈夫だが、権中納言で亡くなり、しかも道長子孫ではない公成の娘は東宮のためには良くない、何かの妨げになる、と批判的である。

十二月になり、関白頼通は初めて内裏に入る。東宮元服の日である。大夫能信が調度類、傍親上達部《かんだちめ》が食料・屯食《とんじき》等を調える。申刻（午後四時）後冷泉天皇が南殿《なでん》（紫宸殿）に出御、東宮に内大臣教通が加冠《かかん》し、左衛門督隆国《たかくに》が理髪《りはつ》している（『東宮冠礼部類』所引『春記』）。同日、茂子が入内する。

二　興福寺の再建と法成寺新堂の供養

興福寺の火災

十二月には興福寺が火災にあい、金堂や講堂などが灰燼に帰すが、北円堂並びに正《しょう》倉院《そういん》は焼けず、金堂の釈迦如来《しゃかにょらい》・南円堂の不空羂索観音《ふくうけんさくかんのん》・西金堂の仏等は取り出だれている（『扶桑略記』）。藤原氏寺としての興福寺は、翌年正月から再建がはじまり、永承三年の落慶供養まで、詳細な『造興福寺記《ぞうこうふくじき》』が遺されている。

還暦の彰子

永承二年（一〇四七）になり彰子は還暦を迎える。『栄花物語』巻三十六には、彰子が住む白河殿に天狗が出没し、女房が続いて亡くなり、彰子も病気になったので、心配した頼通たちの助言を仕方なく受け入れ、彰子は前述の乳母孫藤原基貞宅に遷った。『十訓抄《じっきんしょう》』巻一には、後冷泉天皇時代のこととして、「天狗が暴れて世の中が騒がしかったころ」、東北院の北の大路に童部《わらわべ》五、六人ばかりがいたので、通りかかった比叡山の僧が寄ってみると、「古鳶《とび》のよに恐ろしげなる」ものを捕らえたが放した説話がある。この当時の天狗は鳶の姿をしていた。先述のように基貞の父は頼宗、母は後冷泉天皇の乳母公子である（高橋照美「源高雅とその一族」）。

歓子の入内

十月には、右大臣教通の三女歓子が入内する（『扶桑略記』）。章子内親王が東宮時代に妃になって十年たつが、まだ子どもは産まれていない。彰子も同意したのであろう。この年、彰子の奏により、比叡山延暦寺東塔の五仏院《ごぶついん》を後冷泉天皇の御願所としている。五仏院は檜皮葺五間堂で、金色丈六阿弥陀像《あみだぞう》と金剛界《こんごうかい》五仏各一体が安置されていた（『三《さん》塔諸寺縁起《とうしょじえんぎ》』）。

こうして、六十歳の一年が過ぎていったが、またしても彰子六十算賀《さんが》の史料が見えない。この時期、貴族の日記もほとんど遺されていないので、開催された可能性はあるが、しかしながら女院の算賀ならば痕跡の一部なりとも遺っていると思われるので、やはり開催されなかったのであろう。

興福寺の再建

永承三年（一〇四八）三月には、新造なった興福寺で落慶供養が行われている。妻の禔子内親王が亡くなって服喪中の教通親子を除くほとんどの公卿が参入し、盛大な供養が行われた。藤原氏の全盛期ゆえ焼亡後わずか一年余りで再建が成ったのであった。内裏から千五百端、彰子・関白頼通から千端などの夥しい諷誦《ふじゅ》が寄せられている（『春記』、『造興福寺記』）。

なお、十一月には、また内裏が焼亡している（『十三代要略《じゅうさんだいようりゃく》』）。

脩子と明子の死

永承四年（一〇四九）二月に定子皇后の忘れ形見の一品准三宮脩子内親王が五十四歳で（『一代要記《いちだいようき》』）、七月には、道長次妻明子が八十五歳で亡くなる（『公卿補任《くぎょうぶにん》』）。

歓子の出産と死

三月には、女御《にょうご》歓子が皇子を出産するが、その日のうちに夭逝《ようせい》する。教通も本人もがっかりしたことだろう。七月に関白頼通が金峯山《きんぶせん》に参詣するのは、父道長に倣い、皇子誕生を祈願してのことであろう（『扶桑略記』）。

頼通の歌合

十一月には、頼通主催の内裏歌合《うたあわせ》が行われた（『扶桑略記』、『今鏡《いまかがみ》』）。寛和《かんな》二年（九八六）の花山院《かざんいん》内裏歌合から六十三年、晴儀歌合として画期的であった。頼通は天皇とともに御《み》簾《す》内におり（『殿上日記《てんじょうにっき》』）、政治も文化も指導的地位にあることを可視的に示威している。歌合隆盛時代を作りあげ、しかも、盛大な宴の様子を書き留めさせた宮廷文化の領導者だった。こうして後冷泉天皇の和歌や後宴《ごえん》への関心も高まっていった（和田律子『藤原頼通の文化世界と更級日記』）。

法成寺の落慶供養

永承五年（一〇五〇）三月、高陽院《かやのいん》で御堂を供養した関白頼通は、法成寺《ほうじょうじ》の新堂も落慶供養している。習礼《しゅうらい》で参入した権中納言経任《つねとう》ら上達部四、五人が彰子の御堂に候じる。「寺中の深奥の土地を卜定し、七間堂宇を建立し、その前の東西に経蔵《きょうぞう》・鐘楼《しょうろう》各一宇を建て、金色二丈六尺摩訶毘盧遮那《まかびるしゃな》如来像・同丈六釈迦、薬師《やくし》両善逝《りょうぜんぜい》・延命菩薩《えんめいぼさつ》・不空羂索両大士《りょうだいし》・彩色不動尊《さいしきふどうそん》・大威徳像《だいいとくぞう》各一体、六尺五寸四天王像を造り奉り、堂内に安置した」（『扶桑略記』）と、多くの仏像を造立している（杉山信三『藤原氏の氏寺とその院家』）。彰子・中宮章子内親王・倫子・祐子内親王・頼通室隆姫も参列している。参列の女性たちは、皆、金銀で鏤《かぎ》り、堂舎・仏像等は金銀をもって荘厳し華麗無比で、「善美をつくす。すべてこれ国用の減少である」まさに国家財政を消費する豪華絢爛たる供養だった。彰子らからの僧侶への布施も豪華だった。「見物の庶民は雲のようだった。追い払うと雖も、更に納得しなかった」とあり、京中の庶民も見ている（『春記』）。

三　文化の興隆

絵合

四月には、故後朱雀《ごすざく》院の女御延子は、父亡き後に生まれた皇女正子内親王を楽しませようと絵合《えあわせ》を開催する。実質的な主宰者は服喪中の内大臣頼宗である。絵合としては現在知られている限り最古の事例であり、歌人として名高い彰子女房の伊勢大輔や、相模・加賀等が詠っている。六月五日にも頼通が祐子内親王のために高陽院で歌合を催す。判者は内大臣頼宗であった。頼宗は、異母兄頼通とは賢く対応している。

祖母であり「国母」

十月、後冷泉天皇は即位後五年目にして初めて祖母彰子に朝覲《ちょうきん》行幸する。それまで彰子は固辞し続けたとある（『御遊抄《ぎょゆうしょう》』、『百練抄《ひゃくれんしょう》』）。たしかに、『後拾遺和歌集』には、「御冷泉院の御時上東門院に御幸しようとされるが中止になったので、内裏より硯筥《すずりばこ》のふたに桜の枝をいれて奉らせ給った御返しに、詠むよう命じられて詠んだ」との詞書きをもつ上東門院中将の歌がある。中将は、故伊周《これちか》男道雅《みちまさ》女とされている。『扶桑略記』には「母儀仙院を観るためなり」、と女院を「母儀」と記している。本来、朝覲行幸は父母邸宅への行幸と拝舞《はいむ》だったから、彰子は祖母ゆえに固辞したのではなかろうか。しかし、後冷泉天皇の母嬉子は出産後すぐに亡くなり、以後、彰子が同居して養育してきた。ゆえに、天皇や貴族社会では「母儀」と認識されたのだろう。後冷泉天皇の実質的「国母」であった。

寛子の入内

十二月には、頼通女寛子が入内した。母は中務卿具平《ともひら》親王女《むすめ》の贈従二位源朝臣祇子とある（『扶桑略記』）が、具平親王の落胤《らくいん》らしい（田中正大「橘俊綱の母」）。祇子は進命婦と呼ばれる女房で、頼通の寵愛を受け、俊綱《としつな》・寛子・師実を産んだ。俊綱は橘俊遠《としとお》の養子となっている。

禎子と寛子の立后

永承六年（一〇五一）二月、故後朱雀院の皇后禎子内親王を皇太后に、女御寛子を皇后にする。先に入内し、夭折したとはいえ皇子出産の経験のある女御歓子の父教通は、兄の頼通を怨んでおり、二人の溝はますます深まっていく。七月には准三宮になるものの、歓子が皇后になるのは、後冷泉天皇が退位する三日前、十七年後のことである。

馨子の入内

十一月、彰子は後一条《ごいちじょう》院と威子との忘れ形見である元斎院《さいいん》の馨子内親王を東宮尊仁親王に入内させている（『帝王編年記《ていおうへんねんき》』、『一代要記』等）。彰子はここでもキサキの決定を行っている。

「末法の世」

永承七年（一〇五二）は「末法に入る」（『扶桑略記』正月二十六日条）とされた年で、三月、頼通は宇治別業に阿弥陀堂（鳳凰堂《ほうおうどう》）を建立し、阿弥陀仏を安置して、極楽浄土への思いを募らせ、平等院とする。しかし、昨冬から疾病が流行し続け、路頭の死骸がかなり多い状況だった（『扶桑略記』、『春記』四月二十七日条）。

彰子の病気

五月初めから彰子は病になる。天皇は大赦《たいしや》を行い、彰子の御在所の六条第に行幸する（『扶桑略記』）。「天皇が臨幸されたときも、女院は重く悩まれていた」（『春記』）。頼通は彰子のもとに居続け、「この御心地は、邪気のようだ。よって二十日より五壇御修法《ごだんのみしほ》を行なうように」と命じている。大赦の詔書《しようしよ》が出されるから、なかなか回復しなかったようだ。この間、後冷泉天皇は父院と同様の腫瘍《しゆよう》ができ、熱を持っていたため、水を注いで治療している（『春記』）。その後、彰子がいつ回復したのかは不明である。

倫子の死

天喜《てんき》元年（一〇五三）六月、彰子の母倫子が九十歳で亡くなった。入棺後、広隆寺《こうりゆうじ》の北で葬送を行う（『定家朝臣記《さだいえあそんき》』）。彰子は病気の倫子のため鷹司殿《たかつかさどの》に渡っており、長寿の母を看取ることができた。翌年の六月には、阿弥陀堂において倫子の一周忌法事が彰子主催で行われている（『定家朝臣記』）。たしかに彰子は、摂関家の家長的位置にいた。

貞仁の誕生

同月には、東宮の第一王子貞仁《さだひと》（後の白河天皇）が誕生する。母は茂子である（『帝王編年記』)。二十九歳の後冷泉天皇には未だ皇子はいない。東宮大夫能信は歓喜したに違いない。

八月になり、天皇が体調を悪くしたため(『上卿故実《しょうけいこじつ》』)、大赦が行われ(『扶桑略記』)、冷泉院内裏は不吉の兆しがあるとのことで、天皇は頼通の高陽院に遷っている(『十三代要略』)。

平等院に行啓

十月、彰子は頼通の宇治平等院に行啓している(『扶桑略記』)。このときに彰子の女房が詠んだ歌が残されている。

院の、宇治殿におはしましけるころ、人々菊をもてあそぶ(彰子が宇治殿にいらっしゃった頃、人々は菊を鑑賞した)

なべては霜枯《しもが》るらめど法《のり》のうちの菊は盛《さか》りの色ぞ常《つね》なる(普通のは霜枯れしているだろうけど、仏法に守られたこの平等院の中の菊は、盛りの色が少しも変わっていないことです)

(『伊勢大輔集』百三十六番)

祇子の法事

天喜二年(一〇五四)正月、また高陽院内裏が前滝口《たきぐち》紀近則の放火により炎上した(『百練抄』)。四月には、頼通妾で皇后寛子の母祇子が贈従二位に(『扶桑略記』)、翌五月には頼通主催の一周忌法事が行われ、「今日、上下の群衆が数えきれないほど集まり、門前に市を成しており、集まった貴族たちは花のようだった」「命婦祇子は生前も死後も栄花を示している」(『春記』)と盛大な法事だった。高貴な出自よりも関白の子どもを出産する女性の方が幸いだと、貴族から庶民まで認識していたことがうかがえる。女性は出自よりも産む性のみが評価される時代の到来である。

京極院焼亡

九月に、後冷泉天皇は京極院へ遷御するものの(『百練抄』)、十二月に、京極院は焼亡してしまい、天皇は、一時、庭園が見事であった民部卿長家《ながいえ》の三条第に遷御する。「母の女院の御在所なり」とあり、彰子の居所だった(『扶桑略記』)。このとき、彰子の女房伊勢大輔は、家を要求され歌を詠む。

院の、三条の民部卿の家におはしますころ、にはかに行幸ありて近き人々の家召されしに、そのよしを奏せしかば、歌を詠みて参らせよとおほせられしかば、(彰子が、三条の民部卿長家の家にいらっしゃっていたころ、急に天皇の行幸があり、近隣の人々の家が召されたので、そのことを天皇に訴えたところ、歌を詠むように命じられたので)

年積《つ》もる頭《かしら》の雪は大空《おおぞら》の光にあたる今日ぞうれしき(多くの年月とともに、積もる頭の雪、増えた私の白髪は、大空をあまねく照らす天皇のご恩光に接して消える今日、まことのうれしいきわみでございます)

家を返しにすとおほせられたりし(天皇は、家を返すと仰せになった)

（『伊勢大輔集』八十五番）

里内裏の場合、近隣の家が内裏の諸施設とするために接収されたこと、伊勢大輔が自身の家を持っていたことなどがわかり興味深い。

一条院の造営

天喜三年（一〇五五）六月、冷泉院を壊して一条院を造営することになり（『扶桑略記』）、八月には里内裏一条院の棟上げ立柱が行われる（『中右記《ちゆうゆうき》』天永《てんえい》三年〈一一一二〉八月十九日条）。なお二月には興福寺が、九月には、法成寺僧房が焼亡している（『百練抄』）。

翌年二月、天皇は新造なった一条院内裏に遷る（『定家朝臣記』）。「東には皇后（寛子）、北の藤壺《ふじつぼ》となぞらえた殿舎には中宮（章子内親王）、西の南には女御殿（歓子）などおはします」（『栄花物語』巻三十六）。

春秋歌合

その新しい内裏の皇后新御座所で皇后宮の春秋歌合が盛大に開かれた。「春秋のどちらがすぐれているか」とのコンセプトで、左春・右秋に分かれ、左右とも春秋の衣裳で着飾り、「天皇は、御直衣《のうし》でお渡りになり」、御製を出し、実質的には頼通主催で行われた（『歌合集』「（仮名日記）四条宮歌合」）。右方和歌の清書は、九十余歳の三蹟《さんせき》藤原佐理《すけまさ》女で左兵衛督経任《つねとう》母が、墨《すみ》涸《が》れすることなく見事に書き上げる（『栄花物語』巻三十六、『袋草子《ふくろぞうし》』）。さらに、左方の清書は、故入道中納言源顕基《あきもと》の妻藤原行成《ゆきなり》女に決まっていたが触穢《しよくえ》になり、菅典侍の故参議輔正《すけまさ》女は所労で書けず、兼行《かねゆき》が真名《まな》で書く（『袋草子』）。女性たちの書道文化への寄与も注目したい（拙著『「源氏物語」の時代を生きた女性たち』）。この歌合では、寛子皇后女房の下野の歌が最初三首選ばれたが、彰子の命で、二つは彰子女房の伊勢大輔に替えられてしまう（『四条下野集』六十九〜七十七番）。史料が少なく残念だが、この時期でも彰子は隠然たる力を発揮し、側近男女を庇護《ひご》している。また、伊勢大輔は『仮名日記』を書いており、彰子は和歌文化の興隆にも寄与していた。

四　法成寺再建

法成寺の落慶供養

天喜五年（一〇五七）三月、彰子は法成寺に金色丈六阿弥陀如来像一体を安置した八角堂（円堂）を落慶供養している（『扶桑略記』）。この年も、七十歳を迎えた彰子の算賀記事はない。算賀のための費用を出させることへの配慮であろう。この八角堂落慶は自身の長寿を自身で仏に感謝するためのもので、いわば彰子自身が主催した算賀といえるのではなかろうか。

師実が五節舞姫を献上

十一月には、左中将師実が五節舞姫《ごせちのまいひめ》を献上した。「太后（寛子）より余（忠実）にいただいた。よりて余は衣を忠通にあたえた〈天喜五年度の五節で、上東門院から宇治（頼通）に献ぜられた。件の例により、あたえたところである〉」（『殿暦《でんりゃく》』永久《えいきゅう》三年〈一一一五〉十一月十二日条）とあるとおり、彰子は師実父頼通に衣裳を賜与している。以後、説話にも取り入れられ、慣例となる。

法成寺焼亡

康平《こうへい》元年（一〇五八）二月、「おおよそ丈六仏像数十余体・等身金色仏菩薩像百余体、一時に煙となる。見る者涙を流す」（『扶桑略記』）と法成寺のほとんどの堂舎が焼亡した。「女院の御仏なども、すばらしく立派だったのも、一夜のうちに煙にて天に昇ってしまわれた」（『栄花物語』巻三十七）。しかし、翌月には基壇が築かれはじめており、頼通は道長墓に使者を遣わせている（『定家朝臣記』）。頼通の権勢と財力はまだ健在であった。

法成寺焼亡の歎きもおさまらない中、その三日後「内裏ならびに中和院《ちゅうかいん》・大極殿・東西楼・廻廊・朝集堂《ちょうしゅうどう》等、皆すべて焼亡した」（『扶桑略記』）。昨年新造されたばかりの内裏で、幸いにも天皇は未だ遷っていなかった（『定家朝臣記』）。このため八月には康平と改元される。頻繁に発生する火事は放火が多い（西山良平『都市平安京』）。

師実の権大納言就任

四月、師実が権大納言に任じられている。慶賀のため最初に訪れた場所は彰子だった（『定家朝臣記』）。彰子は、紛れもなく天皇家・摂関家のトップと認識されていた。

康平二年（一〇五九）正月に一条院内裏が焼亡したさい、天皇が身を寄せたのは彰子の室町第だった（『扶桑略記』）。いつも、最初にすがるのは天皇家の家長彰子である。このとき、東宮を象徴する壺切剣《つぼきりのつるぎ》が灰燼《かいじん》に帰してしまう（『百練抄』）。

法成寺の再建

十月には、昨年炎上した法成寺無量寿院《むりようじゆいん》と五大堂《ごだいどう》が再建され、落慶供養が行われた。中には金色丈六阿弥陀如来像九体・一丈観音・勢至《せいし》二菩薩像各一体・彩色四天王像各一体等が安置され、彰子も列席している（『扶桑略記』、『定家朝臣記』）。再建された法成寺は、道長建立の伽藍よりも整備されており、のち後三条天皇が建立する円宗寺《えんしゆうじ》や白河院が建立する法勝寺は、伽藍中央に金堂があり、大規模伽藍の法成寺がモデルだったという（上島享『日本中世社会の形成と王権』）。摂関期の道長・頼通が造り上げた宗教文化も院政期に継承されたのである。

康平三年（一〇六〇）三月、彰子は封五十戸を平等院に寄付し（『兵範記《へいはんき》』仁安《にんあん》二年〈一一六七〉五月二十三日条）、白河院に渡り、天皇の朝覲行幸を受けている（『定家朝臣記』）。なお、五月には興福寺の金堂・廻廊・中門・維摩堂《ゆいまどう》・三面僧房が焼亡する（『定家朝臣記』）。

「母儀」として

七月、頼通は高陽院遷御の日程を陰陽師等に占わせたうえ、天皇と日程を決めているが、「ただし自分だけで一定しがたいので、このことを女院彰子に啓され、また右大臣

（教通）にも仰せるように」と、彰子にきちんと相談するように命じている（『定家朝臣記』）。この時期、貴族の日記がほとんど残存していないが、たまたま摂関家家司の平定家《さだいえ》の日記が部分的に遺っており、彰子が行幸などの天皇行事に深く関与したことが知られる。七十歳を過ぎても天皇の「母儀」として信頼され、発言権を持っていたことが確認できる。結局、天皇は八月に遷御した（『定家朝臣記』）。

頼通の人事

同じ七月には、頼通は、息子師実を内大臣にするために左大臣を辞し、左大臣に教通、右大臣に頼宗、内大臣に師実をすえる人事を行う。いっぽう、能信は治安《ちあん》元年（一〇二一）に権大納言に任じられたまま四十年近くがたっていた。せめて大納言に昇進させるべきだったのではないか。ここにも頼通の冷徹さが際立とう。すでに準備がはじまっていた師実の任大臣大饗《だいきょう》は、『定家朝臣記』から大変詳細にわかり、十九日には、四十余人の前駆《さきがけ》で賑々しく彰子慶賀に赴き、彰子は和琴《わごん》二張を賜与している。

康平四年（一〇六一）七月、法成寺に東北院を再建し、盛大な供養や大赦が行われた（『定家朝臣記』、『扶桑略記』、『孝重勘進記《たかしげかんしんき》』）。なお、九月からこの東北院で不断念仏がはじめられている（『百練抄』）。

平等院の塔供養

十月には、頼通が平等院の塔供養をしており、彰子も布施を出している（『定家朝臣記』）。

十一月には頼通七十算賀が行われ、翌月、頼通は太政大臣に就任し、任大臣大饗を行い、彰子への慶賀に訪れて南庭から拝舞している。頼通がこの時期慶賀に訪れるのは彰子のみである（『定家朝臣記』）。

五　摂関家の世代交代

師実の左大将就任

康平五年（一〇六二）四月、左大臣教通は左大将譲与状を献上し、師実が左大将に任じられ、まず最初に彰子のもとへ慶賀に来ている（『定家朝臣記』）。なお、六月には、東宮妃の茂子が亡くなっている（『扶桑略記』）。このとき皇子の貞仁王《さだひとおう》（後の白河天皇）は十歳、三人の王女も健在である。

九月には、内大臣師実の妻源師房《もろふさ》女麗子が男児（師通《もろみち》）を出産する（『定家朝臣記』）。道長―頼通―師実―師通と、摂関家の家筋を太く強固にする意義深い出産である。

康平六年（一〇六三）十二月には、彰子は三井寺《みいでら》一乗院を供養している（『百練抄』）。

朝覲行幸

康平七年（一〇六四）十月、後冷泉天皇は、彰子のいる法成寺東北院に朝覲行幸する（『御遊抄』）。面会の後、万歳《まんざい》・地久《ちきゅう》・胡飲酒《こいんじゅ》等の奏楽が行われ、源俊房《としふさ》は父の行幸賞を譲られ正二位に、藤原忠家《ただいえ》は行幸院司賞で正二位になっている（『水左記《すいさき》』、『公卿補任』）。忠家の父は道長男（明子腹）の長家、母は彰子女房の女院典侍懿子である。十二月には、頼通は氏長者《うじのちょうじゃ》を教通に譲っている（『扶桑略記』）。

治暦《ちりゃく》元年（一〇六五）正月元旦、中納言源俊房は、妹麗子邸（聟は内大臣師実）で小児師通四歳の戴餅《いただきもち》儀を行い、父師房邸に参り、一緒に関白頼通邸に行き正月拝礼をし、彰子御所に参り拝舞を行い、参内している（『水左記』）。摂関家親族が女院に正月拝礼、しかも拝舞を行っており、毎年、女院御所での正月拝礼が慣例化していたことは間違いない（服藤早苗『平安王朝社会のジェンダー』）。

頼宗の死

二月には、彰子の異母弟前右大臣頼宗が七十三歳で亡くなる。弟能信と違い、彰子や頼通、教通との友好な関係を保った人生だった。『金葉和歌集《きんようわかしゅう》』巻第九雑部上には、次の贈答歌がある。

例ならぬ事ありて煩《わずら》ひけるころ、上東門院に柑子《こうじ》奉るとて人に書かせて奉りける　堀河右大臣（頼宗）

（いつもと違うことがあり煩っていたころ、上東門院彰子に柑子を差し上げるために人に書かせて差し上げた）

仕《つか》へつるこの身のほどを数《かぞ》ふればあはれ木末《こずえ》になりにけるかな（長い間、木の実を奉りなどしてはお仕えしてきたこの身の年月をかぞえると、木の実が梢になるように、なんと老いの末になってしまった）

御返

上東門院

過《す》ぎきける月日のほども知られつつこのみを見るもあはれなるかな（これまでの年月をお送りいただいた柑子の実を見て、この身を振り返りしみじみと思われることよ）

この贈答歌からは、毎年柑子を彰子に送っていた律儀な頼宗の姿と、二人の親密な交流が浮かび上がる。

能信の死

同じ月には、頼宗の同母弟能信が七十一歳で亡くなった。能信は、頼通の専横《せんおう》に反感をもっており追従せず、四十五年間、権大納言のまま据え置かれていた。後朱雀天皇の中宮禎子内親王の宮司を務め、後朱雀天皇に禎子所生の尊仁親王の東宮擁立（後の後三条天皇）を迫り、東宮になった親王に養女茂子を入れている。尊仁親王の即位を待ち望んでいたに違いない（河野房雄『平安末期政治史研究』）。東宮と関白頼通との仲は良くなかったようだが（『栄花物語』巻三十七）、しばしば述べてきたように、母が藤原氏でなかったからではない。後朱雀天皇に養女嫄子を入れ、禎子内親王の中宮身位を剝奪し、「上陽人《じょうようじん》」の憂き目に合わせるなど、頼通が東宮尊仁親王の母や東宮宮司の能信たち、あるいは東宮へ冷徹な対応をとったゆえである。延久《えんきゅう》五年（一〇七三）には、白河天皇は後三条院の崩御前日、母茂子を贈皇太后に、養外祖父の能信を贈太政大臣正一位に叙している（『扶桑略記』）。白河院は、「故春宮大夫殿（能信）がいなければ自らの地位はなかった」と常に「殿」をつけて呼んだとの逸話も遺されている（『今鏡』司召し、『愚管抄《ぐかんしょう》』第四）。

法華経と釈迦三尊の供養

九月、後冷泉天皇は、高陽院内裏で父の故後朱雀院のために、宸筆《しんぴつ》の金字法華経《ほけきょう》と白檀《びゃくだん》釈迦三尊《さんぞん》を供養した（『扶桑略記』）。雨で延期したものの、彰子は皇太后禎子内親王・中宮章子内親王・皇后寛子等とともに、金銀宝石等をふんだんに使った豪華な工芸品を捧げており（『願文集《がんもんしゅう》』）、参加者の衣裳も豪華だった（『栄花物語』巻三十七）。翌月、天皇は法成寺に行幸し、金堂・薬師堂・観音堂を供養し、頼通男の覚円《かくえん》を大僧正《だいそうじょう》としている（『扶桑略記』、『百練抄』）。

高房の叙位

治暦二年（一〇六六）二月、彰子の「乳母孫」源高房が彰子の御給《ごきゅう》で正四位下に叙される（『水左記』）。高房は、度々登場した彰子の乳母子上東門院別当行任の男で、摂関家受領《ずりょう》家司である。

寛子宮の歌合

五月には結び花と造り花を左右に分けた皇后寛子宮の歌合が行われた。天皇も渡り、「天皇は美しいと思われて、その花どもを女院に奉らせた」（『四条宮下野集《しじょうのみやのしもつけしゅう》』）。治暦二年説への疑問もあるが、四十二歳の天皇が、「母儀」彰子を常に尊重していることがうかがえるエピソードである。

最勝王八講

治暦三年（一〇六七）五月、恒例の内裏最勝王《さいしょうおう》御《み》八講《はっこう》に、「女院も内裏にいらっしゃる」。「帝と二人の后を下におおき申上げている女院の御有様は、今にはじまったことではないが、やはり大層すばらしい」（『栄花物語』巻三十七）。薙髪《ちはつ》した女院が内裏に入るのは仏事行事ゆえであろう。子どものいない天皇にとっては、キサキたちと仲むつまじく過ごした日々は、穏やかな日常だったのだろう。

平等院行幸

十月になり、天皇は宇治平等院に行幸する。池中に竜頭鷁首《りょうとうげきしゅ》の船をうかべ童楽が奏され、経蔵に渡御し仏具を見学した。饗宴には金銀珠玉が儲けられ、作文会《さくもんえ》も行われる。最終日には頼通に准三宮の勅《ちょく》が出て、年官年爵《ねんかんねんしゃく》・封戸《ふこ》三千戸・内舎人《うどねり》・左右近衛《このえ》資人《しじん》などが賜与され、平等院には封戸三百戸が加えられる（『扶桑略記』）。院政期に盛んに行われる平等院行幸の先駆けである。

頼通の諮詢

十二月には、関白頼通の二度目の上表に対する勅答で、「諮詢《しじゅん》すべき」と命じられる

（『公卿補任』）。公的行事には参加しなくて良いが、政治万端にわたって諮問《しもん》に答えるように、との勅命である。「諮詢」こそ関白の中心的機能であり、逆に新関白を任じられなくなった（坂本賞三『藤原頼通の時代』）。天皇は体調が悪く、頼通の諮詢は必要だったのだろう（『扶桑略記』）。この年も、彰子の八十算賀が開催された史料は見当らない。

天皇の不調

治暦四年（一〇六八）、年が明けても天皇の不調は続き、薬を飲んだり（『本朝世紀《ほんちょうせいき》』）、御祈が行われたりしている（『百練抄』）。内裏では孔雀経《くじゃくきょう》等が修され、法成寺では「百二十五体丈六絵像尊容《えぞうそんよう》を供養する。院・宮・女御家・ならびに太政大臣・左大臣らが力を合わせ、誠を致す。その儀は御斎会《ごさいえ》に准じて天下に大赦を行う。この間に御薬は少なくなり、平癒《へいゆ》の兆しがあった」。しかし、四月になっても「左右馬寮《めりょう》御馬十六疋を諸社に奉る。御薬重きによるなり」（『扶桑略記』）とあり、回復にはいたらなかった。

教通の関白就任

三月には、頼通の病も重くなり上表し「諮詢」も辞してしまう。翌月に、教通が関白に任ぜられた。『古事談《こじだん》』（巻二・六十一話）には著名な説話がのっている。頼通は関白を直に息子師実に譲ろうと思って、彰子にその由を申しあげた。彰子はすでに髪を梳《けず》って寝床に入っていたが、俄に起き出し、硯・紙を召し寄せて、「大殿《おおとの》が申してもご承引あるべからず。故禅門《ぜんもん》（道長）が確かに申し置かれた旨があります」と書き後冷泉天皇に送った。よって頼通は息子師実に譲ることを許されず、教通が関白になった、という。薙髪したはずの彰子が「髪を梳って」いるのは不思議だが、①頼通が関白の人事で女院彰子に承諾を得たこと、②彰子は父道長の遺言を執行したこと、③天皇は彰子の命に従ったこと、などがうかがえる。史実かどうかではなく、このような説話が貴族層に伝わり、伝承されたことこそ天皇家と摂関家の両方の家長と認識されていた彰子の権限を見事に示すものといえよう。

関白となった教通は、その日のうちに、娘の女御歓子を皇后に、皇后寛子を中宮に、中宮章子内親王を皇太后に、皇太后禎子内親王を太皇太后に改める（『一代要記』）。後冷泉天皇は、亡くなる二日前に、前代未聞の一帝三后を承認したことになる。もちろん関白教通の権限行使ではあるが、父後朱雀院が教通女生子を女御のままにしたことの反省かもしれない。

彰子にまつわる伝承

この頃、彰子が後冷泉天皇の御所に渡御《とぎょ》し今様《いまよう》の堪能な藤原敦家《あついえ》を蔵人頭《くろうどのとう》に補した、という伝承が残されている（『吉記《きっき》』建久《けんきゅう》二年〈一一九一〉閏十二月二十四日条）。この記録によると、彰子は後冷泉天皇の見舞いのために内裏に参入していたことになり、すなわち一帝三后も承認していた可能性がある。

六　彰子の崩御

後冷泉の崩御

四月、高陽院内裏で後冷泉天皇が四十四歳の生涯を閉じる（『水左記』）。左大臣教通らが神璽《しんじ》宝剣等を閑院に持参し、東宮尊仁親王に譲位され、践祚して後三条天皇となる（『本朝世紀』）。「如在之儀」である。先帝は船岳西野で火葬され、円教寺《えんきょうじ》に埋骨された（『扶桑略記』）。後三条天皇は、大納言藤原信長《のぶなが》（関白教通男）の大宮第に遷御し、大極殿は未完成なので太政官で即位した（『扶桑略記』、『御即位部類』等）。即位式には多くの女性が活躍し、女叙位では、従五位下の源仲子が彰子御給で叙されている（『本朝世紀』）。

後三条天皇の母禎子内親王が誕生したさい、世次翁が見た吉夢、「御父三条院の皇統が絶えようとしているのを、御継承なさるべき御方でいらっしゃる」（『大鏡《おおかがみ》』道長）との描写からは、『大鏡』成立の十一世紀末でも、皇位継承には父のみならず、母も重要だったのであり、皇統は父母両方から継承されるという双系（両属）意識を貴族層が持っていたことが明確になる。

後三条の移徙

天皇は、九月、関白左大臣教通の二条第に遷った（『扶桑略記』）。頼通と教通との確執もあり、後三条天皇を支えるのは関白教通一家である。その後、二条内裏が燃え、「累代の内印など多くが焼失した」という（『百練抄』）。天皇は閑院に遷御し（『帥記《そちき》』、『本朝世紀』）、故大納言藤原長家の三条大宮殿に遷った（『帥記』）。

延久元年（一〇六九）、これまで天皇は朝覲行幸に彰子を訪れていたが、後三条天皇にはこの年陽明門院《ようめいもんいん》号が奉られた国母禎子内親王が現存するので、祖母彰子への朝覲はない。十二月、「東北院に阿闍梨《あじゃり》四口を置いた。上東門院が申されたからである」（『扶桑略記』）と、東北院の基盤をしっかりしている。翌年、十一月、「上東門院の御体が不調」なので、大赦が行われている（『朝野群載《ちょうやぐんさい》』巻十一）。

実仁の誕生

延久三年（一〇七一）二月に、小《こ》一条《いちじょう》院男源基平《もとひら》の娘の基子が第二皇子である実仁《さねひと》を出産した（『扶桑略記』）。基子は、はじめ聡子内親王の女房だったが、後三条天皇が寵愛して懐妊させたのである（『栄花物語』巻三十八）。天皇のキサキを天皇自身が選び、懐妊させ、皇位継承者としての皇子を産ませるのは、いわゆる摂関期では初めてである。しかも、懐妊五ヶ月で内裏を退出した後も、「神事御祭などのない折りにはお忍びで参上させなさる御使がひまもない」（『栄花物語』巻三十八）と三十八歳の天皇の行為には規制がなくなる。前関白の頼通は宇治に隠遁《いんとん》しており、関白教通も七十六歳のためさほど参内しておらず、まだ三十歳の左大臣師実は天皇を諫められる年齢ではなかった。

基子、女御になる

翌月には、基子は女御になる。同じ日、師実は源顕房《あきふさ》女の賢子を養女にして東宮（のちの白河天皇）に入れる（『扶桑略記』）。この東宮キサキの決定については、後三条天皇が師実を呼び、養女の賢子を東宮に入侍させるように要請し、頼通は感涙して早く入内させるように指摘し（『愚管抄』）、また「天皇より『早く参上させるように』とあれば」（『栄花物語』巻三十八）ともあり、後三条天皇が決めたことになっている。国母詮子と彰子が掌握していた天皇・東宮のキサキ決定を、後三条天皇が掌握したのであり、院政期に天皇家家長たる院に継承されていく前提となる。なお、賢子が二十八歳で没したとき、「天皇は悲泣し、数日御膳を召さなかった」（『扶桑略記』応徳《おうとく》元年〈一〇八四〉九月二十二日）とあり、白河天皇に寵愛されていた。賢子は、頼通の猶子師房の孫、師実の妻麗子姪であり、母方は、道長側近だった源俊賢《としかた》男で頼通と親密だった宇治大納言隆国が曾祖父、母は隆国男隆俊《たかとし》女で、叔父俊明《としあき》は中宮権大夫として賢子に仕え、白河院の寵臣国明《くにあき》を養子にしており、両方とも頼通一家と親しい間柄だった（和田律子「藤原頼通の最晩年」）。

頼通の出家

延久四年（一〇七二）正月、頼通が病により出家する（『扶桑略記』）。四月、新造大極殿が落成し、八月、「法成寺の西北院を供養した。先年焼けた後、宇治入道相国頼通が造立した」(『百練抄』)とあり、母の倫子建立の西北院が再建されている。

白河天皇の即位

後三条天皇は、十二月一日に寵愛する女御基子を准三宮にした(『扶桑略記』)。翌日には除目《じもく》を行い、八日には内裏で譲位し、貞仁親王は践祚し白河天皇となった。基子が産んだ二歳の実仁親王を東宮に立てている(『公卿補任』、『扶桑略記』等)。後三条天皇は飲水病(糖尿病)だったため(『栄花物語』巻三十八)、早く譲位して基子所生の第二皇子を東宮にしたかったのだろう。二十九日には新造大極殿で白河天皇が二十歳で即位する(『中右記』)。

後三条の崩御

延久五年(一〇七三)、後三条院は正月二日から体調を崩すが、二月には母陽明門院と聡子内親王を同伴し、関白教通等を従え、石清水八幡宮・四天王寺・住吉詣に行っている(『扶桑略記』、『栄花物語』巻三十八)。しかし、この住吉詣の後、病が重くなり、天下大赦を行う(『扶桑略記』)。後三条院は四月に落飾し、翌月但馬守高房邸で亡くなる。四十歳だった(『扶桑略記』)。頼通は、後三条院が亡くなったことを聞き、「これは本朝の甚だしい不幸である」(『続本朝往生伝《ぞくほんちょうおうじょうでん》』)と言ったらしい。

従来、後三条院は母が摂関家出身ではなかったので、摂関家とは対立していたとされてきた。しかし、後三条院が亡くなった邸宅主の源高房は、何度も登場するように彰子の側近中の側近の「乳母孫」で、彰子や摂関家に仕える、いわゆる譜代の家人である

（佐藤堅一「封建的主従制の源流に関する一試論」、岡野範子「家司受領について」）。このように後三条院は彰子の側近が提供した邸宅で亡くなったことからすれば、彰子は後三条院を庇護していたといえ、後三条院と彰子や摂関家は対立していなかったことが明らかになる。

頼通の死

承保《じょうほ》元年（一〇七四）二月には頼通が八十三歳で宇治平等院で亡くなる（『扶桑略記』、『一代要記』）。「本来はめぐみ深くやわらいだ心の持ち主で、これが第一の長所だ」（『春記』長久《ちょうきゅう》二年〈一〇四二〉三月十四日条）とあり、温和な性格であったが、次第に道長以上の力を行使していくものの、いつも彰子に頼った弟だった。

彰子死す

そして、十月三日、上東門院彰子は、法成寺阿弥陀堂で八十七歳の生涯を閉じた（『扶桑略記』）。六月に二条院となった章子内親王が見舞ったときには苦しげな様子だったらしいが（『栄花物語』巻三十九）、病気や大赦の記事が見えないので、長く患ったとも思えない。老衰ではなかろうか。十月六日、大谷で荼毘に付され、山陵造営と国忌の辞退などの遺令が奏上され、「廃朝三日・固関《こげん》」が行われている（『勘仲記《かんちゅうき》』正応《しょうおう》五年〈一二九二〉九月九日条）。陽明門院（禎子内親王）の遺令・廃朝・固関等も、上東門院彰子を先例に行われており（『中右記』嘉保《かほう》元年〈一〇九四〉二月十日条）、のちに白河院が亡くなったさいにも、彰子と陽明門院の禁中作法は、「両院帝の曾祖母なり。今、曾祖父儀に叶う」（『中右記』大治《だいじ》四年〈一一二九〉七月七日）として踏襲された。曾祖父母儀は同等だったことがうかがえる。こうして、院政期の葬送禁中作法は彰子が先例になる。

また、白河院の二七日《ふたなぬか》供養に対し、「上東門院百七僧を以て行わる」「上東門院の例、凶事すでに吉例に候」（『中右記』大治四年七月二十日条）と、彰子の例は吉例として院政期の男院に継承されていく。

七七日《なななぬか》は十一月六日、法成寺において「請僧百口」で行われる。これも『勘仲記』正応五年九月九日の記事から日時等が判明する。院政期には、男院の葬送関連儀礼が、上東門院彰子を吉例として継承されていく記事が大変多い（高松百香「院政期摂関家と上東門院故実」）。まさに摂関期から院政期への橋渡しをした一生だった。

『中古京師内外地図』には八坂神社に「祇園社」とあり、その東北の塚に「上東門院墓所」と記されている。他にもいくつもの伝承があるが、確証はない。

第十　彰子の人間像

一　親権による政務後見と天皇家財産管理
――院政のさきがけ――

彰子と政務

彰子は八十七歳まで、当時としては驚異的な長寿を全うした。一条《いちじよう》天皇に入内し、二人の皇位継承者を産み、二人の孫と曾孫の皇位までしっかりと見届けており、天皇家にとっても摂関家にとっても中興の祖に間違いない。最後に、彰子がなしえたことを大きく三点にまとめてみた。まず、政務に関してである。のちの白河院《しらかわいん》が政務を決定するさいに権限行使の根拠、すなわち先例にしたことをいくつも指摘したが、これは親権行使、ひいては天皇家の家長権の確立と位置づけることができる（以下の詳細は服藤早苗「国母の政治文化」参照）。

寛治《かんじ》元年（一〇八七）六月、前年に堀河《ほりかわ》天皇に譲位した白河院は、摂政藤原師実《もろざね》が初めて上表文を提出したさい、基経《もとつね》が上皇に奉った例と、長和《ちょうわ》五年（一〇一六）に彰子が物忌《ものいみ》で返給した先例をもって対処しようとしていた（『為房卿記《ためふさきょうき》』寛治元年六月二十四日条）。彰子は内覧を要請されていたことが確認された。嘉保《かほう》元年（一〇九四）三月には、藤原師実が関白を辞して息師通《もろみち》に譲与するが、「殿下は内覧せず、上皇が覧た。これは、道長が頼通《よりみち》に譲ったとき、上東門院彰子が内覧した例である」（『中右記《ちゅうゆうき》』）と、同じく彰子を先例としていた。道長の太政大臣就任については詳細に指摘したように、彰子が実質的に決定していた。彰子は皇太后で女院ではなかったが、これも男院に継承されていった。

さらに、永久《えいきゅう》二年（一一一四）には、大臣が天皇に公文書を奏上して御覧にいれる儀式であり、天皇の統治権を象徴する最も重要な「官奏《かんそう》」に対し、関白忠実《ただざね》は、「上東門院（彰子）の仰せにより一度に七通を奏した」と先例を出している（『殿暦《でんりゃく》』）。天皇にとって最も重要な政務である官奏に、彰子が間違いなく関わっていたことが判明するが、これも女院になるよりも前であろう。

他にも、蔵人頭《くろうどのとう》人事など、すでにしばしば述べてきた。

白河院が先例として継承した政務は、彰子が上東門院の身位に昇っていないときのものが多い。しかし、白河院は先例として政務の根拠にしている。「女院の政務を男院が継承した」と単純にとらえるべきではあるまい。では、なぜ白河院は彰子の政務を継承し得たのか。それは天皇の母、すなわち親としての行為ゆえと断定できる。すなわち親権である。日本における家父長権の一要素である親権は父母が分掌しており、しかも、父亡き後は母が代行する「後家」の権限は、源頼朝《よりとも》の御台所《みだいどころ》北条政子《まさこ》を出すまでもなく、家族史研究ではひろく承認されている（比較家族史学会編『事典家族』）。さらに、孫の後《ご》冷泉《れいぜい》・後三条《ごさんじょう》天皇の頃でも、史料が少ないとはいえ、人事などに関与していたことを見てきた。親権とともに、天皇家の家長としての役割も果たしていたのである。

キサキの決定

天皇家の家長として重要な政務のひとつにキサキの決定を挙げることができる。後一条天皇、後朱雀《ごすざく》天皇、孫の後冷泉天皇、後三条天皇が正式なキサキを決定するにあたっては彰子が承諾したことが確かめられた。敦康《あつやす》親王と具平《ともひら》親王女との結婚も頼通のみならず彰子も承諾していた。後一条天皇から後三条天皇まで、正式の后妃は、すべて道長と一条天皇の子孫だった。

なお、禎子内親王を道長の孫だと当時の人々が考えていたこと、母源倫子から宇多源《うだげん》氏《じ》の流れを汲み、宇多源氏の中で最も身位が高かった彰子が、宇多源氏の仁和寺宝蔵の管理を行っていたことも指摘した。すなわち、摂関期には氏への双系的（両属的）所属意識がたしかに残っていたことも強調しておきたい。

朝覲行幸

天皇が退位した父上皇と国母の邸宅へ行幸し、北面して最敬礼の拝舞《はいむ》を行う九世紀からはじまった朝覲行幸《ちょうきんぎょうこう》は、父母の家父長権、親権への従属を貴族や庶民に浸透させる見事なパフォーマンスで、まさに平安京内を劇場にした演出だった。また、彰子が家父長権・親権を発揮できたのは、夫である一条天皇の早世と自身の驚異的で健康的な長寿による父権の代行であり、母権が父権より強かったわけではないことを強調しておきたい。ただし、双系的（両属的）意識の残存をもとにした母親の親権行使が、政治意思決定に関与する男性貴族たちも含め、当時の社会で政治文化として承認されていた歴史背景も重要な要素だった。

天皇家の財産管理

天皇家の家長としての役割は、天皇家の財産管理からもうかがえた。彰子は後院を実質的に統轄していた。後院は、退位した上皇の居所や天皇の仮御所的側面が重視されてきたが、平安中期には天皇家の私的な所領や財産の管理機関的側面がより強くなる。天皇の個人的性格の強い財産を管理し、生活や儀礼費用を予備的に支えるために後ろに控える院であり、天皇個人に密接な形で奉仕する意味での「後ろ」だった。後院が管理する天皇の財産のうち累代の財産、いわゆる「わたり物」は十世紀中葉に成立し、十世紀末にはそれまで天皇や天皇一族が緩やかに所有権を保持し、朱雀・冷泉天皇らに分散していた財産を一括して天皇の管理下に置くために後院庁が置かれ、職員である後院司が任命された。天皇の私的財産は退位後も院を支えるから、後院司と上皇（院）職員の院司とは密接に関わり、兼帯するようになる。さらに、院政期に白河院は後院を管理するようになり、一括して継承する形式が確立する（岡村幸子「平安前・中期における後院」、吉江崇『日本古代宮廷社会の儀礼と天皇』）。

長元《ちようげん》七年（一〇三四）、翌年の彰子への朝覲行幸の費用で、東宮の殿上帯刀《てんじようたちはき》の侍者らの饗は公事でないから、彰子より後院に命じられたことは先に見た（『左経記《さけいき》』）。後院の統括者は本来天皇とされているが、彰子が命じている。また、後一条天皇以降の後院別当《べつとう》には彰子の側近が多い。後朱雀天皇の後院司五人、すなわち頼宗《よりむね》・源師房《もろふさ》・源道方《みちかた》・藤原章信《あきのぶ》・大江定経《さだつね》（『範国記《のりくにき》』長元九年〈一〇三六〉十二月二十二日条）をみると、頼宗は彰子の異母弟で上東門院別当、師房は頼通の猶子《ゆうし》で親仁親王の東宮時代の権大夫、道方は彰子の母方の従兄弟、章信は敦成《あつひら》親王家の蔵人で敦良《あつなが》親王東宮権大進、定経は後一条天皇乳母子《めのとご》で彰子の側近である（『行親記《ゆきちかき》』長久《ちようきゆう》元年〈一〇四〇〉十二月二十一日条）。院司と後院司が重なり、天皇家（王家）財産を一括で管理する白河院時代の先駆的様相がここにある。

日常生活の管理

なお、彰子には衣説話が多いこと、親族や天皇家・摂関家の各職司家司等の生育儀礼や、年中行事にさいして衣や服飾品等を下賜したことなども指摘した。父権の代行的家長の役割のみならず、衣料等日常生活の管理統括を任務とする母親としての役割も果たしていたことも強調しておきたい。

二　女性の序列化と家司の譜代化

家格の序列化

彰子が、道長の子孫以外の大臣や貴種の娘たちを自身の女房やキサキたちの女房にいわば強制的に就任させ、女性たちの序列化、ひいては家格の序列化をはかったことも重要である。源憲定《のりさだ》の娘への要請はすでに述べた。伊周《これちか》の次女に彰子から度々女房勤めを要請するが、「今の世は、帝や太政大臣の女でも、みな宮仕に出ている状況なので、死後は宮仕えの要請があるだろうが、決して面目を潰すようなことをしないように」との伊周の遺言が破られることを北の方（源重光《しげみつ》女）は悲しんでいた。結局、寛弘《かんこう》七年（一〇一〇）頃、女房十人・女童二人・下仕二人の付添で彰子の女房になり、帥殿の御方と呼ばれた（『栄花物語《えいがものがたり》』巻八・十四）。寛仁《かんにん》二年（一〇一八）に後一条天皇の行幸で太皇太后彰子・皇太后妍子・中宮威子の三后が対面したさいには、周子と名付けられたこの次女は正五位下に叙されていた（『御堂』）。なお長女の大姫には、頼宗が通い、多くの子を儲け、北の方となっている（『栄花物語』巻八、『大鏡《おおかがみ》』）。また、彰子が一条天皇の意思を受け配慮していた伊周男道雅《みちまさ》の娘は中将三位の女房名で彰子に仕えている。

道兼女

道長の兄道兼《みちかね》女は、中宮威子から女房出仕を要請されている。夫道兼没後に左大臣顕《あき》光《みつ》の北の方になっていた母は、「亡き夫道兼は天皇に入内させる娘が欲しくて神仏に祈ったおかげでやっと得た娘のために銀の櫛箱など調度品を用意していたのに」、と途方にくれる。正式な妻がいなかった六十一歳の実資《さねすけ》に娘を妻にして欲しいと要請するが、断られる（『小右記《しょうゆうき》』寛仁元年〈一〇一七〉七月十一日条）。二男の兼隆《かねたか》に相談すると、道長の要請だから断ると自分に災いが降りかかる、と女房出仕を逆にすすめた。ついに、寛仁二年（一〇一八）、故伊周の次女周子と同じ付添数をそろえて出仕するが（『栄花物語』巻十四）、故道兼は、邪気となり道長にたたっている（『小右記』寛仁二年閏四月二十日条）。

関白道兼女など、本来なら天皇に入内しうる出自であるが、道長一家は、女房出仕を半ば強要し、高貴な出自の女性を臣下として従えることで后の荘厳化をはかり、権威付けるのである。なお、万寿《まんじゅ》元年（一〇二四）十二月、「華山院《かざんいん》の女王が盗人に殺害され、路頭で死亡し、夜中に犬に食われた。奇怪である。この女王は太皇太后宮（彰子）に伺候されている」事件がおこり、翌年に犯人が捕まるが（『小右記』）、花山院の娘が彰子の女房だったことがわかる。この事件は説話化されるほど人々の同情を買ったようである（『今《こん》昔物語集《じゃくものがたりしゅう》』巻二十九第八話）。これなどはまさに荘厳化、権威付けの最たるものである。

彰子立后時の女房三役を見てみると、宣旨《せんじ》の源陟子は醍醐《だいご》天皇の孫源伊陟《これただ》女、御匣《みくしげ》殿《どの》と推測される源廉子は源倫子の異母弟扶義《すけよし》女、内侍は東三条《ひがしさんじょう》院詮子の女房橘良藝子と、公卿層出身の女性と女院詮子の威光で彰子の権威化をはかっている（増田繁夫『評伝紫式部』、山田彩起子「平安時代中期における后の女房の存在形態について」）。

道綱女

道長の異母兄道綱《みちつな》女の豊子は、敦成親王の乳母で、親王が後一条天皇として即位すると典侍《ないしのすけ》になり、三位に叙される。もっとも、豊子は道綱母の記した『蜻蛉日記《かげろうにっき》』には登場しないので、母の出自が低かったから女房出仕したと思われる。

時通女

倫子の同母弟時通女は「小少将の君」として彰子の女房になる。ただし、父が出家したので兄雅通《まさみち》に引き取られた後、夫源則理《のりまさ》と離婚し女房出仕した、とされている。紫式部の親友で一緒に詠み交わした歌も多い。さらに、「宰相の君」は北野三位藤原遠度《とおのり》の娘で、道長の従姉妹にあたる。母方・父方の従姉妹等が緊密な上臈女房として奉仕していた。道長一家の女房戦略は華々しい。まさに、女性の序列化であり、ひいては天皇姻族としての高貴な血統の家格を道長子孫の摂関家のみに限定する戦略である。彰子は、天皇家の家長のみならず、摂関家の家長的役割も果たした。摂関家確立には、彰子の力が不可欠だったことは間違いなかろう。

女房・家人・家司の譜代化

ついで、女房・家人・家司の譜代化をあげたい。摂関家の近臣家司の嚆矢は、兼家《かねいえ》家司の藤原有国《ありくに》と平惟仲《これなか》が著名であるが、いわば顧問的立場で主従結合は弱かった。しかし、道長時代には主従結合が強くなり、道長の子女を含めた道長一家の家司となることが指摘されている（佐藤堅一「封建的主従制の源流に関する一試論」）。さらに、頼通時代になると譜代化が進み、院政期の忠実時代には譜代的家筋が固定化していく（柴田房子「家司受領」）。従来まったく指摘されていないが、彰子こそ女房を通して摂関家家司の譜代化をより推し進めたことが確実に指摘できる。摂関期から院政期への家司の譜代化にも彰子が影響したことを見落としてはならない。

倫子の乳母の夫藤原親明《ちかあき》が、従五位上若狭守だった父弘頼《ひろより》を超えて（『尊卑分脈《そんぴぶんみゃく》』）修理大夫、従四下に叙されたのは、妻を通して源雅信《まさのぶ》や道長に接近できたからである。さらに、二人の娘のうち、まず姉は、醍醐天皇孫の源守清《もりきよ》男の高雅《たかまさ》と結婚し、彰子の乳母になった。母娘二代にわたり雅信一家の乳母として奉仕したのである。彰子立后のさいに「源信子」「源芳子」の二人の乳母が叙爵されているので、どちらかであろう（『権記《ごんき》』長《ちょう》保《ほ》二年〈一〇〇〇〉四月七日条）。源高雅の父守清は従四位上弾正大弼《だんじょうだいひつ》で亡くなるが（『権記』正暦《しょうりゃく》三年〈九九二〉六月十四日条）、高雅が道長家の家司となり、彰子立后時に中宮権大進（『権記』長保二年二月二十五日条）、あるいは実入りの良い上国の讃岐守や近江守に就任できたのは、妻が倫子の乳母子でかつ彰子乳母だったゆえである。高雅は、寛弘元年（一〇〇四）三月四日には、車百六十台を連ねた米千二百石と堀河辺の家を道長に献上しており、他にも様々な奉仕を行っている。寛弘四年にはじまった道長の金峯山詣《きんぷせん》のための御嶽《みたけ》精進所は高雅宅だった。寛弘六年に病により出家したときには、道長が「年来真心をもって従う者だ。今、出家したとは、歎きが深い」（『御堂』八月二十八日条）と記すほど信頼していた。

彰子乳母と源高雅との間の行任《ゆきとう》・懿子・公子の三人の子どもは、しばしば述べたように、彰子の乳母子として彰子や道長に仕える。行任は、敦成親王家司・皇太后彰子大進・上東門院別当、能登・越後・備中・近江・丹波・播磨等の守を歴任し、東宮妃の禎子内親王が尊仁《たかひと》親王（後の後三条天皇）を出産するさいにも邸宅を提供した。行任の息子高房《たかふさ》も摂関家師実の家司・上東門院別当、加賀・但馬・丹波の守等を歴任し、後三条院は高房の邸宅で亡くなっており、後三条院はけっして女院と対立していなかったことも指摘した。息子の高実《たかざね》・清実《きよざね》も摂関家の家司である（寺内浩『受領制の研究』）。

懿子

懿子は、寛弘二年の中宮彰子の大原野行啓時に「御乳母子」（『江家次第《ごうけしだい》』）とされており、彰子に仕え、「院の典侍」（『栄花物語』巻三十四）とよばれていた。懿子は、道長家司の藤原説孝《ときたか》と典侍源明子との間に生まれた男頼明と結婚し、惟任《これとう》と憲輔《のりすけ》を儲けている。頼明はさほど高位に昇っていないが、息子の惟任は、上東門院判官代《ほうがんだい》になり彰子御給《ごきゅう》で叙爵され（『小右記』長元四年〈一〇三一〉三月二十八日条）ている。憲輔も彰子御給で叙爵され（『春《しゅん》記《き》』長暦《ちょうりゃく》三年〈一〇三九〉正月六日条）、関白左大臣師実家の別当（『平安遺文《へいあんいぶん》』一一三二号）と摂関家の家司になり、近江・備前等の守を歴任している。さらに、憲輔男の盛実《もりざね》・家明《いえあき》・朝輔《ともすけ》は摂関家の家司となっている。夫頼明が、太皇太后大進や上東門院別当、美濃守を獲得できたのも妻懿子のおかげであろう。頼明没後、懿子は、二人の妻を亡くした道長男の長家《ながいえ》の妻となり、道家《みちいえ》・忠家《ただいえ》・祐家を出産する。道家は早く亡くなるものの、忠家は大納言、祐家は中納言になっている。

公子

公子は、頼宗との間に基貞《もとさだ》を儲け、「従三位公子」（『尊卑分脈』）とある。さらに基貞の娘も「中納言の君」との候名で彰子に仕え、好色な師実が通い大納言経実《つねざね》や能実《よしざね》・姫君などを産むが、師実は所生子の面倒をみないので、「女院は大変心苦しいと思い」、子どもたちにやんごとなき乳母を付けたとあり、彰子が援助している（『栄花物語』巻四十）。

後朱雀天皇が亡くなった後、失意の彰子が白河に移ったとき、高房・基貞・憲輔が側近として仕えたが、高房は行任男、基貞は公子男、憲輔は懿子男だから、正確には「乳母孫」だったことも指摘した。「御乳母子」と同様に極めて近い近臣として奉仕していた。

さて、もう一人の倫子の乳母子は、「宮の内侍」藤原美子（＝基子）である。彰子立后時の「宮内侍」橘良芸子はそのまま詮子に仕え、その後藤原基子、あるいは美子に代わったとされる。基子と美子は同一人物だとする説が有力であり、史料的にも従いたい（山本奈津子「藤原彰子女房の宣旨について」、増田繁夫『評伝　紫式部』）。姉没後、美子は姉の夫源高雅と結婚して、源章任《あきとう》を出産し、その後、藤原惟憲《これのり》との間に憲房《のりふさ》を儲けた。寛弘五年（一〇〇八）、中宮彰子が敦成親王を出産すると、乳母になる。親王が後一条天皇として即位すると、寛仁元年（一〇一七）典侍になり、息子の蔵人章任とともに八十《やそ》島祭《しままつり》勅使として赴いていた（『左経記』）。夫の惟憲は、道長の有力な家司で、近江・甲斐等の上国の国司を歴任し、敦成親王家の別当や、敦良親王の東宮亮等に就任し、「天皇に千石、禅閤《ぜんこう》（道長）

に万石」のみならず道長一家に献上する（『小右記』治安《ちあん》三年〈一〇二三〉十一月十八日条）など、摂関家へのあくなき奉仕で「貪欲の上、首尾を弁えざる者なり」（『小右記』長元四年正月十六日条）と批判されるものの大宰大弐になり、非参議正三位まで昇っている。

章任

源高雅との男章任は、後一条天皇の乳母子として、美作・丹波・伊予・但馬等の守を歴任し、「家は大きく豪富にして、珍貨が蔵にみち、米穀は地に敷くほどで、庄園家地は天下に満ちていた」（『続本朝往生伝《ぞくほんちょうおうじょうでん》』）と裕福だった。寛仁二年〈一〇一八〉に散位で昇殿《しょうでん》を許されるが、「これは大后彰子が度々命じたからだ」（『御堂』七月十一日条）と彰子から直接に後一条天皇を動かしていた。章任は、後一条天皇と中宮威子の二宮馨子内親王が斎《さい》院《いん》に卜定《ぼくじょう》されたときには三条邸を貸与し（『左経記』長元四年〈一〇三一〉十一月七日条）、従四位上に叙される（『小《しょう》記《き》目録《もくろく》』長元五年四月三十日条）など、皇女たちも援助している。章任男の章《あき》家《いえ》は不明だが、孫家清は摂関家職司となっており（『中右記』永長《えいちょう》元年〈一〇九六〉十二月八日条）、譜代家司家となる。

憲房

藤原惟憲との息子憲房も後一条天皇の乳母子として厚遇される。長暦三年〈一〇三九〉、東宮親仁親王は憲房宅に滞在しており（『春記』十二月二十六日条）、彰子も移っていた。故惟憲から憲房に伝領された邸宅は彰子の御領所となっており、内裏が焼亡したさいには、東宮と妃章子内親王がいた邸宅に天皇も移っていた（『春記』長久元年〈一〇四〇〉九月九日条）。憲房は、丹後・讃岐・阿波・尾張等の守を歴任する。憲房の男敦憲《あつのり》も摂関家の家司である（『中右記』康和《こうわ》四年〈一一〇二〉七月五日）。摂関家の譜代家司家となる。

彰子の懐妊を道長に伝え、敦成出産時には間近に待機していた「大輔の命婦」は、万寿三年（一〇二六）正月に彰子と一緒に出家している（『左経記』）。雅信・倫子に仕え、彰子入内に付き従った古参の女房だった（『栄花物語勘物《かんもつ》』）。

清通

前述の豊子の夫大江清通《きよみち》は、定子の宮司亮だったが、同じく大夫だった道長とは懇意で、彰子立后のさいには中宮大進に任じられている（『権記』長保二年〈一〇〇〇〉二月二十五日条）。息子の定経は、「御乳母子」（『小右記』長元四年〈一〇三一〉二月十七日条）として優遇されることが多く、彰子が加階を要請したときなど資房《すけふさ》にこっぴどく批判されていた。その後、三河・美作・美濃等の守を歴任する。定経女と高房との間の清美・家実・雅職《まさもと》は、三人とも摂関家の受領家司である。

清通女

大江清通女は、「少輔の乳母」「江三位」の候名を持つ彰子の女房で、豊子と一緒に敦成親王乳母となる大江康子である。清通の妻と娘が敦成親王の乳母だったことになる。康子は、寛弘五年（一〇〇八）に中宮彰子が新生児の敦成親王をともなって内裏に入ったとき、敦成親王を抱いて乗っている（『紫式部日記』）。後一条天皇が即位すると三位典侍となった。康子の夫橘為義《ためよし》は、叔母の一条天皇乳母の典侍正三位橘徳子のおかげで、一条天皇母詮子に接近し、道長の家司、彰子の中宮大進となり、伊賀・摂津・但馬等の守に就任し、道長一家に奉仕する。息子の義通《よしみち》は、後一条天皇の乳母子（『栄花物語』巻三十三）として厚遇され、敦成親王家の蔵人、東宮敦良親王の大進、中宮章子内親王の大進、頼通家の職事等と摂関家に密着し、備後・美濃・因幡・筑前等の守を務める。長元五年（一〇三二）、東宮敦良親王の妃禎子内親王は、娟子内親王を少納言橘義通中御門《なかみかど》宅で出産していた（『紀略』九月十三日条）。母の大江康子は生存中であり、当然、彰子の意向が推察され、ここでも彰子が禎子内親王を援助していることが確認された。

隆子

彰子の女房源致時女の隆子は、「中務の君」とよばれ、敦良親王の乳母になり、後朱雀天皇の即位後に典侍三位に昇り「源三位」と呼ばれる。隆子の夫藤原泰通《やすみち》が彰子中宮大進となるのは、寛弘二年（一〇〇五、『小右記』二月二十日条）だが、「中務の君」は、寛弘五年の敦成親王出産時には、彰子産所の隣の一間におり、「大変長く仕えている人々」（『紫式部日記』）とされているから、泰通の摂関家接近は彰子の女房隆子との結婚が大きく影響していたと思われる。寛弘五年、隆子は泰憲《やすのり》を出産する。後朱雀天皇の乳母子泰憲は、阿波・近江・播磨等の守のみならず、蔵人頭・左大弁を経て参議、権中納言まで昇りつめ、七十五歳で亡くなる。泰憲が三十四歳で右衛門権佐になったときには、「泰憲の廷《てい》尉《い》任命は、相応しい人の選定ではなく、ただ強縁で任じられている。天皇・関白・女院、それぞれは強縁の人に官爵を給う」（『春記』長久元年〈一〇四〇〉六月八日条）と蔵人頭資房を嘆かせているが、曾祖父の為輔《ためすけ》以来で権中納言まで上り詰めたのは、権力者との強い縁も大きな要素だったのだろう。前述の美子の夫藤原惟憲は兄だが、参議には昇れていない。

「殿の宣旨」「大式部のおもと」として彰子に仕えた女房は、道長の家司藤原済家《なりいえ》の妻である。済家は、敦成親王家の別当、駿河・陸奥・備中・伊予等の守を務めた。寛弘六年（一〇〇九）陸奥赴任にさいしては、道長は済家には女装束・下襲《したがさね》・表袴《うえのはかま》・馬を、妻には乗鞍一具・女騎用の馬・二人の馬鞍・笠・行縢《むかばき》・装束二具等を与えている（『御堂』八月二十三日条）。済家は合計五十三疋もの馬を道長に献じるなど、極めて裕福な家司受領だった。道長の没後も頼通家司となる（『紀略』長元三年〈一〇三〇〉七月二十日条）。長元四年（一〇三一）、「故済家の妻は関白の母堂（倫子）家で頓死した」（『小記目録』閏十月二十一日）とあり、夫没後は故道長の妻倫子宅に出仕している。さらに、後一条天皇の中宮威子所生の章子内親王の乳母には、「殿の宣旨の女、出雲前司頼経《よりつね》が妻」が参っている（『栄花物語』巻二十八）。

出雲・甲斐等の守頼経も中宮威子の大進である（『左経記』長元七年〈一〇三四〉八月二十二日条）。夫妻、さらに娘・聟も含め道長一家に譜代的に奉仕している。

紫式部と女賢子

紫式部は夫藤原宣孝《のぶたか》の没後、彰子女房として出仕するが、宣孝も道長の有力な家司だった。紫式部女の賢子も「越後弁」との候名で彰子の女房として出仕していた。賢子は兼隆の娘を出産後、万寿二年（一〇二五）嬉子所生の東宮の王子親仁の乳母となり、親仁親王が後冷泉天皇として即位すると、典侍となる。さらに、長元年間、高階成章《なりあき》と結婚し、長暦二年（一〇三八）に為家《ためいえ》を出産したときには、成章は四十九歳、賢子は四十歳だった。天喜《てんぎ》二年（一〇五四）、成章が大宰大弐になると、翌年一緒に赴任するが、康平《こうへい》元年（一〇五八）、賢子は、大宰府《だざいふ》で没した夫の亡骸とともに帰京する。以後「大弐三位」と呼ばれた。成章の父業遠《なりとお》は、「大殿《おおとの》無双の者」（『小右記』寛仁二年〈一〇一八〉十二月七日条）とされる道長側近だったが、成章が阿波・伊予守となり、ついに大宰大弐、従三位となるのは、賢子と結婚した後である。兄業敏《なりとし》の極官、正四位下美濃守と比較すれば、賢子との結婚こそが成章出世の契機だったと確認されよう。

女房への気くばり

承保《じょうほ》元年（一〇七四）、彰子は法成寺《ほうじょうじ》阿弥陀堂《あみだどう》で亡くなったことはすでにみたが、「お仕えなさる女房たちが泣き悲しむありさまはこの上ない。死後のことを心配なさって、『女房たちが、女院に仕えた人だと言われて変なありさまで散り散りになってしまうのは大変つらいことである。この西の院にこのままいるように』と仰せになって、ご意向が変わらないようにあるべきことなどをしおかれた」（『栄花物語』巻三十九）と、女房たちのことを心配して「西の院」、すなわち土《つち》御門《みかど》第を使用できるように遺言した、とされている。また、小式部内侍《ないし》亡き後、母和泉式部が「上東門院より給わった衣に『小式部内侍』と書かれた札」（『和泉式部集』等）を見て歌を詠んでいるが、女房たちには常に物を賜与していた。こうした彰子の配慮があったからこそ、女房たちからの信頼関係を勝ち取ることができ、強固な主従関係が築かれたのである。まさに、摂関家の家司の譜代化に彰子が寄与したことを除外することはできないと断言できる。彰子こそ院政期への先駆けを果たしたと、ここでも確認できよう。

『紫式部日記絵巻』（部分，五島美術館所蔵）
格子からのぞく紫式部.

三 サロンと信仰

彰子とサロン

『枕草子《まくらのそうし》』には、一条天皇の中宮定子の闊達で華やかなサロンのようすが余すところなく描写されている。いっぽう、紫式部の日記（『紫式部日記』）では、道長への称賛と比較して、主彰子が女房を掌握する力が不足しているなど、突き放した批判が多いと指摘されている（池田節子『紫式部日記を読み解く』）。たしかに、受領層・下級貴族出身で漢籍などの基礎知識を身につけた清少納言や紫式部、和泉式部らと比較して、上層貴族出身のお姫様を権威付けやサロンの荘厳のために出仕させた彰子の女房たちには、とっさに当意即妙の会話や和歌の応答ができる者が少なかった。『枕草子』では清少納言と華やかに対応している斉信《なりのぶ》も、彰子サロンでは対応する女房を見つけられなかった。上層貴族の取り次ぎもできない女房たちは、紫式部から「ものの飾りではありません」とこっぴどく批判されている（山本淳子『紫式部日記と王朝貴族社会』）。十八歳で五節舞姫《ごせちのまいひめ》に小忌衣《おみごろも》を着せるという新基軸を出し、二十五歳で亡くなった定子は堂々たるサロンの女主人だったが、同じ年の彰子には「学才も器量もなかった」と厳しい（目加田さくを『平安朝サロン文芸史論』)。明朗で闊達な定子と比較して、口数が少なくおっとりとした性格だったことは事実であろう。しかし、紫式部は後一条天皇の国母として政務を後見しつつ、賢く政治力を発揮する彰子の姿を記してはいない。十二歳で入内し、二十四歳で一条天皇を彼岸におくり、二十九歳で国母になった彰子は、以後五十年以上の人生で、父道長・母倫子、夫一条天皇等から学んだ豊富な知恵や教養を遺憾なく発揮し、人の機微に通じた大人に成長したのだと思われる。むしろ彰子の女房掌握力や生涯を総括するには『紫式部日記』から距離をおく必要がある。

父母が与えた影響

父道長は、自身がその才能を認めた女性たちを彰子の女房として集め、積極的に和歌を交換したり、絵物語を共同制作させたりしていた。母倫子は風流を好み、気遣いもできる女房統率力が高い理想的な女主人で、彰子にも多大な影響を与えた、とされる（諸井彩子「上東門院彰子サロン」）。道長は、能筆家の藤原行成《ゆきなり》に紙を送り手本を書かせ、彰子に書を学ばせており、また折に触れ『古今集《こきんしゅう》』『拾遺和歌集《しゅういわかしゅう》』等を贈って和歌を学ばせたことも見た。そういえば、紫式部から漢籍『楽府《がふ》』の進講を受けていたことは良く知られている（『紫式部日記』）。藤原師尹《もろまさ》が娘芳子に、習字・琴《きん》・古今集の暗唱を教えたエピソードは良く知られているが（『枕草子』「清涼殿《せいりょうでん》の丑寅の隅の段」）、これらは上層貴族女性の必要不可欠の教養だった。

人間関係に気を配りながら周囲の人物をまとめ統率する能力を父母から学び取り、自身の教養を踏まえ、父母が用意した文化サロンを確かに、かつ豊かに継承発展させていった。紫式部の娘の大弐三位賢子は彰子に仕えて後冷泉天皇の乳母典侍に、伊勢大輔の娘の筑前は四条宮寛子に、中納言典侍は彰子・後一条・馨子内親王などなど、数多の女房たちが母子で彰子一家に伺候しており、それにともなって和歌文化も継承され拡がっていった。その要には彰子がいた。ただし、法成寺法要の翌日に行った菊合《きくあわせ》以外、歌《うた》合《あわせ》などは行っていない。多くの歌人女房を抱えても、妹の妍子と違って派手好きではなく、控えめで聡明なしっかりものの長女性格だったと思われる。

女房たちだけではない。乳母子・乳母孫たちが子どもを亡くして失意の彰子を支え、禎子内親王や後三条天皇を含めた彰子一家を遺憾なく支援してきたことをみた。また、五節等で彰子殿舎に殿上人《てんじょうびと》たちが多く集まり、酒を飲み、歌を詠み、舞っていた。公卿や側近・親族の五節献上や受領の赴任などへの物品の贈与のみならず、私的な元服《げんぷく》・裳着《もぎ》等への贈与も散見された。そういえば、亡くなった小式部内侍にさえ毎年の衣更えを贈っていた。ちょうど銭が貨幣として流通していなかった当時、絹や女装束などは貨幣代わりの贈与品だった。身位に基づき集まる膨大な財物を、いつ、誰に、どのように配分するか。これこそ、道長の「人誑《ひとたら》し」的人心掌握術から間違いなく学び取った実践といえよう。

聖帝賛美

院政期の摂関家当主の藤原忠実の言談を集めた『中外抄《ちゅうがいしょう》』上巻四条は、彰子が師実に語ったいわゆる一条天皇聖帝説話である。寒い夜に一条天皇がわざと直垂《ひたたれ》を脱いでいるのをみた彰子が、「どうしてですか」と聞くと、「日本中の人間が寒がっているのに、自分がこのように暖かくして寝るのは不本意である」と一条天皇が答える。いわゆる聖帝賛美説話である。この話は、仁徳《にんとく》天皇や醍醐天皇の話ではないのか、と訝《いぶか》しく思う方も多かろう。たしかに『平家物語《へいけものがたり》』や『太平記《たいへいき》』などの「語り物」では醍醐天皇になっている。しかし、院政期から鎌倉初期には、彰子が聖帝一条天皇像を語る話形だった。理由は、道長—頼通—師実—師通—忠実へと継承し、繁栄する摂関家を定着させたのは、まさに彰子だったからである。鎌倉中期成立の『十訓抄《じっきんしょう》』で彰子が消えると、以後、醍醐天皇に取って代わられる（高松百香「一条聖帝観の創出と上東門院」）。彰子が登場する説話に衣関連が多いのは、彰子による衣賜与が伝わったからだろう。

彰子の信仰心

いっぽう、国母として、天皇・摂関両家の家長として、泣き言など言えず、毅然として差配する彰子の精神を支えたのは、道長から受け継いだ熱い信仰心だったと思われる。父道長や兄弟たちのように自由に参詣することが不可能な身位ゆえに、万寿三年（一〇二六）の出家後、高野山へ納髪（『高野《こうや》春秋《しゅんじゅう》』）している。また、父建立の法成寺内に東北院を建立して仏事に専心した。延暦寺如法堂に納めた女性として最古の仮名願文《がんもん》には、自らの往生より、天皇の安泰、衆生の安穏がまず記され、国家統治者としての意識が遺憾なく発揮されていた。

古代の女帝とは

古代の女帝は男帝と同等に、武力も含めた権力を行使したことが近年明らかになっている。また、鎌倉幕府の北条政子は、夫の源頼朝亡き後、親権を発揮し、ついには尼将軍として幕府を安泰化させた。しかしながら、平安時代の女性たちは、摂政・関白の地位を獲得するために、娘が皇子を出産したことが教科書等に記述されるだけでまだまだ国母の政治力・公権力を発揮した記述は少ない。あたかも腹は借り物的な発想が残っている。国母として、また天皇家の家長として、幼少の天皇を実質的に代行し、院政期への橋渡しをした彰子を歴史に刻印すべきである。

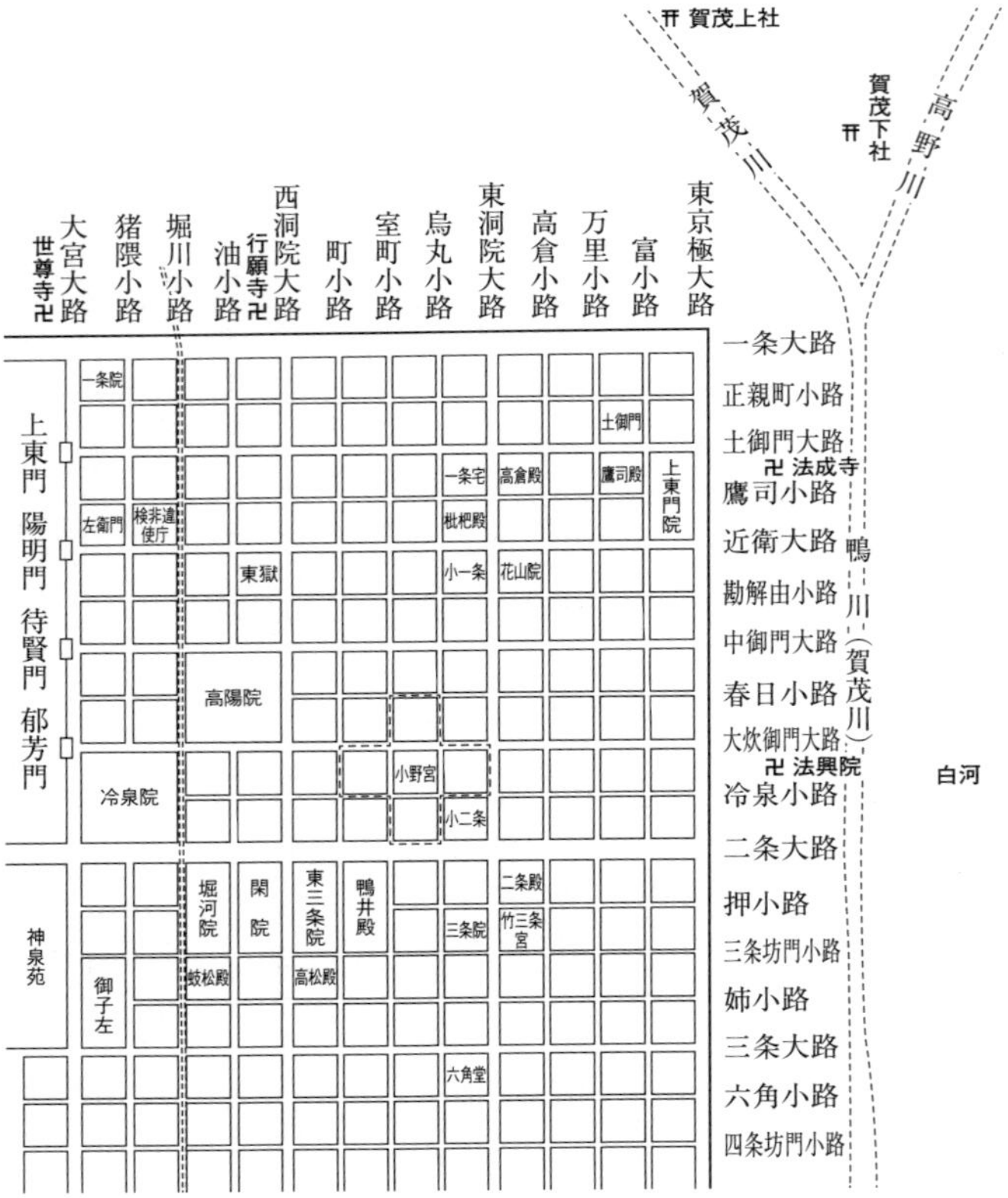
賀茂上社
賀茂川
賀茂下社
高野川
世尊寺
大宮大路
猪隈小路
堀川小路
油小路
行願寺
西洞院大路
町小路
室町小路
烏丸小路
東洞院大路
高倉小路
万里小路
富小路
東京極大路
一条大路
正親町小路
土御門大路
法成寺
鷹司小路
近衛大路
勘解由小路
中御門大路
春日小路
大炊御門大路
法興院
冷泉小路
二条大路
押小路
三条坊門小路
姉小路
三条大路
六角小路
四条坊門小路
鴨川（賀茂川）
白河
上東門
陽明門
待賢門
郁芳門
一条院
土御門
一条宅
高倉殿
鷹司殿
上東門院
左衛門
検非違使庁
枇杷殿
東獄
小一条
花山院
高陽院
小野宮
冷泉院
小二条
堀河院
閑院
東三条院
鴨井殿
二条殿
三条院
竹三条宮
神泉苑
御子左
鼓松殿
高松殿
六角堂

左京拡大図

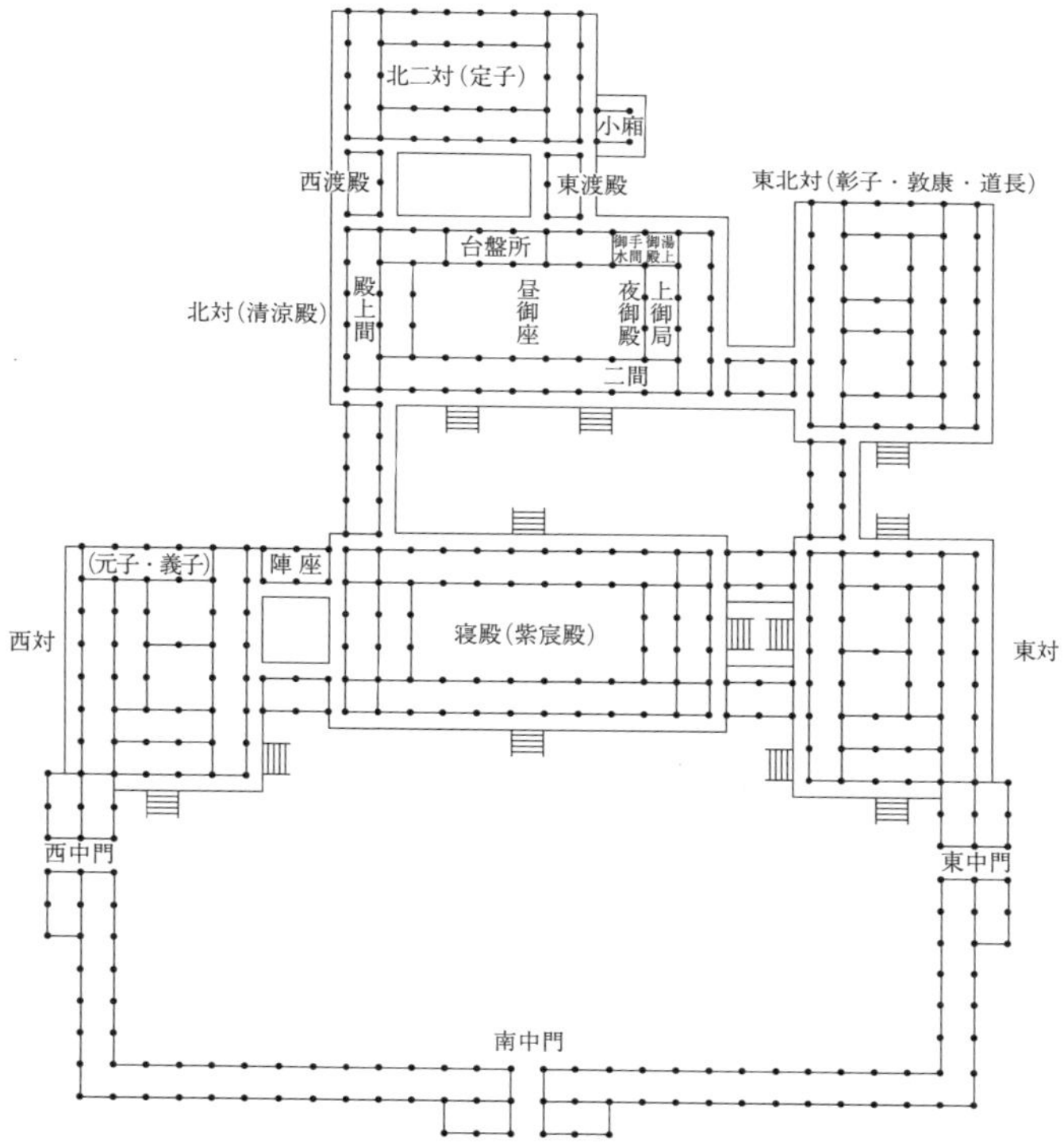

一条院内裏中枢部概念図

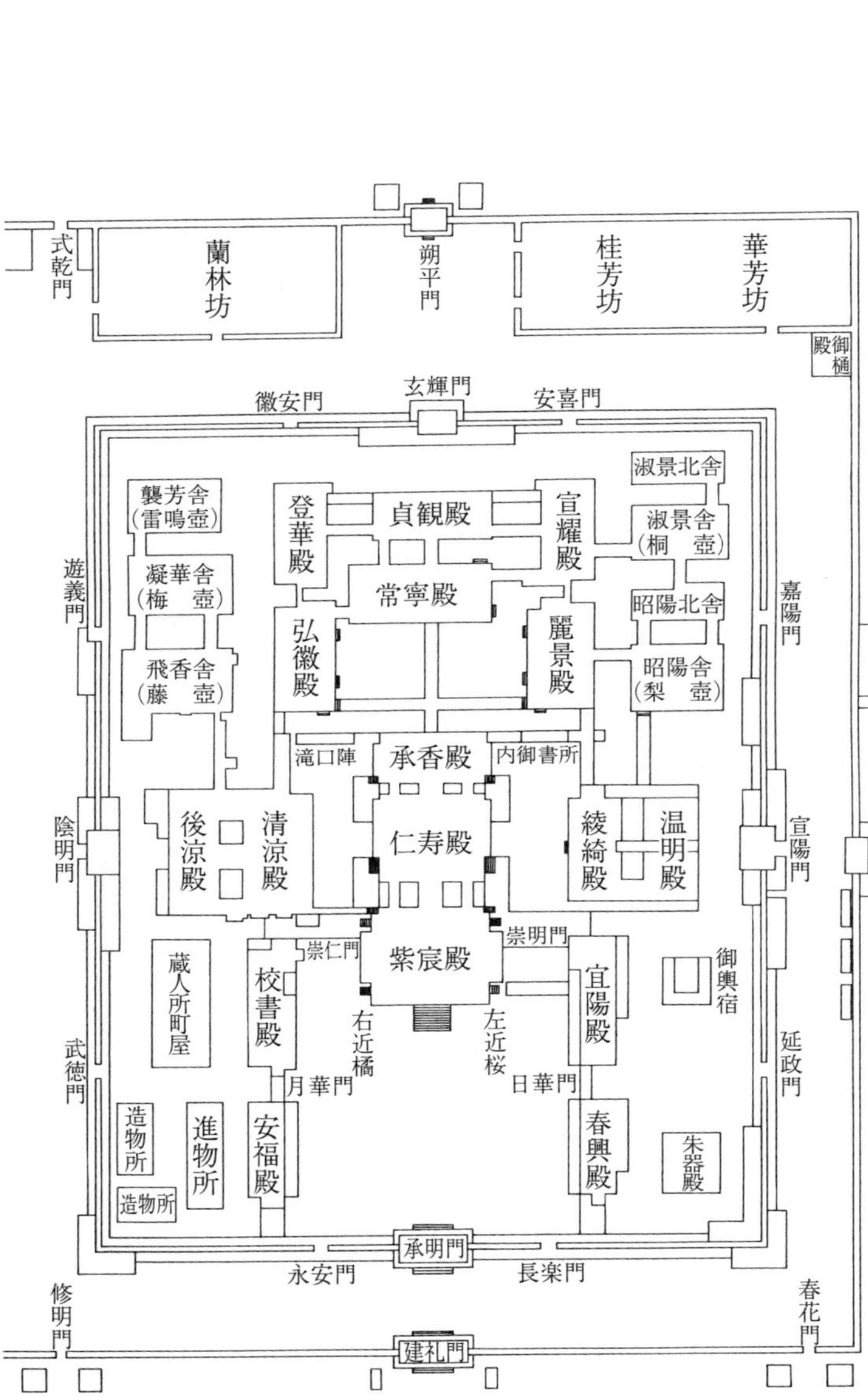

式乾門
蘭林坊
朔平門
桂芳坊
華芳坊
御樋殿
玄輝門
徽安門
安喜門
淑景北舎
襲芳舎（雷鳴壺）
登華殿
貞観殿
宣耀殿
淑景舎（桐壺）
遊義門
凝華舎（梅壺）
常寧殿
昭陽北舎
嘉陽門
弘徽殿
麗景殿
飛香舎（藤壺）
昭陽舎（梨壺）
滝口陣
承香殿
内御書所
陰明門
後涼殿
清涼殿
仁寿殿
綾綺殿
温明殿
宣陽門
建春門
崇仁門
紫宸殿
崇明門
蔵人所町屋
校書殿
宜陽殿
御輿宿
武徳門
右近橘
左近桜
延政門
月華門
日華門
造物所
進物所
安福殿
春興殿
朱器殿
造物所
承明門
永安門
長楽門
修明門
春花門
建礼門

平安京内裏図

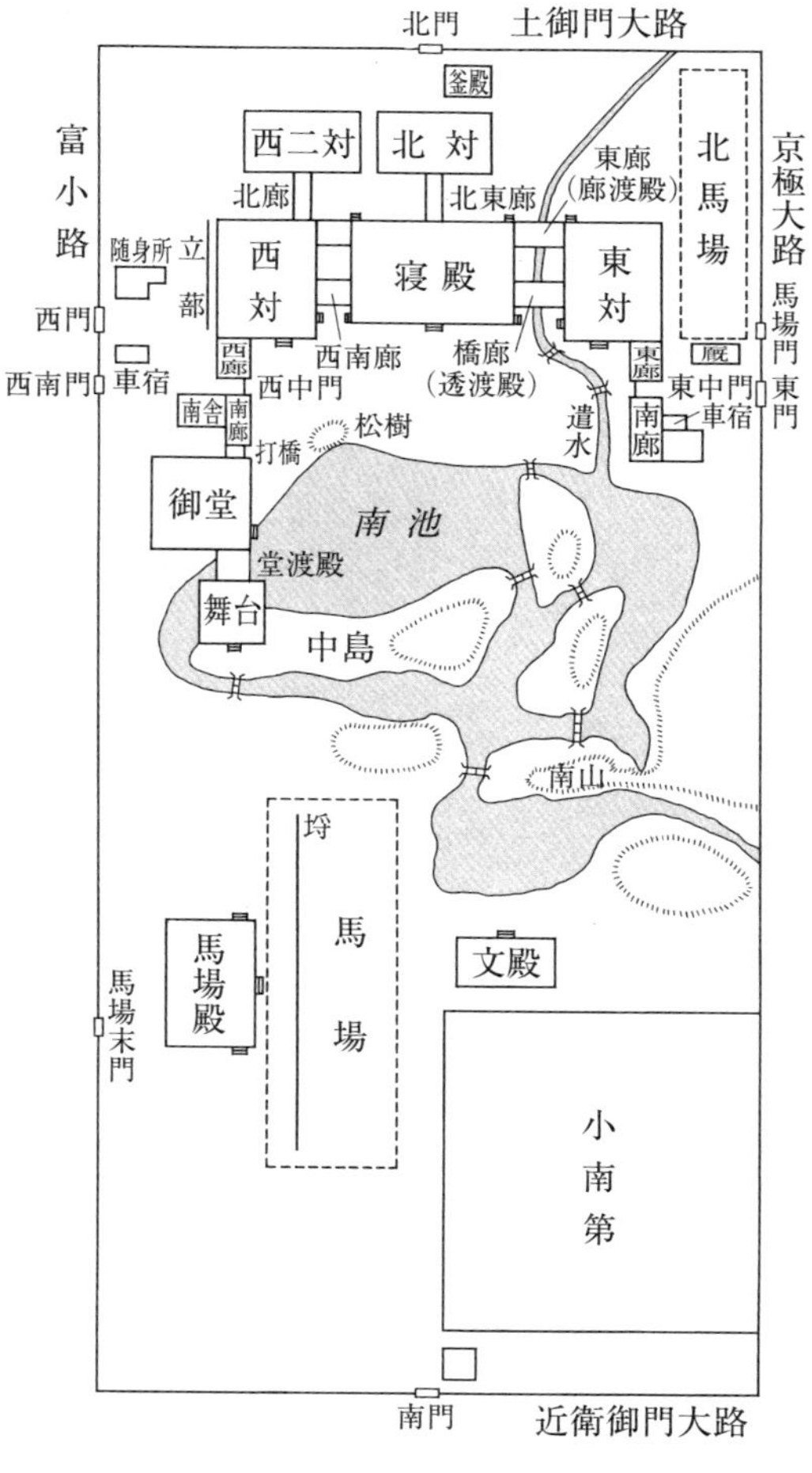

土御門第想定図（『新日本古典文学大系　紫式部日記』より）

略系図（年齢順不同）

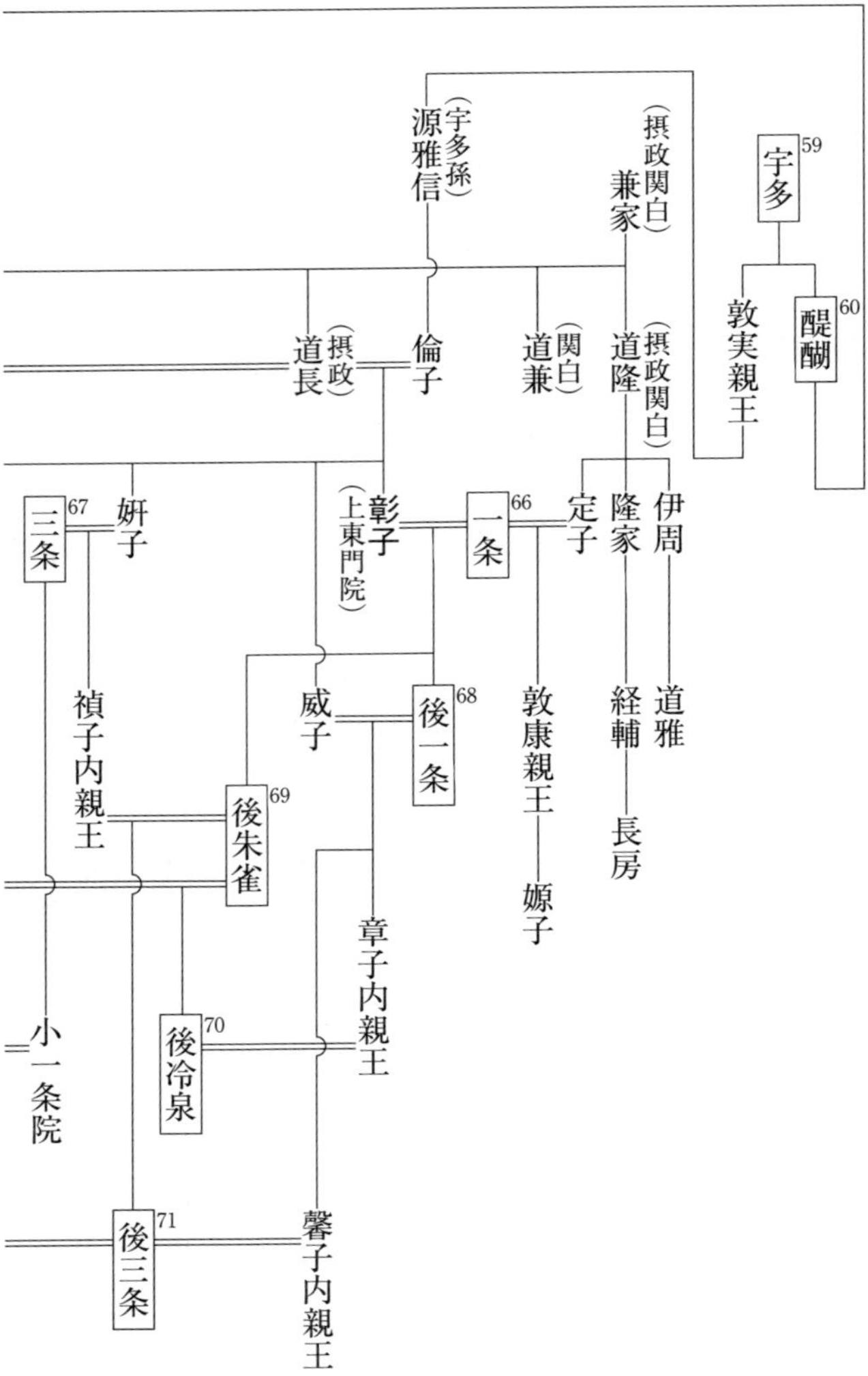

59 宇多
60 醍醐
敦実親王
（宇多孫）源雅信
（摂政関白）兼家
（摂政関白）道隆
（関白）道兼
倫子
（摂政）道長
伊周
隆家
定子
66 一条
彰子（上東門院）
妍子
67 三条
道雅
経輔
長房
敦康親王
嫄子
68 後一条
威子
禎子内親王
69 後朱雀
章子内親王
70 後冷泉
小一条院
71 後三条
馨子内親王

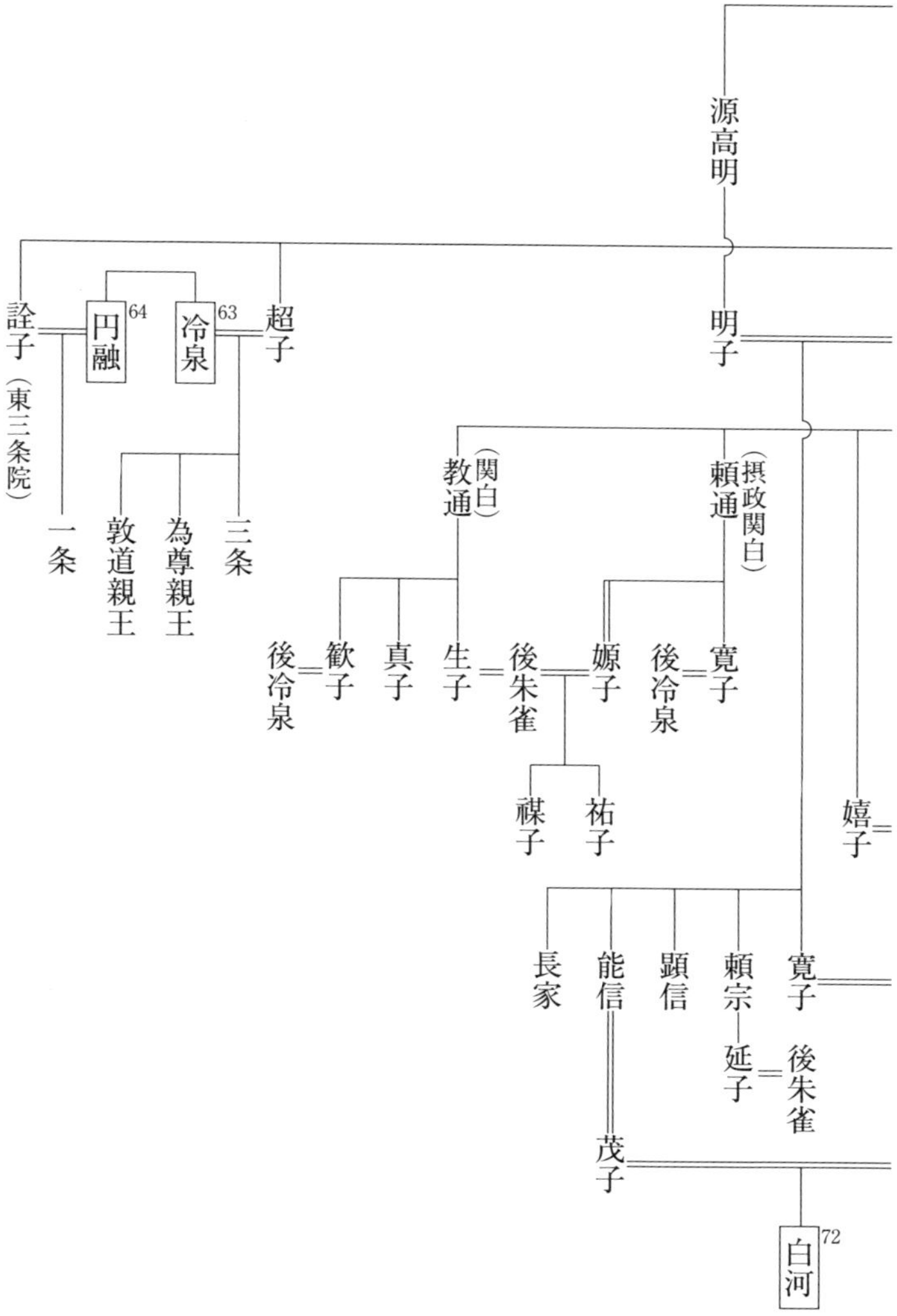
源高明
明子
詮子
（東三条院）
円融
64
冷泉
63
超子
一条
敦道親王
為尊親王
三条
教通
（関白）
頼通
（摂政関白）
後冷泉
歓子
真子
生子
後朱雀
嫄子
後冷泉
寛子
禖子
祐子
嫄子
長家
能信
顕信
頼宗
寛子
延子
後朱雀
茂子
白河
72

乳母・家司略系図

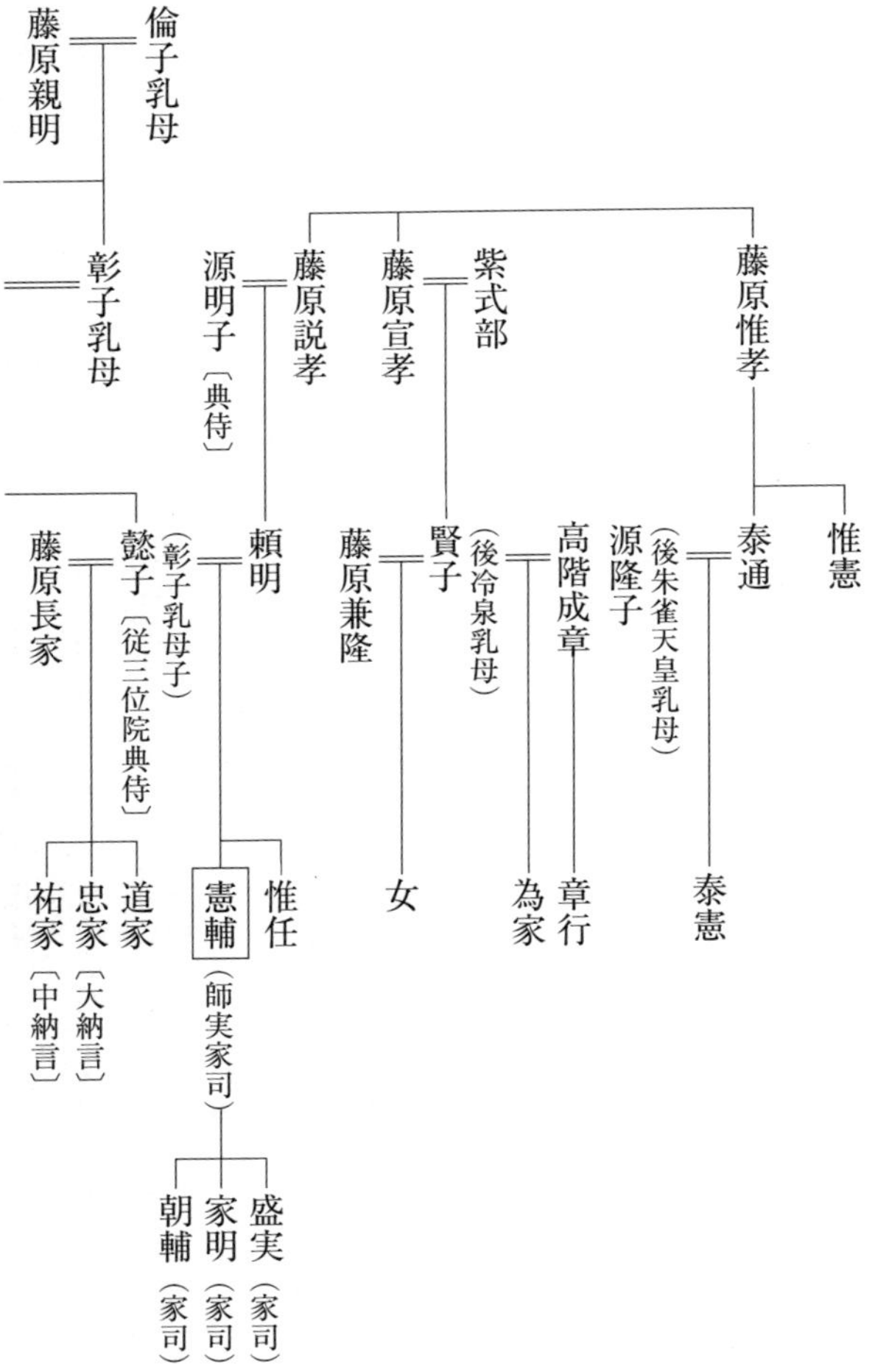

藤原惟孝
惟憲
泰通
（後朱雀天皇乳母）
源隆子
泰憲
高階成章
（後冷泉乳母）
章行
為家
紫式部
藤原宣孝
賢子
藤原兼隆
女
藤原説孝
源明子
（典侍）
頼明
（彰子乳母子）
惟任
憲輔
（師実家司）
盛実
（家司）
家明
（家司）
朝輔
（家司）
倫子乳母
藤原親明
彰子乳母
懿子
（従三位院典侍）
藤原長家
道家
忠家
（大納言）
祐家
（中納言）

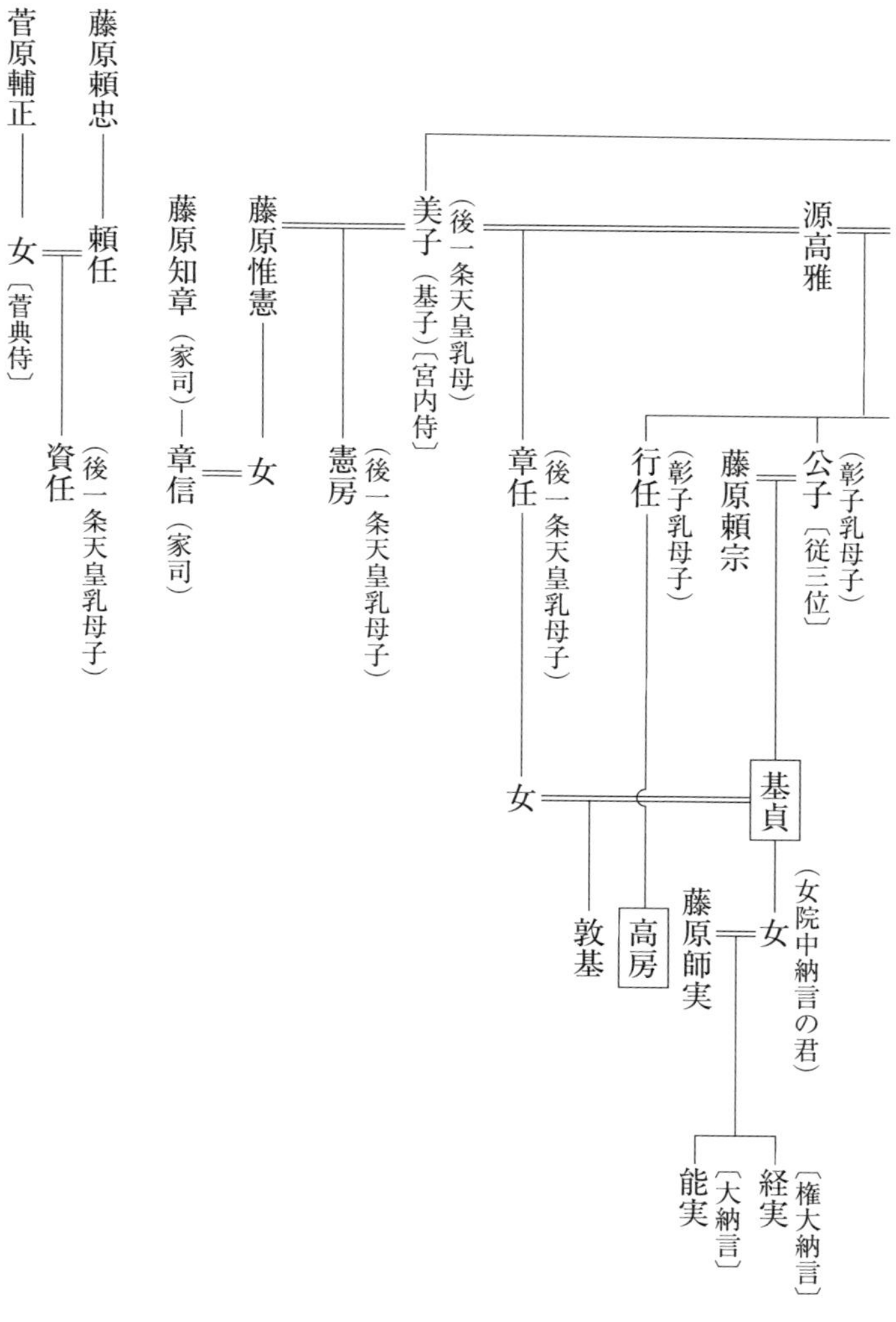
源高雅
公子（彰子乳母子）〔従三位〕
藤原頼宗
行任（彰子乳母子）
美子（後一条天皇乳母）（基子）〔宮内侍〕
章任（後一条天皇乳母子）
女
基貞
女（女院中納言の君）
藤原師実
経実〔権大納言〕
能実〔大納言〕
高房
敦基
藤原惟憲
憲房（後一条天皇乳母子）
女
藤原知章（家司）
章信（家司）
藤原頼忠
頼任
資任（後一条天皇乳母子）
菅原輔正
女〔菅典侍〕

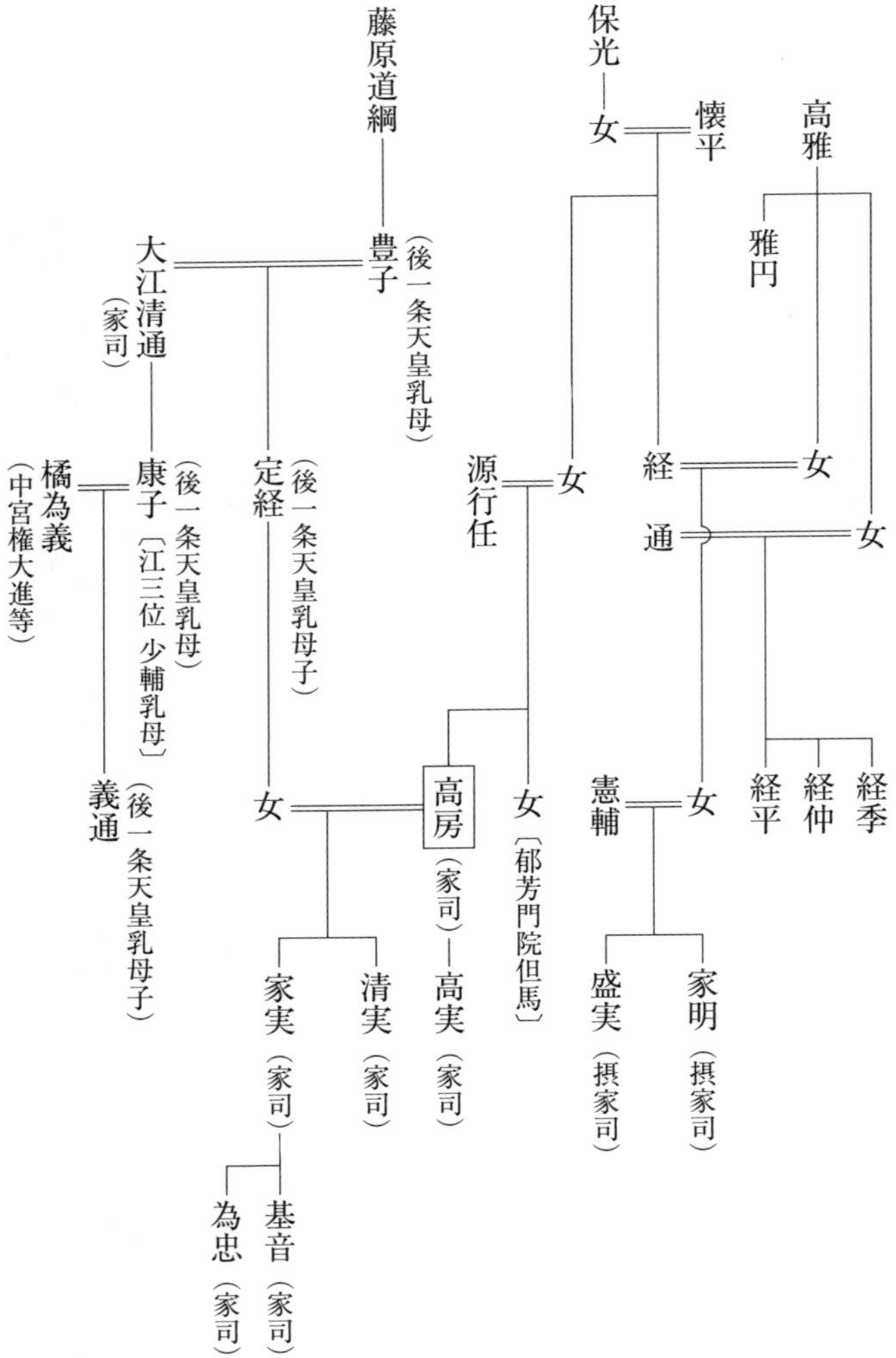

高雅
雅円
女
女
経季
経仲
経平
保光
女
懐平
経
通
女
憲輔
家明（摂家司）
盛実（摂家司）
源行任
女
女〔郁芳門院但馬〕
高房（家司）
高実（家司）
藤原道綱
豊子（後一条天皇乳母）
大江清通（家司）
定経（後一条天皇乳母子）
女
清実（家司）
家実（家司）
基音（家司）
為忠（家司）
康子（後一条天皇乳母）〔江三位 少輔乳母〕
橘為義（中宮権大進等）
義通（後一条天皇乳母子）

略年譜

年次	西暦	年齢	事績	関連事項
寛和 二	九八六			六月二十三日、花山天皇が出家し、一条天皇が践祚する○二十四日、兼家が摂政となる○七月十六日、居貞親王が立太子する
永延 元	九八七			十二月十六日、道長と倫子が結婚する
二	九八八	一	誕生	正月二十九日、道長が権中納言となる
正暦 元	九九〇	三	十二月二十五日、着袴する	正月五日、天皇が元服する○二十五日、定子が入内する○五月二十六日、道隆が摂政となる○七月二日、兼家没○十月五日、藤原遵子が皇后に、定子が中宮となる
二	九九一	四		二月十二日、円融院没○九月十六日、詮子が出家し東三条院となる
長徳 元	九九五	八		四月十日、関白道隆没○五月八日、

				関白道兼・左大臣源重信・中納言源保光没○十一日、権大納言道長が内覧となる○六月十九日、道長が右大臣・氏長者となる
二	九九六	九		正月十六日、花山法皇と伊周・隆家ら乱闘する○四月二十四日、伊周を大宰権帥、隆家を出雲権守に左遷○五月一日、定子落飾する○七月二十日、道長が左大臣となり、藤原公季女の義子が入内する○十一月十四日、藤原顕光女の元子が入内する○十二月十六日、脩子内親王が誕生する
三	九九七	十		四月五日、女院の病で伊周・隆家が勅免される
四	九九八	十一		二月十一日、藤原道兼女の尊子が入内する○十月二十九日、倫子が従三位となる○十二月十七日、脩子内親王が着袴する
長保元	九九九	十二	二月九日、裳着○十一日、従三位となる○十一月一日、入内する○七日、女御となる	六月十四日、内裏が焼亡し、天皇が一条院に遷る○二十五日、天皇が新制十一箇条を発布○十一月七日、定

				子中宮が敦康親王を出産する○十二月一日、太皇太后昌子内親王没○二十三日、威子が誕生する
二	一〇〇〇	十三	二月二十五日、中宮になる○三月四日、諸社奉幣する○四月七日、立后後初めて入内する○五月二十八日、土御門第に退出する○八月八日、鹿島神宮奉幣使を発遣する○二十七日、和歌会を開催する○九月八日、参内する○十月十一日、新造内裏に参入する○十一月十六日、新嘗祭に五節舞姫を献上する	二月二十五日、遵子が皇太后に、定子が皇后となる○四月七日、倫子が従二位となる○八月八日〜二十七日、定子親王が内裏に遷る○十二月十五日、定子が媄子内親王を出産、十六日に没する
三	一〇〇一	十四	八月三日、敦康親王の養母となる○九月九日、土御門第に退出する○十一月十三日、飛香舎で敦康親王の着袴儀を行う○十八日、内裏が焼亡し、一条院内裏に遷る	正月十日、穆子の七十算賀○三月十一日、仁和寺観音院が焼亡する○五月、疫病流行○十月九日、土御門第で行われた東三条院詮子の四十算賀に天皇が行幸する○閏十二月二十二日、東三条院詮子没
四	一〇〇二	十五		六月三日、敦康親王の「母代」道隆女御匣殿没
五	一〇〇三	十六	正月三日、中宮大饗を行う○十月八日、新造内裏に遷る	二月二十日、頼通が元服、妍子が裳着する
寛弘元	一〇〇四	十七	正月十七日、敦康親王と飛香舎で暮らしはじめる	十一月二十七日、妍子が尚侍となる

			○四月二十日、賀茂祭で斎院選子内親王と交流する○八月十七日から四日間、病を患う	○十二月七日、妍子が従三位となる
二	一〇〇五	十八	三月八日、大原野神社に行啓する○十一月十五日、内裏が焼亡する○二十七日、東三条第内裏に遷る○この年、不断御読経を四度修す	三月二十七日、敦康親王の対面儀があり、脩子内親王が裳着する○十二月、道長四十算賀
三	一〇〇六	十九	三月四日、一条院内裏に遷る	十二月二十九日、紫式部が初出仕
四	一〇〇七	二十		正月五日、嬉子誕生○八月、道長が金峯山参詣
五	一〇〇八	二十一	四月十三日、懐妊のため土御門第に退出する○六月十四日、内裏に還る○七月十六日、土御門第に退出する○九月十一日、敦成親王を出産する○十一月十七日、敦成親王と参内する	五月二十五日、媄子内親王没○十月十六日、天皇が土御門第に行幸、倫子が従一位となる○十一月一日、敦成親王の五十日儀○十二月二十日、敦成親王の百日儀
六	一〇〇九	二十二	六月十九日、土御門殿に退出する○十一月二十五日、敦良親王を出産する○十二月二十六日、参内する	正月三十日、彰子・敦成親王・道長を呪詛する厭物が見つかる○十月五日、一条内裏が焼亡し、十九日、天皇が枇杷内裏に遷る
七	一〇一〇	二十三	十月二十三日、直廬で失火がある○十一月二十八日、新造一条院内裏に遷る	正月十五日、敦良親王の五十日儀○二月二十日、妍子が東宮に参入○閏二月六日、敦良親王の百日儀○十月十一日、敦成親王の真菜始、二十二

				日に着袴儀
八	一〇一一	二十四	正月二日、中宮大饗を行う○三日、中宮和歌会を行う○五月二十一日、一切経供養を行う○十月十六日、枇杷殿に遷る。東宮敦成親王は内裏の凝華舎に遷る	六月十三日、一条天皇が譲位し、三条天皇が践祚し、敦成親王が東宮となる○二十二日、一条院没○十月十六日、三条天皇の即位式を行う○十二月二十八日、敦良親王が着袴する
長和 元	一〇一二	二十五	二月十四日、皇太后となる○五月十五～十九日、故一条院の法華八講を行う○二十七日、除服する○六月七日、土御門殿に行啓し道長を見舞う	二月十四日、遵子が太皇太后に、妍子が中宮となる○四月二十七日、娍子が皇后となる○六月、道長重病となる○八月二十一日、威子が尚侍となる○十一月二十二・二十四日、大嘗会を行う
二	一〇一三	二十六	正月二日、枇杷殿で大饗を行う○十日、東宮敦成親王が朝覲行啓する	七月六日、妍子が禎子内親王を出産する
三	一〇一四	二十七	三月二十二日、枇杷殿から高倉第に遷る	二月九日、内裏が焼亡する○四月九日、天皇と妍子が枇杷内裏に遷る
四	一〇一五	二十八		九月二十日、天皇と東宮が内裏に遷る○十月二十七日、天皇の眼病が悪化し、道長を准摂政とする○十一月十七日、内裏が焼亡する○十九日、枇杷内裏に遷る

五	一〇一六	二十九	正月二日、臨時客を行う○二月七日、大極殿の即位式に後一条天皇と同座する○六月二日、新造一条院内裏に天皇と遷る○十一月十五日、大嘗会に天皇と行啓する	正月二十九日、三条天皇が譲位し、後一条天皇が践祚、道長が摂政となる○七月二十六日、藤原穆子没
寛仁元	一〇一七	三十	正月二日、皇太后大饗を行う○三月八日、石清水八幡宮に天皇と行啓する○十一月二十五日、賀茂社に天皇と行啓する○十二月四日、彰子の令旨で道長が太政大臣となる	五月九日、三条院没○六月一日、太皇太后遵子没○八月九日、敦明親王が東宮を辞し敦良親王が立太子する○十一月二十二日、道長は小一条院を明子所生寛子に婿取る
二	一〇一八	三十一	正月七日、太皇太后となる○四月二十八日、新造内裏に天皇と遷る○十月二十二日、京極殿に天皇と行啓する	正月三日、天皇が元服する○三月七日、威子が入内する○十月十六日、妍子が皇太后、威子が中宮となり、道長が京極院で望月の歌を詠む○十二月十七日、敦康親王没
三	一〇一九	三十二		三月二十一日、道長が出家する○八月二十八日、東宮敦良親王が元服する○九月二十九日、道長が東大寺で受戒する
四	一〇二〇	三十三	正月二日、太皇太后大饗を行う○三月二十二日、道長の無量寿院落慶供養に行啓する	四月十三日、天皇が疱瘡にかかり、鬼気祭を行う○九月十日から天皇が瘧病にかかる○十月十五日、道綱没

治安 元	一〇二一	三十四	十月十四日、春日社に天皇と行啓する	○十二月十四日、道長が延暦寺で受戒する○この年、疱瘡流行 二月一日、嬉子が東宮に参入する○二十八日、倫子が出家する○十二月二日、倫子が無量寿院に西北院を建立する○この年、疫病流行
二	一〇二二	三十五	七月頃、京極院に遷る○十四日、法成寺供養に参列する○十月十三日、仁和寺観音院に御堂を建立する	六月四日、天皇の病により諸寺で読経させる○二十二日、天皇が病にかかる○七月十四日、道長が無量寿院を法成寺と改め供養し、天皇・東宮・三后が行幸啓する
三	一〇二三	三十六	正月二日、京極殿の彰子に天皇と東宮が朝覲行幸啓する○四月一日、禎子内親王が彰子のいる京極殿で裳着し、母妍子も同行する○十月十三日、京極殿で倫子六十算賀を主催する	四月十九日、倫子の病を妍子・威子・嬉子で見舞う
万寿 元	一〇二四	三十七	九月十四日、高陽院に遷る	九月十九日、天皇が頼通のいる高陽院に行幸する
二	一〇二五	三十八		正月十日、頼通の長男通房誕生○二十三日、皇太后妍子が大饗を行う○七月九日、寛子没○八月三日、嬉子が東宮王子親仁を出産し、五日に没

三	一〇二六	三十九	正月二日、大饗を行う○十九日、出家して清浄覚、上東門院となる	○この年、赤裳瘡流行 五月二日頃から天皇が病気になる○十二月九日、中宮威子が章子内親王を出産する
四	一〇二七	四十	十一月十四日、道長のために御読経を行う○十二月二十八日、法成寺で故道長のための仏事を行う	正月九日、道長が法成寺で修正会を行うも、体調が悪化する○三月二十三日、禎子内親王が東宮に参入する○五月十四日、顕信没○九月十四日、皇太后妍子没○十二月四日、道長、行成没
長元 元	一〇二八	四十一	九月十三日、京極院に遷る○十一月四日、故道長の一周忌法会が始まり、法成寺に遷る	十一月九日、枇杷殿が焼亡し、禎子内親王が法成寺に遷る○この年、大風雨災害多発
二	一〇二九	四十二	閏二月十三日、故道長のために高陽院で頼通が行った法華八講に行啓する	二月二日、中宮威子が馨子内親王を出産する○十二月十三日、東宮妃禎子内親王が良子内親王を出産する○四日、法成寺の法華十講が結願する
三	一〇三〇	四十三	三月八日、三条宮が焼亡し、高陽院に移る○八月二十一日、法成寺東北院を建立する	春飢饉、疾病流行
四	一〇三一	四十四	正月三日、天皇と東宮が朝覲行幸啓する○九月二十五日〜十月三日、石清水八幡宮・住吉社・四天	九月二十二日、斎院選子内親王が退下し、二十八日に出家する

			王寺に行啓する○閏十月二十七日、仮名願文を横川如法堂に奉納する○十二月三日、京極院御所が焼亡し、高陽院へ遷る	
五	一〇三二	四十五	三月二日、頼通のいる白河殿に天皇と行啓する○十月十八日、菊合を行う	九月十三日、禎子内親王が東宮王女娟子を出産する
六	一〇三三	四十六	五月十日、源行任第に遷る○八月十九日、新造京極第に遷る○十一月二十八日、母倫子の七十算賀を主催する	
七	一〇三四	四十七	十月十一日、東宮王子親仁親王の読書始儀を主催する	正月二十二日、内宴が行われる○七月十八日、禎子内親王が東宮王子尊仁親王を彰子乳母子源行任宅で出産する
八	一〇三五	四十八	正月二日、天皇と東宮が朝覲行幸啓する○三月二十五～二十八日、法華八講を行う	六月二十二日、前斎院選子内親王没○二十三日、中宮威子が流産する○七月十三日、頼通息の通房が元服する
九	一〇三六	四十九	四月二十二日、故後一条院を彰子御所京極院に移す	三月頃より天皇が病気にかかる○四月十七日、後一条天皇没、如在之儀で後朱雀天皇が践祚する○五月十九日、後一条院を葬送○七月十日、後朱雀天皇の即位式○九月六日、中宮

				威子没
長暦 元	一〇三七	五十	十月二十三日、後朱雀天皇が朝覲行幸する○十二月十三日、彰子御所で東宮に故後一条院皇女章子内親王が参入する	正月七日、頼通養女の嫄子が入内する○二月十三日、禎子内親王が中宮になる○三月一日、禎子内親王が皇后に、嫄子が中宮になる○八月十七日、親仁親王が立太子する
二	一〇三八	五十一	正月二日、天皇が、彰子の高陽院に朝覲行幸する	四月二十一日、中宮が祐子内親王を出産する○十一月二十五日、尊仁親王が内裏に入り着袴する
三	一〇三九	五十二	五月七日、園城寺明尊を戒師として法成寺で剃髪、受戒する	六月二十七日、内裏が焼亡する○八月十九日、中宮嫄子が媒子内親王を出産する○二十八日、中宮嫄子没○十二月二十一日、教通女生子が入内する
長久 元	一〇四〇	五十三	正月二十七日、天皇が彰子のいる法成寺東北院に朝覲行幸する○九月九日、京極院内裏が焼亡し、天皇が彰子のいる陽明門第に遷る○十七日、天皇のために悪夢祭を行う	十月二十二日、天皇が二条殿内裏に遷る○十二月十七日、尊仁親王の七歳対面儀
二	一〇四一	五十四		正月一日、公任没○この頃、歌合盛行○十一月、放火が頻発し、検非違使が内裏近辺を夜行する○十二月十

三	一〇四二	五十五	七月頃、病気をわずらう	九日、天皇が東宮と新造内裏に遷る○三月二十六日、頼宗女の延子が入内する○十二月八日、内裏が焼亡し、天皇が太政官朝所に遷る
四	一〇四三	五十六	十月十日、新造京極院に遷る	三月二十三日、天皇が東宮と一条院内裏に遷る○十二月一日、一条院内裏が焼亡し、天皇が高陽院、のち東三条院に遷る
寛徳元	一〇四四	五十七	十月九日、病気により大赦が行われる	正月から疾病が大流行する○四月二十七日、通房没○この頃、頼通・天皇が病をわずらう○十二月、天皇が病をわずらう
二	一〇四五	五十八	閏五月十五日、白河院へ遷り、京極院は章子内親王に譲与する	正月十日、天皇の病により大赦を行う○十六日、後朱雀天皇が譲位し、後冷泉天皇が践祚し、尊仁親王が立太子する○十八日、後朱雀院崩御○四月八日、後冷泉天皇の即位式
永承元	一〇四六	五十九		正月十八日、実資没○二月二十八日、天皇のいる太政官朝所が焼亡し、天皇が大膳職に遷る○七月十日、章子内親王が中宮となる○十月八日、天

				皇が新造内裏に遷る○十二月十九日、東宮が元服する○二十四日、興福寺焼亡
二	一〇四七	六十	正月頃、白河院で天狗騒ぎがあり、基貞宅に遷る	十月十四日、教通女の歓子が入内する
三	一〇四八	六十一		三月二日、興福寺の落慶供養○十一月二日、内裏が焼亡し、天皇が太政官朝所、のち京極院内裏に遷る
四	一〇四九	六十二		二月七日、脩子内親王没○七月二十二日、道長次妻の源明子没
五	一〇五〇	六十三	三月十五日、法成寺新堂供養に行幸する○十月十三日、天皇が朝覲行幸する	三月十五日、頼通が法成寺新堂を供養する○十二月二十二日、頼通女の寛子が入内、二十七日女御となる
六	一〇五一	六十四		二月十三日、寛子が皇后に、禎子内親王が皇太后となる○七月十九日、天皇が新造冷泉院内裏に遷る○十一月八日、馨子内親王が東宮妃となる
七	一〇五二	六十五	五月六日、彰子の病気により大赦が行われ、天皇は彰子のいる六条第に行幸する	この頃、疾病流行○三月二十八日、頼通が平等院を供養する
天喜元	一〇五三	六十六	十月十三日、宇治平等院に行啓する	六月十一日、源倫子没○二十日、藤原茂子が春宮第一王子（のちの白河

					天皇）を出産する○八月二十日、天皇が高陽院内裏に遷る
	二	一〇五四	六十七	六月十一日、倫子一周忌法事を主催する	正月八日、高陽院内裏が焼亡し、天皇が冷泉院、のち四条内裏に遷る○九月二十二日、天皇が京極院内裏に遷る○十二月八日、京極院内裏が焼亡し、三条大宮殿、のち四条内裏に遷る
	三	一〇五五	六十八		二月十七日、興福寺が焼亡する○九月二十七日、法成寺僧房が焼亡する
	四	一〇五六	六十九		二月二十二日、天皇が新造一条院内裏に遷る○四月三十日、皇后宮寛子が春秋歌合を行う
	五	一〇五七	七十	三月十四日、法成寺八角堂を落慶供養する	
康平	元	一〇五八	七十一		二月二十三日、法成寺が焼亡する
	二	一〇五九	七十二		正月八日、一条院内裏が焼亡し、天皇が室町第、のち三条堀河殿に遷る○十月十二日、法成寺の再建落慶供養が行われる
	三	一〇六〇	七十三	三月十一日、平等院に封戸を寄進する○二十三日、白河院に遷る○二十五日、天皇が朝覲行幸する	八月十一日、天皇が新造高陽院内裏に遷る

	四	一〇六一	七十四	七月二十一日、法成寺東北院を再建供養する	
	五	一〇六二	七十五		六月二十二日、東宮妃茂子没
	六	一〇六三	七十六	十二月二十四日、園城寺一乗院を建立供養する	
	七	一〇六四	七十七	十月十三日、天皇が彰子のいる法成寺東北院に朝覲行幸する	
治暦	元	一〇六五	七十八		二月三日、頼宗没○九日、能信没○十月十八日、天皇が法成寺再建供養に行幸する
	二	一〇六六	七十九		五月五日、皇后宮寛子が歌合を行う
	三	一〇六七	八十	五月、高陽院内裏の最勝講に参入する	十月五日、天皇が平等院に行幸し、七日、頼通を准三宮とする
	四	一〇六八	八十一		四月十七日、教通が関白、禎子内親王が太皇太后、章子内親王が皇太后、藤原寛子が中宮、藤原歓子が皇后となる○十九日、後冷泉天皇没、後三条天皇が践祚する○九月四日、天皇が二条院内裏に遷る○十二月十一日、二条院内裏が焼亡し、天皇が閑院に遷る
延久	元	一〇六九	八十二	十二月二十七日、東北院に阿闍梨四口を設置	
	二	一〇七〇	八十三	十一月七日、彰子の病気により大赦が行われる	

三	一〇七一	八十四		
四	一〇七二	八十五		正月二十九日、頼通が出家する○八月二十八日、頼通が法成寺西北院を再建する○十二月八日、後三条天皇が譲位し、白河天皇が践祚、実仁親王が東宮
五	一〇七三	八十六		二月二十日、後三条院・陽明門院ら住吉詣○四月二十一日、後三条院が出家する○五月七日、後三条院没
承保元	一〇七四	八十七	十月三日、法成寺阿弥陀堂で没○六日、大谷で火葬	二月二日、頼通、平等院で没
二	一〇七五			九月二十五日、教通没

主要参考文献

池田節子『紫式部日記を読み解く―源氏物語の作者が見た宮廷社会―』　臨川書店　二〇一七年
稲田奈津子『日本古代の喪葬儀礼と律令制』　吉川弘文館　二〇一五年
上島享『日本中世社会の形成と王権』　名古屋大学出版会　二〇一〇年
上杉和彦「平安時代の作庭事業と権力―庭石の調達を中心に―」（服藤早苗編『王朝の権力と表象―学芸の文化史―』）　森話社　一九九八年
遠藤基郎「院政の成立と王権」（歴史学研究会・日本史研究会編『日本史講座　三』）　東京大学出版会　二〇〇四年
遠藤基郎『中世王権と王朝儀礼』　東京大学出版会　二〇〇八年
大津透『道長と宮廷社会』　講談社　二〇〇一年
岡野範子「家司受領について―藤原道長の家司を中心に―」（『橘史学』一六）　二〇〇一年
岡村幸子「職御曹司について―中宮職庁と公卿直盧―」（『日本歴史』五八二）　一九九六年
岡村幸子「平安前・中期における後院―天皇の私有・累代財産に関する一考察―」（『史学雑誌』

一二―一）
小川　彰「赤色袍について」（山中裕編『摂関時代と古記録』）　吉川弘文館　二〇〇三年
片岡耕平『日本中世の穢と秩序意識』　吉川弘文館　一九九一年
勝浦令子『女の信心―妻が出家した時代―』　平凡社　二〇一四年
上川通夫「摂関期の如法経と経塚」（『関西大学東西学術研究所紀要』四六）　一九九五年
上川通夫「摂関期仏教の転回」（『愛知県立大学日本文化学部論集』八）　二〇一三年
河添房江『源氏物語と東アジア世界』　日本放送出版協会　二〇一六年
京樂真帆子『牛車で行こう！―平安貴族と乗り物文化―』　吉川弘文館　二〇〇七年
久保木哲夫「上東門院菊合序とその性格」（『講座平安文学論究　五』）　風間書房　二〇一七年
倉田　実『王朝摂関期の養女たち』　翰林書房　一九八八年
倉本一宏『摂関政治と王朝貴族』　吉川弘文館　二〇〇四年
倉本一宏『人物叢書　一条天皇』　吉川弘文館　二〇〇〇年
倉本一宏『藤原道長「御堂関白記」全現代語訳　上・中・下』　講談社　二〇〇三年
倉本一宏『三条天皇―心にもあらでうき世に長らへば―』　ミネルヴァ書房　二〇〇九年
倉本一宏『藤原行成「権記」全現代語訳　上・中・下』　講談社　二〇一〇年
栗林史子「法華八講に関する二、三の問題―「御堂関白記」を中心に―」（『駿台史学』八五）　二〇一一～一二年
一九九二年

黒板伸夫『人物叢書　藤原行成』　吉川弘文館　一九九四年
河野房雄『平安末期政治史研究』　東京堂出版　一九七九年
五味文彦『院政期社会の研究』　山川出版社　一九八四年
今野鈴代「上東門院彰子と和歌」（佐藤道生他編『これからの国文学研究のために―池田利夫追悼論集―』）　笠間書院　二〇一四年
坂本賞三『藤原頼通の時代―摂関政治から院政へ―』　平凡社　一九九一年
佐々木恵介『天皇と摂政・関白』　講談社　二〇一一年
佐竹昭『古代王権と恩赦』　雄山閣出版　一九九八年
佐藤堅一「封建的主従制の源流に関する一試論―摂関家家司について―」（安田元久編『初期封建制の研究』）　吉川弘文館　一九六四年
柴田房子「家司受領」（『史窓』二八）　一九七〇年
関口力『摂関時代文化史研究』　思文閣出版　二〇〇七年
東海林亜矢子『平安時代の后と王権』　吉川弘文館　二〇一八年
末松剛『平安宮廷の儀礼文化』　吉川弘文館　二〇一〇年
末松剛「平安時代の饗宴―「望月の歌」再考―」（『文学・語学』二一三）　二〇一五年
杉山信三『藤原氏の氏寺とその院家』　吉川弘文館　一九六八年
高島麻衣「歯の病と処置―平安中期を中心に―」（服藤早苗編著『平安朝の女性と政治文化―宮

廷・生活・ジェンダー――』）　明石書店　二〇一七年
高橋照美「源高雅とその一族――『大鏡』作者論に関連して――」（『立命館文学』五四九）　一九九七年
高松百香「女院の成立――その要因と地位をめぐって――」（『総合女性史研究』一五）　一九九八年
高松百香「院政期摂関家と上東門院故実」（『日本史研究』五一三）　二〇〇五年
高松百香「一条聖帝観の創出と上東門院」（『歴史評論』七〇二）　二〇〇八年
高松百香「上東門院彰子の剃髪」（倉田実編『王朝人の婚姻と信仰』）　森話社　二〇一〇年
高松百香「女院の成立と展開――ジェンダーの視点から――」（『メトロポリタン史学』九）　二〇一三年
詫間直樹編『皇居行幸年表』　続群書類従完成会　一九九七年
田島公「典籍の伝来と文庫――古代・中世の天皇家ゆかりの文庫・宝蔵を中心に――」（石上英一編『日本の時代史30　歴史と素材』）　吉川弘文館　二〇〇四年
立川昭二『病いと人間の文化史』　新潮社　一九八四年
田中正大「橘俊綱の母」（『平安文学研究』）　一九六九年
玉井力『平安時代の貴族と天皇』　岩波書店　二〇〇〇年
陳翀「『集注文選』の成立過程について――平安の史料を手掛かりとして――」（『中国文学論集』三八）　二〇〇九年

土田直鎮「上卿について」（『奈良平安時代史研究』）　吉川弘文館　一九九二年　初出一九六二年
寺内　浩『受領制の研究』　塙書房　二〇〇四年
永井路子『この世をば』　新潮社　一九八四年
中込律子「摂関家と馬」（『平安時代の税財政構造と受領』）　校倉書房　二〇一三年　初出一九九八年
中本　和「中宮大饗と東宮大饗」（『続日本紀研究』四〇四）　二〇一三年
並木和子「平安時代の妻后について」（『史潮』三七）　一九九五年
並木和子「立后告陵使の成立と変遷」（『古代文化』五三―五）　二〇〇一年
西本昌弘「古礼からみた『内裏儀式』の成立」（『日本古代儀礼成立史の研究』）　塙書房　一九九七年　初出一九八七年
西山良平『都市平安京』　京都大学学術出版会　二〇〇四年
新田孝子『栄花物語の乳母の系譜』　風間書房　二〇〇三年
野秋多華子「著衣始の色―平安貴族の子ども観―」（服藤早苗編『女と子どもの王朝史―後宮・儀礼・縁―』）　森話社　二〇〇七年
野田有紀子「平安貴族社会の行列―慶賀行列を中心に―」（『日本史研究』四四七）　一九九九年
萩谷　朴編著『平安朝歌合大成　三』　同朋舎出版　一九五九年

橋本義彦『平安貴族社会の研究』吉川弘文館　一九七六年
八馬朱代「円融天皇と石清水八幡宮―神社行幸を中心に―」（『日本歴史』六八四）二〇〇五年
八馬朱代「東三条院と上東門院の石清水八幡宮・住吉社行啓についての試論」（『史叢』七七）二〇〇七年
服部一隆「娍子立后に対する藤原道長の論理」（『日本歴史』六九五）二〇〇六年
服部敏良『王朝貴族の病状診断』吉川弘文館　一九七五年
林マリヤ「『匡衡集』から視た大江匡衡の素顔」（『並木の里』四二）一九九五年
伴瀬明美「院政期における後宮の変化とその意義」（『日本史研究』四〇二）一九九六年
比較家族史学会編『事典家族』弘文堂　一九九六年
平間充子「平安時代の出産儀礼に関する一考察」（総合女性史研究会編『日本女性史論集七　文化と女性』）吉川弘文館　一九九八年　初出一九九一年
服藤早苗『平安朝　女性のライフサイクル』吉川弘文館　一九九八年
服藤早苗「老いと身体」（『本郷』一九）一九九八年
服藤早苗『『源氏物語』の時代を生きた女性たち』日本放送出版協会　二〇〇〇年
服藤早苗『平安朝に老いを学ぶ』朝日新聞社　二〇〇一年
服藤早苗「平安時代―王朝を支えた皇女」（同編著『歴史のなかの皇女たち』）小学館　二〇〇二年

服藤早苗「宴と彰子」（大隅和雄編『文化史の構想』） 吉川弘文館 二〇〇三年
服藤早苗「『栄花物語』と上東門院彰子」（『歴史評論』六三七） 二〇〇三年
服藤早苗「戴餅―平安王朝社会の生育儀礼―」（『埼玉学園大学紀要 人間学部篇』四） 二〇〇四年
服藤早苗『平安王朝の子どもたち―王権と家・童―』 吉川弘文館 二〇〇四年
服藤早苗『平安王朝社会のジェンダー―家・王権・性愛―』 校倉書房 二〇〇五年
服藤早苗「三日夜餅儀の成立と変容」（同編『女と子どもの王朝史―後宮・儀礼・縁―』） 森話社 二〇〇七年
服藤早苗「書使と後朝使の成立と展開」（小嶋菜温子編『王朝文学と通過儀礼』） 竹林舎 二〇〇七年
服藤早苗「裳覆儀の成立と変容―王朝貴族の婚姻儀礼―」（『埼玉学園大学紀要 人間学部篇』七） 二〇〇七年
服藤早苗「平安時代の天皇・貴族の婚姻儀礼」（『日本歴史』七三三） 二〇〇九年
服藤早苗「懐妊の身体と王権―平安貴族社会を中心に―」（『歴史評論』七二八） 二〇一〇年
服藤早苗『古代・中世の芸能と買売春―遊行女婦から傾城へ―』 明石書店 二〇一二年
服藤早苗「敦康親王と具平親王女との婚姻儀礼」（『「栄花物語」を読む』三） 二〇一三年
服藤早苗『平安王朝の五節舞姫・童女―天皇と大嘗祭・新嘗祭―』 塙書房 二〇一五年

服藤早苗「国母の政治文化—東三条院詮子と上東門院彰子—」(同編著『平安朝の女性と政治文化—宮廷・生活・ジェンダー—』) 明石書店 二〇一七年
藤森健太郎『古代天皇の即位儀礼』 吉川弘文館 二〇〇〇年
古瀬奈津子『摂関政治』 岩波書店 二〇一一年
堀　裕「天皇の死の歴史的位置—「如在之儀」を中心に—」(『史林』八一—一) 一九九八年
増田繁夫『源氏物語と貴族社会』 吉川弘文館 二〇〇二年
増田繁夫『評伝　紫式部—世俗執着と出家願—』 和泉書院 二〇一四年
三橋　正『平安時代の信仰と宗教儀礼』 続群書類従完成会 二〇〇〇年
三橋　正「覚超と上東門院仮名願文」(吉原浩人・王勇編『海を渡る天台文化』) 勉誠出版 二〇〇八年
三橋　正「摂関期の立后関係記事—『小右記』を中心とする古記録部類作成へ向けて—」(『明星大学研究紀要　人文学部・日本文化学科』二〇) 二〇一二年
水戸部正男「平安時代の公家新制」(『公家新制の研究』) 創文社 一九六一年 初出一九五七年
目加田さくを『平安朝サロン文芸史論』 風間書房 二〇〇三年
諸井彩子「上東門院彰子サロン」(『摂関期女房と文学』) 青簡舎 二〇一八年 初出二〇一三年
山田彩起子「平安時代中期における后の女房の存在形態について—職掌・序列などを中心に—」(『古代文化』六七—三) 二〇一五年

山中裕「敦康親王」（『平安人物志』）　東京大学出版会　一九七四年
山本淳子『紫式部日記と王朝貴族社会』　和泉書院　二〇一六年　初出二〇〇二年
山本奈津子「藤原彰子女房の宣旨について—その足跡と役割—」（『文学史研究』三九）　一九九八年
吉江崇『日本古代宮廷社会の儀礼と天皇』　塙書房　二〇一八年
和田律子「藤原頼通の最晩年」（『藤原頼通の文化世界と更級日記』）　新典社　二〇〇八年　初出二〇〇三年

『笠間注釈叢刊1　四条宮下野集全釈』　笠間書院　一九七五年
『私家集全釈叢書1　赤染衛門集全釈』　風間書房　一九八六年
『新日本古典文学大系9　金葉和歌集　詞花和歌集』　岩波書店　一九八九年
『私家集注釈叢刊2　伊勢大輔集注釈』　貴重本刊行会　一九九二年
『新日本古典文学大系11　新古今和歌集』　岩波書店　一九九二年
『新日本古典文学大系8　後拾遺和歌集』　岩波書店　一九九四年
『私家集全釈叢書38　御堂関白集全釈』　風間書房　二〇一二年

著者略歴

一九四七年　愛媛県生まれ
一九七一年　横浜国立大学教育学部卒業
一九七七年　東京教育大学文学部卒業
一九八〇年　お茶の水女子大学大学院人文科学研究科修士課程修了
一九八六年　東京都立大学大学院人文科学研究科博士課程単位取得退学　文学博士
現在　埼玉学園大学名誉教授

主要著書

『家成立史の研究』（校倉書房、一九九一年）
『平安王朝の子どもたち―王権と家・童―』（吉川弘文館、二〇〇四年）
『平安王朝社会のジェンダー―家・王権・性愛―』（校倉書房、二〇〇五年）
『古代・中世の芸能と買売春―遊行女婦から傾城へ―』（明石書店、二〇一二年）
『平安王朝の五節舞姫・童女―天皇と大嘗祭・新嘗祭―』（塙書房、二〇一五年）

人物叢書　新装版

藤原彰子

二〇一九年（令和元）六月一日　第一版第一刷発行
二〇二三年（令和五）四月二十日　第一版第二刷発行

著　者　服《ふく》藤《とう》早《さ》苗《なえ》
編集者　日本歴史学会
　代表者　藤田　覚
発行者　吉川道郎
発行所　株式会社　吉川弘文館
東京都文京区本郷七丁目二番八号
郵便番号一一三―〇〇三三
電話〇三―三八一三―九一五一〈代表〉
振替口座〇〇一〇〇―五―二四四
http://www.yoshikawa-k.co.jp/
印刷＝株式会社 平文社
製本＝ナショナル製本協同組合

ISBN978-4-642-05287-0

『人物叢書』（新装版）刊行のことば

人物叢書は、個人が埋没された歴史書が盛行した時代に、「歴史を動かすものは人間である。個人の伝記が明らかにされないで、歴史の叙述は完全であり得ない」という信念のもとに、専門学者に執筆を依頼し、日本歴史学会が編集し、吉川弘文館が刊行した一大伝記集である。

幸いに読書界の支持を得て、百冊刊行の折には菊池寛賞を授けられる栄誉に浴した。

しかし発行以来すでに四半世紀を経過し、長期品切れ本が増加し、読書界の要望にそい得ない状態にもなったので、この際既刊本の体裁を一新して再編成し、定期的に配本できるような方策をとることにした。既刊本は一八四冊であるが、まだ未刊である重要人物の伝記についても鋭意刊行を進める方針であり、その体裁も新形式をとることとした。

こうして刊行当初の精神に思いを致し、人物叢書を蘇らせようとするのが、今回の企図である。大方のご支援を得ることができれば幸せである。

昭和六十年五月

日本歴史学会

代表者　坂本太郎